어쩐지 고전이 읽고 싶더라니

어쩐지 고전이 읽고 싶더라니

초판 1쇄 발행 2019년 9월 16일
초판 3쇄 발행 2019년 11월 5일

지은이 김훈종

펴낸이 조기흠
편집이사 이홍 / **책임편집** 정선영 / **기획편집** 유소영, 이수동, 송병규, 박단비
마케팅 정재훈, 박태규, 김선영, 홍태형 / **디자인** 문성미 / **제작** 박성우, 김정우

펴낸곳 한빛비즈(주) / **주소** 서울시 서대문구 연희로2길 62 4층
전화 02-325-5506 / **팩스** 02-326-1566
등록 2008년 1월 14일 제25100-2017-000062호

ISBN 979-11-5784-358-9 03140

이 책에 대한 의견이나 오탈자 및 잘못된 내용에 대한 수정 정보는 한빛비즈(주)의 홈페이지나
이메일(hanbitbiz@hanbit.co.kr)로 알려주십시오. 잘못된 책은 구입하신 서점에서 교환해드립니다.
책값은 뒤표지에 표시되어 있습니다.

홈페이지 www.hanbitbiz.com / 페이스북 hanbitbiz.n.book / 블로그 blog.hanbitbiz.com

지금 하지 않으면 할 수 없는 일이 있습니다.
책으로 펴내고 싶은 아이디어나 원고를 메일(hanbitbiz@hanbit.co.kr)로 보내주세요.
한빛비즈는 여러분의 소중한 경험과 지식을 기다리고 있습니다.

어쩐지 고전이 읽고 싶더라니

나답게 살자니 고전이 필요했다

김훈종 지음

HB 한빛비즈
Hanbit Biz, Inc.

지독한 개인주의자의 고백이다. 세상엔 나, 우리 식구밖엔 없었다. 내 고뿔이 남의 염병보다 더하다, 라는 속담에서 한 치라도 벗어나면 세상이 무너지는 줄 알고 살아왔다. 그렇게 살다가 내 나이 마흔 즈음, 세상은 내 앞에서 무너지고, 뒤집히고, 부스러지고, 울부짖고, 찢고 까불고, 괴성을 지르며 뒹굴었다. 팽목항은 슬픔으로 가득 차 주체할 수 없을 지경이었고, 세상은 편을 갈라 맞싸웠다. 각다귀 같은 정치인과 언론인이 야단법석을 떠는 반면, 백마를 타고 온 초인超人도 더러 있어서 그나마 위안이 되었다.

광화문 광장에서 차디찬 된바람을 맞으며 문득 국가란 무엇인가, 곱씹어보게 되었다. 철저한 개인주의자로서의 내 정체성에, 균열이 가기 시작한 것이다. 저 멀리 해왕성까지 탐사선을 보내는 21세기에, 눈앞에서 허우적대는 인명을 구해내지 못하는 국가란 과연 무엇이란 말인가. 나는 그 답을 찾아 헤매었다. 플라톤, 장 보댕, 이마누엘 칸트, 장 자크 루소, 존 스튜어트 밀을 톺아보다가, 동양 철학에 이르러서 겨우 작은 단초 하나를 발견하게 되었다.

일찍이 화이트헤드는 말했다. "서양 철학은 결국 플라톤 철학의 주석에 불과하다." 화이트헤드에 힘입어 사공 배전 둘러대듯, 감히 주장해본다. 단언컨대, 동양 철학은 결국 '제자백가 사상의 주석'에 지나지 않는다.

고대 그리스시대와 춘추전국시대를 견주어 보자면, 명백한 공통분모가 있다. 두 시대 모두 철기 혁명의 발발로 물질적 잉여와 정신적 여유가 생기기 시작했다는 점이다. 먹고살 만해지기 시작하면서 철학자들은 '인간은 무엇인가?' '삶은 무엇이고, 죽음은 무엇인가?' '이상향(이데아)은 어디에 있는가?' '사랑은 무엇인가?' '예는 어떻게 표현해야 하는가?' 따위의 근원적인 질문을 던지기 시작했다. 그리고 그 답을 내놓았다. 이곳 동양에서는 공자, 노자, 맹자, 묵자, 장자, 한비자가. 저곳 서양에서는 소크라테스, 플라톤, 아리스토텔레스가.

"요즘 젊은 것들은 버릇이 없어. 세상이 말세야." 소크라테스의 말로 유명하다. 그런데 이 말은 소크라테스보다도 3,000년을 거슬러 올라간 수메르시대의 점토판에도 등장하고, 심지어 돌궐족의 비문碑文에도 새겨져 있다. 동서고금을 막론하고 "요즘 애들 버릇 없다"는 평가는 디폴트값인 셈이다.

대체 우리 인류는 왜 그렇게 요즘 것들을 싸잡아 힐난하는 것일까? 리처드 아이바흐 교수는 '좋았던 옛 시절 편향Good-old-days bias'으로 이를 설명한다. 이 해석에 부분적으로는 동의하지만, 온전한 답은 아니다. 도리어 '요즘 것들 버릇없어'는 우리 인류의 DNA에 내재된 보편적인 본성에 기인한다는 점을 주목해야 한다.

자, 지금부터 역사의 연대표를 끝까지 줌아웃해서 거시적으로 바라보자. 3,000년이란 시간은 그저 한 점點에 지나지 않는다. 소크라테스가 산파술로 대중들의 무지를 깨우치던 시절의 인류나, 4차 산업혁명을 코앞에 둔 현재의 인류나 '육체적으로, 또한 정신적으로 크게 다를 바가 없다'는 말이다.

결국 '삶과 죽음은 무엇인가?' '인간은 무엇인가?'를 놓고 여전히 우리는 고민하고 있다. 수천 년 전이나 지금이나 '요즘 애들에 대한 기성세대의 불만'은 여전하다. '요즘 애들은 이렇게 편리해진 세상에서, 도대체 왜 불평만 하지?'라고 생각한다. 그 편리便利가 '철제 농기구의 등장'이어도 마찬가지고, '스마트폰이나 자율주행 자동차의 출시'여도 마찬가지다.

알파고가 세상을 변혁시키는 이 시대에 케케묵은 죽간을 꺼내 들려는 이유가 바로 여기에 있다. 유사有史 이래 인간은 결국, 똑같다. 현대인들이 비만과의 전쟁을 치르고 있는 가장 큰 이유는 간단하다. 수만 년 전, 기아飢餓에 허덕이던 환경에 적응된 기초대사율이 여전히 우리 몸뚱이를 지배하고 있기 때문이다. 시대와 환경이 제아무리 바뀌어도 태어나 엄마 젖을 물고, 거웃이 나기 시작하면 반항하고, 어른이 되고, 웃다가 울고, 가정을 이루고, 늙어가고, 병들고, 결국엔 죽는다. 그래서 처음으로 이 문제에 질문을 던지고 해답을 내놓은 제자백가 사상가의 발자취를 밟아보는 일은 한 번쯤 해봄 직한 시도다.

송대宋代 주희의 성리학이 만들어놓은 조선시대를 우리는 한민족韓民族의 원형原形이라고 생각한다. 하지만 안타깝게도, 조선 후기만을 표본으로 삼아 정립한 이 가설에는 오류가 많다. 고조선부터 시작해 고구려, 신라, 백제, 고려, 조선을 망라하는 우리네 삶의 철학적 원형을 평균값으로 매겨보자. 그 답은 춘추전국시대 제자백가 사상에 훨씬 가까울 것이다. 주희의 성리학이 정립된 시기가 불과 800년 전이며, 더구나 송대 당시에는 이단으로 취급당했다. 원元나라 때에 과거 시험의 텍스트로 채택되면서, 비로소 오늘날 우리가 가늠하는 위상으로 격상되었다.

'방약무인傍若無人'이란 고사성어가 있다. '건방지다' '독불장군이다'라는 나쁜 함의로 가득 차 있는 표현이다. 그러나 출전出典을 살펴보면 사정은 완전히 달라진다. 사마천의 《사기》〈자객열전〉에서 나온 말인데, 진시황을 죽이려 기도했던 자객 형가荊軻와 관련된 고사성어다.

위衛나라 사람 형가는 큰 뜻을 펼치려다 실패하고 연燕나라로 흘러 들어오게 된다. 그리고 비파의 달인 고점리高漸離와 막역한 친구가 되었다. 고점리가 비파를 타면 형가는 자신의 울분을 풀기라도 하는 듯, 춤을 추고 고성방가를 했다. 감정이 복받치면 서로 얼싸안고 울기도 하고, 웃기도 했다. 마치 주변에 아무도 없는 듯이 그랬다. 여기서 나온 말이 바로 방약무인이다. 본디 '집중을 통한 몰입과 당당한 태도'를 뜻하던 말이었다. 그러다 요즘에는 오만방자하고 무례하다는 부정적인 뜻으로만 사용된다.

함무라비 법전의 '눈에는 눈, 이에는 이'도 원래는 '잘못한 정도에 비례해 벌을 줘야지, 그 이상으로 보복하면 안 된다'는 의도로 제정된 표현이었다. 하지만 형벌의 상한을 제한하려던 본 취지는 사라지고, 마치 치열하고 강력한 보복의 대명사격인 표현이 되어 버렸다.

'방약무인'이나 '눈에는 눈, 이에는 이'의 경우처럼 '조선시대 성리학'이란 함수기계에 들어가 뒤틀리고 변형된 제자백가 사상을, 우리는 한민족의 전통이라 부르고 있다. 하지만 그 원형을 찾아가면 우리는 크게 착각했음을 깨닫게 될 것이다. 유교에 대한 '오해와 오독'을 바로잡을 필요가 있다.

오해와 오독을 넘어, 원형으로 찾아가기 위한 여정에 가장 필요한 덕목은 무엇일까. 영화평론가 이동진이 자주 언급하는 비유가 있다. "영화 〈아마겟돈〉에는 지구로 돌진하는 혜성이 등장합니다. 지구 멸망을 피하려면 이 혜성을 폭파시켜야 하지요. 혜성을 완전히 폭파하려면 폭탄을 혜성 중심부에 심고, 버튼을 눌러야 하는데요. 이를 위해 시나리오가 선택한 것은 '석유 시추 전문가에게 우주인 교육을 속성으로 시키는 것'입니다. 반대로 잘 훈련된 우주인에게 시추 훈련을 시킬 수도 있었을 것입니다. 인생에도 이런 경우가 있습니다. 당신은 어떤 선택을 하겠습니까?"

이른바 '아마겟돈 비유'를 들었을 때, 무릎을 쳤던 기억이 난다. 세상살이에 저런 경우가 왕왕 있기 때문이다. 마이클 베이 감독은 결국, 전자前者를 선택해 영화를 찍었다. 왜? 이유는 간단하다. 더 재미있으니까! 석유 시추선의 사연 많고 거친 사내들을 우주로 내보내는 게, 엘리트 우주인들에게 시추 교육을 시켜서 혜성으로 보내는 것보다 훨씬 재미있으니까, 그 시나리오를 선택한 것이다.

여기 2,300여 년 동안 케케묵어, 더께가 앉은 죽간들이 쌓여 있다. 중국 철학 전문가들에 비하자면, 나의 과문함은 우세스러울 정도다. 하지만 평소 시추를 열심히 해오며 40여 년 인생을 살아왔다고 자부한다. 산더미처럼 쌓인 죽간 더미로 달려가, 그 중심부까지 열심히 시추해 파고 들어가보겠다. 그래서 제자백가에 대한 우리들의 오해를 풀고, 감히 그 정수精髓를 전달해보려고 한다.

1부
마음을 다잡다 倫

2부

나를 세우다 省

마음을 다잡다

인륜 륜

파자하면, 사람人이 책侖을 읽고 많은 것을 생각한다는 뜻.
윤리나 도리라는 뜻도 있지만, 모여서 뭉친 무리라는 의미도 있다.

아직 이룬 게 없어도 괜찮다

공자께서 말씀했다. "나이 마흔에 누군가에게 미움을 받는다면, 끝이다!"

⊙ 《논어》〈양화〉편 중

링컨 대통령도 《논어》를 읽었을까? 나이 마흔이면 자기 얼굴에 책임을 지라고 했으니 말이다. 나 역시 어느새 나이 마흔을 훌쩍 넘겼다. 하지만 내 얼굴에 책임지기도 힘들고, 여전히 누군가의 미움도 사는 것 같다. 그렇다면 내 인생은 정녕 끝장이란 말인가! 그저 겉으로 보기엔 그럼에도 불구하고, 그럭저럭 잘 살고 있다. 나이 마흔이 된다고 나 같은 필부匹夫가 갑자기 성인군자로 변신할 수는 없으리라. 아무나 얼굴에 책임을 질 수 있는 건 아니니까, 그냥 생긴 대로 살면 된다.

생각의 결을 좀 달리해 우리 역사에서 27세에 비극적 죽음을 맞닥뜨린 사도세자를 살펴보자. 사도세자의 죽음은 비극적이며 동시에 복잡다단한 배경을 담지하고 있다. 그 죽음의 이유를 당파 싸움과 노론의 잔혹함에서 찾는 학자도 있고, 사도의 정신병과 광기에서 찾는 이도 있다. 하지만 어이없게도 조선시대 평균을 훌쩍 뛰어넘는 영조의 수명에서, 그 비극성의 씨앗을 찾을 수 있다. 영조는 82세에 죽었으니 사도세자가 만일 그대로 세자의 지위를 유지하다 왕위를 물려받았다면, 거의 쉰 가까운 나이에 즉위했을 것이다.

그토록 업적이 많고 화려한 치세기를 보낸 태종이 56세에, 세종이 54세에, 세조가 52세에 붕어했음을 생각해보면, 쉰 줄에 왕위를 이어받는다는 것이 어떤 의미인지 쉬이 짐작 가능하다. 20세에 죽은 예종이나 23세에 죽은 헌종을 차치하고, 제대로 업적을 남긴 임금 가운데에서도 성종 38세, 문종 39세, 효종 41세 등 많은 왕이 채 쉰을 넘기지 못했다. 의료와 보건 환경이 열악하던 그 시절에는 업적을 이루는 데에 있어서 건강과 장수도 필수불가결한 덕목이었다.

하버드대학 로버트 월딩어Robert Waldinger 교수 연구팀은 75년 동안 724명의 인생을 추적, 조사 연구 끝에 "좋은 인간관계가 우리를 보다 더 행복하고 건강하게 해준다"라는 결론을 얻었다. 좋은 인간관계를 가지고 있으면 행복도도 높아지고 신체 건강도 좋아지며 오래 산다는 결론이다.

얼핏 타당한 연구 결과로 보이지만, 엄청난 오류가 숨어 있다. 명백한 인과관계의 오류다. 인간관계를 잘 맺으면 건강해지고 행복해지는 게 아니다. 건강을 타고난 사람들이 인맥 관리에 보다 적극적일 수 있다. 비리비리하지 않고 쌩쌩해야 회식도 열심히, 동창회도 열심히, 심지어 조기축구회도 열심히 아니던가. 그 네트워크가 자신의 분야에 더 많은 시너지효과를 가져다주고, 더 많은 부가가치를 창출할 수 있게 해준다. 이를 통한 재정적인 안정이 결국 그 사람을 더 행복하게 만드는 것이다.

내 경험에 비춰보건대, 로버트 월딩어 교수팀은 75년 동안 헛짓을 한 듯싶다. 당연하겠지만, 인간의 신체는 한 인간의 인생에 지대한 영향을 미친다. 몸속에 새겨진 DNA는 우리네 삶에 우리가 생각하는 것보다 훨씬 더 크고 확고한 영향을 미친다. "너는 노력을 안 해서 문제야. 노력만 하면 전교 1등도 할걸. 대체 왜 그러니?"라고 누군가 당신에게 두 눈을 찌푸리고 힐난한다면, 이렇게 답하길 바란다. "그 노력 안 하는 것도, 결국 DNA에 다 새겨져 있는 겁니다."

공자의 제자 가운데 최고의 재능을 지녔지만, 빛을 보지 못한 제자는 단연코 안회顔回다. 그가 서른둘 나이에 요절하자, 공자가 "하늘이 나를 버리시는구나!"라고 탄식했을 정도다. 다른 제자들이 상대적 박탈감을 느꼈을 만한 찬사다.

그 뛰어난 재능과 덕망에도 불구하고 요절한 안회는 유가儒家에서 지분 확보에 실패한 인물이다. 일례로 《논어》에서 언급되는 빈도를 살펴보자. 무식하고 용감한 제자 자로子路의 절반밖에 안 된다. 제자백가의 한자리를 차지하고 당당하게 일가를 이루려면 기본적으로 자신만의 학문을 닦는 기간이 필요하다. 요즘으로 치자면, 최소 박사학위 논문까지는 마칠 수 있는 물리적 시간이 필요하다는 말이다. 게다가 사상적으로 체계를 이룬 자신만의 성과물을 현실 세계에서 펼치려면 군주들을 찾아가 발표해야 하는데, 교통 상황이 열악하던 당시로서는 이 역시 상당한 시간을 요구했다. 마지막으로 현실 정치에 좌절하고 '이제는 돌아와 거울 앞에 선 내 누이처럼' 담담하게 후학을 양성하는 데도 시간이 필요하다. 학문을 닦고, 펼치고, 후학을 양성하는 삼위일체에 시간은 필요불가결한 항목이었다. 변수가 아닌 상수임 셈.

여기서 우리는 공사가 73세, 순사가 76세, 맹자가 84세, 묵자가 93세까지 살았다는 사실을 주목해야 한다. 그 시절 일가一家를 이룬 사상가들이 우연히 장수한 게 아니다. 오래 살았기에 일가를 이루어낸 것이다.

이는 노벨상 수상과도 비슷한 측면이 있다. 제아무리 뛰어난 업적을 이뤄도 요절하면 상을 탈 수 없다. 예외적으로 에리크 카르펠트처럼 망자에게도 수여한 경우가 있지만, 노벨상 후보는 원칙적으로 생존한 사람에게만 허락된다. 문학이든 과학이든 뛰어난 업적이 그 분야의 주류에게 온전히 인정받는 데, 최소 30년 정도는 걸린다. 그러니 나이 마흔다섯에 필생의 업적을 남긴 과학자가 겨우 칠순을 넘겼다면, 미처 노벨상을 타지 못하고 세상을 타계하는 안타까운 상황이 발생할 수 있다.

인생칠십고래희人生七十古來稀에서 유래한 고희는 70세를 뜻한다. 예부터 사람이 칠십까지 살기는 드문 일이라는 뜻의 이 말은, 보통 공자의 말씀으로 잘못 알고 있다. 물론 이런 오해는 일상다반사다. 예컨대, '너 자신을 알라'는 델파이 신전의 문구이지만 우린 대개 소크라테스의 말로 알고 있다. '그래도 지구는 돈다'는 갈릴레이의 전기 작가가 발휘한 창의력의 소산이지만, 우리는 갈릴레이가 용감하게 내뱉은 말로 알고 있다. 고희는 공자의 표현이 아니라, 시성詩聖 두보杜甫에게 저작권이 있는 표현이다.

> 아침이 돌아오면 날마다 전당포에 봄옷을 저당 잡혀
> 매일같이 강어귀에 나가 만취해서 돌아오네.
> 술 마신다고 진 빚이야 가는 곳마다 늘 있는 것이지만
> 인생 칠십은 예부터 드물다네.
> ⊙ 두보 〈곡강이수〉

중국 문학사를 통틀어 손에 꼽는 대시인이지만, 두보의 삶은 불우함의 연속이었다. 전쟁의 참혹함과 뼛속까지 스며드는 가난 때문에, 시인의 마음은 언제나 황폐했다. 옷가지를 전당포에 맡기고 술을 먹곤 했다. 위는 주막마다 지천에 깔린 술빚과 70세까지 장수한 사람을 비교한 시구절詩句節이다.

안녹산, 사사명의 난으로 나라는 피폐해지고 백성들은 도탄에 빠진 상황에서 두보는 괴로워했고, 그 아픔을 시로 승화시켰다. 어린 자식이 아사餓死한 상황을 본 두보는 "부잣집에서는 술과 고기 냄새가 나지만, 길에는 얼어 죽은 해골이 뒹굴고 있다"고 개탄한다. 빈부의 차가 너무나도 큰 세상에 대한 분노를 치열하고 예리한 시어로 토로했다.

따라서 위 시에서 인생 칠십이 드물다는 건 단순히 장수가 힘들다는 것 이상으로 봐야 한다. 백성들이 제대로 살기 힘든 세상에 대한 개탄, 비분강개에 방점을 찍고 있는 것이다. 이렇게 현상을 벼려낸 두보와는 달리, 공자는 칠십이란 나이를 형이상학적으로 정의한다.

> 공자께서 말씀했다. "나는 나이 열다섯에 학문에 뜻을 두었다. 삼십 세에 자립했다. 사십 세에 현혹되지 않았다. 오십 세에 하늘의 명을 알았다. 육십 세가 되니 귀가 순해졌다. 칠십 세에 이르니 마음 가는 대로 해도 법도에 어긋나지 않았다."
>
> ◉ 《논어》〈위정〉편 중

우리가 나이를 지칭하는 말로 흔히 접해본 지학志學, 이립而立, 불혹不惑, 지천명知天命, 이순耳順, 종심從心의 출처가 바로 《논어》〈위정〉편이다. '나는 불혹이 한참 넘었는데 왜 이리 유혹에 흔들리지?'라고 자학해본 독자가 계시다면, '부디, 안심하시라!'고 곡진한 충언을 드리는 바이다. 그 이유를 차근차근 설명해드리겠다.

《논어》의 성격은 크게 두 가지로 나뉜다. 하나는 '잘난 체 영역'이고, 다른 하나는 인간적인 모습이 여실히 드러나는 '휴머니즘 영역'이다. 《논어》〈위정〉편의 이 구절은 명백하게 '잘난 체 영역'이다. 인간으로서 불가능한 일들 혹은 실행하기 힘든 일들을 본인이 자기 입으로 '그 어려운 걸 해냈지 말입니다'라고 잘난 척하는 모양새다.

나이 열다섯, 노느라 바쁜 그 혈기왕성한 나이에 학문에 뜻을 뒀다는 것. 이제 막 사회에서 걸음마를 떼는 나이 서른에 학문적 성취를 이루고 일가를 이루어냈다는 점. 어느 정도 사회적 기반이 잡히고, 여전히 피 끓는 나이 마흔에는 온갖 유혹이 다가오는데도 공자는 그 나이에 바위처럼 흔들리지 않았노라고 울부짖는 것이다.

나이 오십이 되어도 천명을 알기란 여간 힘든 게 아니다. 천명은 고사하고 마누라님의 명에 복종해야 하는 시기다. 나이 환갑쯤 되면 어떤가? '사람 안 바뀌어, 암 절대 안 바뀌지'란 말을 중얼거리며 남의 충고를 귓등으로도 듣지 않는다. 원래도 사람은 변하지 않는다. 유전자가 얼마나 무서운 건데 변하겠는가. 거기다가 '자축인묘'와 '갑을병정'이 다시 만나는 동안 확증편향으로 다져진 편견과 선입견은 또 얼마나 많으랴. 그런 나이 육십에 남의 말이 순하게 술술 들어온다니, 이거야말로 잘난 척 끝판왕의 풍모다. 법무부의 지도편달을 받고 있는 칠순이 넘은 수형자들에게 '종심소욕불유구從心所慾不踰矩'를 들이민다면 그야말로 거대한 잘난 척이다.

《논어》 '잘난 척 영역'을 맛보다가 괜스레 기죽어 '나는 왜 이럴까' 자책하지 마시라, 독자들이여! 《논어》〈위정〉편을 요즘 시류에 맞게 개정 독해하시길 바란다.

'열다섯에는 원래 공부가 안 됩니다. 놀고 싶은 게 당연하죠. 그러니 자식들에게 뭐라 하지 좀 마시라.'

'나이 서른에는 요즘 같은 세상에 자립하기 힘듭니다. 취직도 힘들고, 결혼도 힘드니 제발 좀 내버려두시라.'

'나이 마흔에는 유혹이 빗발칩니다. 그러니 좀 흔들리는 게 정상이에요.'

'쉰 나이에는 천명이 아니라, 자기 마음의 소리에 귀를 기울일 시간입니다.'

'육십까지 당신은 제멋대로 살았습니다. 인간은 누구나 제멋대로 살아요. 그러니 앞으로도 쭉 그렇게 사세요.'

'나이 칠십이 되어도 마음 가는 대로 행동하면 절대로 안 됩니다. 왜냐하면, 자칫 그랬다가는 법무부에서 제공하는 숙식에 몸을 의탁해야 하거든요.'

내 안에 가득한 욕망을
어찌해야 하는가

진시황은 말했다. "나는 진인眞人(신선이 된 자)을 흠모하여 스스로 '진인'이라고 할 것이며 짐이라 부르지 않겠다."

  ⊙ 《사기》[1] 〈진시황본기〉 중

천하통일을 이룬 진시황은 영생永生을 꿈꾸었다. 어린 남녀 수천 명을 붙여 서불에게 신선을 찾으라 명했다. 서불은 명을 받고 바다로 떠났다. 하지만 진시황은 결국 불로초를 얻지 못하고 스스로 신선이 되지도 못했다. 시간을 움켜쥐려던 그의 욕망은 결국 완벽한 실패로 귀결되었다. 중국 역사상 최초로 천하를 통일한 희대의 영웅도 결국 시간을 붙잡아둘 수는 없었다.

도쿄에서 기차에 털썩 올라탄다. 터널까지 굳이 넘을 필요도 없이 두 시간만 내처 북으로 달리면, 닛코에 다다른다. 도쿄에서 엎어지면 코 닿을 정도로 가까운 근교의 작은 도시다. 자칫 풍광에 눈을 팔다가는, 에끼벤을 펼치지도 못한 채 강제 하차당하기 십상이다. 미처 먹지 못한 연어알이 눈앞에 수박만 하게 둥실거린다. 일본사에 문외한인 내게도 닛코는 충분히 인상적인 장소다. 도쿠가와 이에야스의 사당인 도쇼구東照宮가 자리 잡고 있기 때문이다. 에도 막부의 초대 쇼군인 도쿠가와 이에야스. 일본인에게는 통일 영웅으로 추앙받는 그의 사당은 닛코의 가장 큰 자랑이다. 총알받이 대역인 카게무샤를 활용했다는 설이 있을 정도로, 그는 조심스럽기 그지없는 캐릭터의 소유자다.

> 덕천가강은 꾀를 잘 써서 강자를 제압하는 일을 잘하니, 뜻을 이룬 뒤에 조짐을 자라게 해서는 안 될 것입니다.
> ⊙ 《조선왕조실록》〈광해군일기〉 중

> 괴팍스럽고 싸움질을 좋아한다. 하는 짓이 명랑하지 못하고 어둡다. 한번 비위에 거슬리면 반드시 죽이고 만다. 풍신수길이 살았을 때는 인심을 얻었으나, 그가 죽자 도리어 신망을 잃었다. 차분하고 말수가 적고 두툼한 몸집에 덕스러운 편이다.
> ⊙ 《간양록》**2** 중

도쇼구에 들어서서 한가로이 걷노라면, 원숭이상 세 마리가 대번에 관광객의 눈길을 사로잡는다. 한 마리는 눈을 가리고 있다. 다른 한 마리는 귀를 가리고 있다. 마지막 한 마리는 입을 가리고 있다. 사악한 것은 보지도 듣지도 말고, 함부로 지껄이지도 말라는 도쿠가와 이에야스의 처세술을 상징적으로 표현한 작품이다.

잔망스런 원숭이들이 귀엽기도 하거니와 표정에 생동감이 넘쳐흘러 발길이 자연스레 멈춰진다.

일본 역사를 슬쩍이라도 곁눈질해본 독자라면, '새를 울게 하는 방법'이란 유명한 이야기를 들어봤을 것이다. 오다 노부나가, 도요토미 히데요시, 그리고 도쿠가와 이에야스. 문제적 인물 셋이 이 고사故事의 주인공이다.

성질 급한 오다 노부나가는 새에게 '울어라!' 하고 명령을 내린다. 그러고는 혹여 새가 울지 않으면, 가차 없이 새의 목을 베어버린다. 반면 도요토미 히데요시는 새가 울도록 온갖 졸렬하고 간교한 계책을 강구한다. 무슨 수를 써서라도 새가 울 수밖에 없는 환경을 만들어내는 것이다. 마지막으로 도쿠가와 이에야스는 새가 울 때까지 기다린다. 아니, 더욱 적확하게 표현하자면 '그저' 기다린다.

그의 일대기는 어떤 상황에서도 '그저' 묵묵히 참아내는 '인내의 리더십'을 시종일관 보여준다. 도쇼구의 한 구석에서는 도쿠가와 이에야스의 처세술이 오롯이 담긴 유언을 확인할 수 있다.

사람의 일생은 무거운 짐을 지고 먼 길을 가는 것과 같다.
서두를 필요 없다.
부자유不自由를 친구로 삼으면 부족할 것이 없다.
욕심이 생기면 궁핍했을 때를 걱정하라.
인내는 무사장구無事長久의 근원이요,
분노는 무사장구의 적이다.
이기는 것만 알고 지는 것을 모르면,

그 피해는 너 자신에게 돌아갈 것이다.

스스로를 탓하고 남을 탓하지 말라.

모자람이 지나친 것보다 낫다.

산업화의 역군인 우리네 아버지들의 말씀처럼 백 번 맞는 말이지만, 그 뒤울림에 몸에서는 알레르기 반응이 먼저 일어난다. 지극히 '전근대적인 가치관'의 나열이다. 다시, 세 마리의 원숭이상을 유심히 들여다본다. 가려진 눈, 귀, 입. 곰곰이 원숭이의 모습을 곱씹으며 도쇼구의 정취에 젖어들다 보면, 속물스럽기 짝이 없는 유언 너머로 깊은 울림이 찾아온다. 저 멀리서 우주의 진리를 강변하는 공자의 음성이 바로 그것이다.

비례물시非禮勿視 비례물청非禮勿聽 비례물언非禮勿言 비례물동非禮勿動

⊙ 《논어》〈안연顔淵〉편 중

《논어》 가운데 안회가 깊이 관여한 챕터를 안회의 자 자연子淵을 따 〈안연〉편이라 명명하여 정리했다. 안회는 '하나를 들으면 열을 안다聞一知十'는 평가를 들을 정도로 공자의 총애를 독차지한 제자다.

어느 날, 안회가 묻는다. "스승님, 인仁이란 무엇입니까?" 공자가 그토록 아끼는 제자답게 송곳처럼 날카롭게 핵심을 찌른다. 인의 개념을 정립하는 것이야말로 유가 사상의 알파요, 오메가이기 때문이다. 공자가 답한다. "자기를 이겨내고 예로 돌아가는 것이 인이다. 단 하루만이라도 자기를 이겨내고 예로 돌아간다면, 천하가 인에 귀의할 것이다."

그 똑똑하다는 안회가 잼처 묻는다. "스승님, 자기를 이기고 예로 돌아가는 이른바 극기복례克己復禮의 구체적인 방법이 무엇인지 알려주십시오." 이때 공자가 남긴 방법이 바로 "예가 아니면 보지도 말고, 예가 아니면 듣지도 말고, 예가 아니면 말하지도 말고, 예가 아니면 행하지도 말아라"라는 구체적인 행동강령이다. 도쿠가와 이에야스 사당의 잔망스런 세 원숭이를 따라 실천하면, '자신을 극복하게 되고 예로 돌아가게 된다'는 의미다. 송대의 주희는 《논어집주》에서 극기克己를 '일신의 사욕私慾을 극복'하는 것이라고 해석한다.

흔히 극기라고 하면, 한겨울 설원에서 웃통을 벗은 채 얼음장을 벗 삼아 으악! 으악! 기합을 넣어가며 팔굽혀펴기를 하는 특전사 군인을 머릿속에 떠올릴 것이다. '하면 된다!'를 이마에 두르고 허벅지를 꼬집어가며 공부하는 고시생을 떠올릴 수도 있다. 하지만 당신이 떠올리는 클리셰들이 극기의 본질은 아니다. 극기의 본질은 무엇일까. 공자의 정언명령에는 '예禮가 아니면'이란 조건이 달리는데, 여기서 예가 무엇인지 알아야 극기의 본질에 접근할 수 있다.

예가 아니면 보지도, 듣지도, 말하지도 말라는 문장에서 공자가 말하는 예는 우리가 흔히 말하는 예의범절이 아니다. 또한 영화 〈킹스맨〉의 콜린 퍼스가 쌍심지를 켜고 기관총을 쏴대며 그토록 강조하는 "Manner makes man"의 '매너'도 아니다. 여기서의 예는 차라리 '도리道理'라고 표현하는 편이 이해가 쉬울 듯싶다. 도리란 세상이 움직이는 이치다. 목이 마르면 물을 찾게 되고, 물은 아래로 흘러 모인다는 자연의 섭리를 뜻한다.

그러므로 극기는 오히려 자연의 섭리를 따를 때 충실하게 실현되는 것이다. 자신의 마음에 얼마나 충실할 수 있는지가 오로지 관건이다. 자기 검열, 자제, 검약, 욕망의 거세, 고통을 꾹꾹 참아가며 이루어내는 성취 따위에 극기의 정수가 있는 게 아니다. 충일한 '몰입감'이 극기의 본질이다. 사욕을 버리는 게 아니라, 반대로 '끝까지 자기 자신을 위해 굴을 파고 들어가 욕망을 좇아가며 벼리고 벼린 욕망을 껴안고 살아내는 과정'이야말로 진정한 의미의 극기라고 할 수 있다.

당신은 진정한 극기를 경험해본 적 있는가? 어쩌면 현대인에게 가장 부족한 경험이 바로 '몰입'일지 모른다. 그래서인지 우리는 돈과 시간을 들여 '사서 고생'을 한다. 템플 스테이에서 나물만 먹느라 허기진 배를 움켜쥐는 것, 히말라야 베이스캠프를 기웃거리며 고산병과 추위를 견디는 것, 산티아고 순례길에서 발바닥에 잡힌 물집을 부여잡고 걷고 또 걷는 것. 이 모두가 결국 몰입이고 진정한 의미의 '극기'를 달성하기 위한 수단들이다.

공자는 학문적 성취를 이룩하고 그저 성스러운 이름의 '자기감옥'에 갇힌 채 살아갈 수 있었지만, 그는 충일한 몰입을 위해 자신의 학문이 쓰임받을 수 있는 곳을 찾아 헤매고 또 헤매었다. 유학儒學을 바탕으로 나라를 다스려보겠다는 사적 욕망을 끝까지 밀어붙였다.

공자의 유세遊說는 크게 둘로 나눌 수 있다. 30대의 유랑과 60대의 유랑. 공자 나이 30대에 낙양, 제나라, 동주東周를 방문한 것은 일종의 견문을 넓히기 위한 유학留學으로 볼 수 있다. 하지만 60대에 위나라, 송나라, 정나라, 진나라, 채나라, 초나라를 찾아다닌 것은 분명 유학留學의 차원이 아니다. 갈고닦아 농축한 유가儒家 사상을 현실 정치에 녹여 백성을 편안하게 하겠다는 자기 욕망을 위해, 그 어렵고 험한 길을 묵묵히 밟아 내려간 것이다. 공자는 '나我에게 오롯이 집중할 수 있었던' 의지의 인간이었다. 다시 말해, 그는 시간을 내 것으로 완벽하게 소화해낸 존재다.

공자의 깊은 울림을 귀에 담은 채, 도쿠가와 이에야스의 사당이 위치한 닛코를 떠나기 위해 기차역으로 돌아온다. 끝을 모르고 길게 뻗은 기찻길 옆에 표지판 하나가 우뚝 서 있다. '일광日光'이란 글자가 또렷하게 눈동자에 새겨진다. 닛코라는 도시명을 한자로 쓰면 '일광日光'이다. 해와 빛. 줄곧 오롯이 나에게 집중하자고 골똘하게 생각하던 내 앞에 '일광' 두 글자가 나타난 게 과연 우연이란 말인가.

1 《사기》는 기전체 역사서의 효시로서 크게 본기本紀, 세가世家, 서書, 표表, 열전列傳으로 나뉜다. 본기는 황제에 대한 기록이요, 세가는 제후에

관한 기록이다. 서는 제도 문물에 관한 기록이요, 표는 말 그대로 연표다. 우리가 흔하게 접하는 백이, 숙제가 수양산에 들어가 굶어 죽은 이야기나 맹상군이 식객의 도움을 받아 위기를 탈출한다는 계명구도鷄鳴狗盜 고사 등은 모두 열전에 포함된다.

2 일본에 포로로 잡혀간 의병장 강항이 일본 현지 사정과 포로 생활 경험을 기술한 책. 1597년 9월부터 1600년 5월까지의 기록이 담겨 있다.

기껏해야 백 년,
영원한 건 없다

시간時間.

과연, 시간이란 뭘까? 시간이 우리에게 던지는 본질은 무엇일까? 시간時間을 파자破字하면, 日 寺 門 日. 해日가 절寺의 문門을 통해 들어갔다가 터벅터벅 나오는 형상이다. 해日는 곧, 우주의 상징이다. 우리는 모두 나만의 우주를 지어놓고, 그 우주 안에서 살아간다. 내 마음이 우주요, 우주가 곧 마음이다. 당연한 귀결로 해는 '나我'의 다름 아니다.

절寺은 세속의 대척점에서 딸깍발이처럼 꼿꼿이 서 있는 공간. 세속은 대개 돈, 아니면 권력, 그도 아니면 명예로 이루어진다. 혹은 돈과 권력과 명예의 조합으로 이루어지기도 한다.

절이란 장소는 돈과 권력과 명예를 버린 채, 고결한 마음가짐으로 '속俗됨'을 모두 태우고, 한 발 한 발 겨우 디뎌 들어가는 소실燒失의 공간이다. 결국 시간이란, 우주의 중심인 '내'가 세속의 비루함을 모두 태워버리고, 오롯이 '자아自我'만을 앞세우며 홀로 서는 것이다.

현대인에게 가장 희소한 자원은 단연코 시간이다. 헨리 데이비드 소로는 일찍이 《월든》을 통해 최소한의 소비와 그에 따른 최소한의 노동을 인류의 지향점으로 강조했다. 그래야만 가장 소중한 '나'를 들여다볼 시간을 확보할 수 있으니까.

21세기의 지구인은 역사상 유래 없이 풍족한 음식과 자원을 만끽하며 살아가고 있다. 먹고, 마시고, 타고, 보고, 입고, 싼다. 자본은 소비의 향연을 연달아 몰아치며 우리를 압박한다. 나는 충분히 먹고 마시고 쌌는데, 누가 옆에서 더 먹고, 더 마시고, 더 싸면, 나도 모르게 휩쓸려 더 먹고, 더 마시고, 더 싸야 한다고 착각한다. 나를 태워 쓰러질 때까지 채찍질해서라도, 더 먹고 더 마시고 더 싼다. 뼈와 살이 튀는 이 아수라도阿修羅道에서 오직 내면의 목소리에만 귀 기울일 수 있는 용기 있는 자가 과연 몇이나 있을까?

유발 하라리 역시 《사피엔스》를 통해 '현대인이 농경민보다 행복하고, 농경민이 수렵채취를 하던 인류보다 행복하다'는 우리의 편견을 통렬하게 부숴버린다. 수렵과 채취로 삶을 이어가던 조상들은 '먹고 싶을 때 먹고, 쉬고 싶을 때 쉬었다.' 그들에겐 오직 현재, 오직 오늘만이 중요했다는 말이다. '카르페 디엠'을 몸으로 실천한 셈.

농경으로 먹을 게 늘어나 생활이 여유롭다고 느낀 바로 그 순간, 농경민들은 곡식보다 무섭게 증가하는 자식들 때문에 발목이 잡힌다. 정착하는 삶은 더 많은 섹스를 낳았고, 더 안정적인 섹스는 더 많은 자식들을 잉태했다. 그렇게 무섭게 늘어난 자식들 입에 풀칠하기 위해서 그들은 매일매일 걱정을 하게 되었다.

미래에 대한 걱정과 염려가 창궐하는 순간, 인류는 오늘을 살지 못하고, '내일을 사는' 불행하고 가련한 존재로 전락하게 된다. 《월든》에서 헨리 데이비드 소로는 이런 상황을 날카롭게 꼬집는다. "제때의 바늘 한 땀이 나중에 아홉 바늘 꿰매게 될 수고를 던다고 말하는 사람들이 있다. 그러나 실제로는 내일을 걱정하느라 오늘 천 바늘씩을 꿰매느라 허리조차 펴지 못하고 있다."

한가하다는 의미의 '한閒'은 문 틈새로 달을 쳐다보는 형상이다. 수렵에서 벗어나 농경을 하게 되면, 평화로움이 찾아오고 문 틈새로 실컷 달구경이나 할 줄 알았다. 그런데 정작 농경이 시작되니 달구경은커녕 새벽별만 구경하는 신세로 내동댕이쳐진 것이다. 싯타르타는 아들을 낳고 '라훌라'라고 이름 지었다. 라훌라는 '발목을 잡는 자'란 뜻이다. 어쩌면 싯타르타는 농경이 불러일으킨 우리 삶의 족쇄를 일찍이도 깨달은 건 아닐까.

탱탱하고 싱싱한 새우를 그저 하루 먹을 만큼만 잡던 인류는 어느덧 저장을 고민하게 된다. 새우를 잡아 싱싱한 채로 먹지도 못하고 젓갈로 담근다. 싱그러운 현재를 애써 버리고 안온한 미래를 위해 소금으로 짜디짜게 절여버린 시간. 그곳에 늪처럼 빠져든 우리들은 퀴퀴하게 곰삭은 불행의 젓갈을 맛보며 하루하루를 살아내고 있다. 소설가 이승우의 '사랑하는 사람은 사랑의 숙주다'라는 문장을 빌려 표현하자면, 농경을 시작하면서 우리는 '시간의 숙주'가 되어버렸다. 불행하게도 말이다.

아리스토텔레스는 《시학》에서 비극의 주인공들을 분석한다. 그토록 품위 있는 인격과 높은 지위에 있음에도, 그들이 시련을 맞이할 수밖에 없는 이유를 '하마르티아'에서 찾는다. 하마르티아를 우리말로 옮기면 '잘못' 혹은 '죄罪'다. 그 잘못 가운데 으뜸은 단연 휴브리스다. 휴브리스는 오만傲慢이란 뜻인데, 여기서의 오만은 '신神에 대한 오만'을 의미한다. 이는 앞서 정의한 시간時間의 파자적 해석과는 대척점에 서 있는 태도다. 세世와 속俗을 버리고 오롯이 자아만을 앞세우는 것이 아니라, 도리어 세와 속을 탐닉하는 자아가 휴브리스의 우愚를 범하게 된다.

《시학》에 등장하는 비극의 주인공들은 오직 제 잘난 맛에 산다. 그들은 종종 '세와 속은 물론이요, 동시에 시간까지 틀어쥐려는' 인간의 오만방자함을 여실히 드러낸다. 도쿠가와 이에야스의 유언 속 '이기는 것만 알고 지는 것을 모르면, 그 피해는 너에게 돌아간다'는 문장은 바로 이 비극의 주인공들을 준열하게 꾸짖는 말이다.

그렇다면 권력, 돈, 명예 같은 세속적인 가치를 죽는 그날까지 추구했으면서도, '세속적 가치를 지나치게 탐하면 벌을 받는다'는 모순된 유언을 남긴 '세속의 화신化身' 도쿠가와 이에야스의 심리는 과연 무엇일까? "시끄러우니까 제발, 소리 좀 지르지 마!"라고 고래고래 외치는 인간처럼 혹은 "제발, 지폐를 훼손하지 마시오!"라고 만원 지폐에 휘갈겨 낙서한 사람처럼 모순 덩어리인 그의 심리를 해부해보면, 결국 그의 마음속 깊은 울림은 '후회'라는 결론에 도달한다. 후회後悔란 먼 훗날後 마음으로心(心)하는 것인데, 안타깝게도 매일每 하는 것이다. 다시 말해 피하려 해도 피할 수 없어 '매일같이 할 수밖에 없는 것'이 후회다.

'나를 이기고자 하는' 공자의 실천 방안은 그래서 역설逆說이고 동시에 진리다. 왜 역설이자 동시에 진리인지 이해하려면 공자가 살던 춘추전국시대의 공기를 느껴봐야 한다. 먼저 철기의 보급으로 농업 생산량이 비약적으로 증가했다. 수렵채취에서 농경으로 정착했을 때보다, 청동기에서 철기로 변화할 때 농업 생산력은 극적으로 증대된다. 당연하게도 그에 비례해 인구가 늘게 되고 생산력 증가에 따른 여유 시간은 철학을 잉태하게 된다. 이 시기에 제자백가 사상이 나타나 중국 철학사의 근간을 이룬 게, 결코 우연이 아니다.

이렇게 '오늘만 살던 세상'에서 '내일을 걱정해야 하는 세상'으로 또 한 단계 진화했다. 물론 이 전진이 과연 행복인지 불행인지는 평가를 유보하겠다. 껑충 뛴 경제력을 바탕으로 춘추전국시대의 인간은 '예禮가 아닌데도 매일 말하고, 예가 아닌데도 매일 듣고, 예가 아닌 것만 유독 찾아보게 되는 인류'로 바뀌게 된다. 순리를 거스르는 인간. 오늘의 자아에 집중하지 못하는 인간. 내일만 걱정하고 욕망에 사로잡힌 인간. 공자는 그 시점에 탄생한 신인류의 문제점을 예리하게 지적했다. 자기를 극복하고 결국 오늘을 제대로 사는 인간이 될 것을 강력하게 주문한 셈이다.

이 부조리하고 불공평한 세상에서 유일하게 공평한 게 하나 있다. 당신이 부자든 빈자든 공평한 것. 당신이 권력을 쥐고 있든 기층민중이든 공평한 것. 당신이 착하든 악랄하든 공평한 것. 당신이 똑똑하든 멍청하든 공평한 것. 그것은 바로 시간이다.

몸에 억만금을 두른 자도 결국 죽는다. 온 세상을 통일해 쥐고 흔들던 권력자도 결국 죽는다. 기껏해야 백 년이다. 이 얼마나 공평한가. 영원한 건 절대 없다! 천하대세天下大勢 분구필합分久必合 합구필분合久必分. 나관중이 《삼국지연의》의 첫 문장으로 선택한 말이다. 천하의 대세는 나누어지면 반드시 합쳐지고, 합쳐지면 반드시 나누어진다. 유일하게 평등한 것, 다시 말해 '시간'을 진솔하게 소비할 때에만, 비로소 우리가 평등해진단 사실을 깨닫게 된다.

영화 〈아저씨〉에서 원빈이 내뱉은 대사가 유독 살갑게 다가온다. "내일만 보고 사는 놈은 오늘만 사는 놈한테 죽는다. 난 오늘만 산다." 나도 진정한 위너가 되고 싶다.

내가 하기 싫으면
남도 하기 싫다

　공자에게 던지는 질문 하나! "당신의 신산하고도 기나긴 주유 생활 동안, 당신 곁에서 가장 고생을 많이 한 제자는 누구입니까?"라고 묻는다면 어떤 답이 돌아올까. 공자는 단연 '자로子路'를 손에 꼽지 않을까, 추정해본다. 나이 차는 아홉 살에 불과해 사제지간이란 표현이 어색하지만 둘은 끈적거리는 사제지간이었다. '끈적거린다'는 표현을 굳이 사용한 이유는 둘의 사제관계에는 전형성을 벗어난 뭔가 독특한 향기가 뿜어져 나오기 때문이다.

　자로는 공자의 제자 가운데 꾸지람도 제일 많이 듣고, 반항도 제일 많이 했다. 하지만 이 스승과 제자는 서로에게 깊은 신뢰가 있었기에, 툴툴거리면서도 서로를 의지했다. 자로는 공자와 문하생들의 살림살이에 필요한 온갖 궂은일은 도맡아 처리했고, 후배들의 민원도 적극적으로 수렴했다. 공자가 진陳나라와 채蔡나라에 머물던 시절에는 특히 곤궁했는데, 그 당시 상황은 《논어》〈위령공〉편에 잘 드러난다. '진채지액陳蔡之厄'[1]이라 불리던 시기인데, 공자가 겪은 가장 신산한 고생이다.

진나라에 머물 때, 식량이 떨어졌다. 따르는 제자가 병에 걸려, 일어나게 할 수 없었다. 자로가 성을 내며 스승에게 말했다. "군자에게도 곤궁함이 있습니까?" 공자가 답했다. "군자는 곤궁해도 지키지만 소인은 곤궁하면 넘치게 된다君子固窮 小人窮斯濫矣."

'고固'와 '람濫'으로 군자와 소인의 태도가 대쪽처럼 갈린다. 군자는 곤궁함을 맞닥뜨려도 동요함 없이 의연하게 대처하지만 소인은 화내고, 소리 지르고, 울고, 비굴해진다. '넘친다濫'는 것은 결국 상도常道를 벗어나 폭주한다는 뜻이다. 자로가 먼저 스승에게 화를 내니, 스승 역시 제자를 꾸짖는 것이다. "너는 왜 소인처럼 상도에서 벗어나 넘치느냐?"

물론 공자가 자로를 꾸짖기만 한 것은 아니다. 자로에 대한 애정을 때때로 드러내기도 했다. 한마디로 이 사제는 애증의 관계다.

> 공자가 말했다. "도가 행해지지 않으니 뗏목을 타고 바다로 떠나려 한다. 나를 따를 자는 아마도 자로일 것이다." 자로가 이를 듣고 기뻐하자, 공자가 말했다. "자로는 용기가 뛰어난 점이 나보다 낫다. 하지만 취할 만한 자질이 없다."
> ⊙ 《논어》〈공야장〉편 중

애愛와 증憎의 공존이 적나라하게 드러난 장면이다. 공자는 모든 걸 다 벗어던지고 저 광야에 홀로 우뚝 설 때조차, 자로는 자신을 따를 것이라 확신한다. 그만큼 자로의 의리를 신뢰한다. 하지만 막상 머나먼 곳으로 떠났을 때, 그다지 도움이 되진 못할 것이라는 쓴소리도 잊지 않는다. 그야말로 '팩트 폭격'이다. '굽은 나무가 선산을 지킨다'는 속담이 딱 어울리는 상황.

자, 그렇다면 공자가 가장 아낀 애제자는 누구일까? 자공과 안회도 강력한 후보군에 들어 있겠지만, 증삼曾參이 으뜸일 것이라고 추정한다. 증삼은 공자보다 무려 마흔세 살이나 어리다. 나이로만 따져보자면 자로와 반대다. 증삼의 아버지인 증점도 공자의 제자였으니, 부자父子가 대를 이어 모두 공자에게 배운 것이다. 증삼은 《논어》에서 '증자'로 칭해진다. 이를 근거로 증삼의 직계 제자들이 《논어》를 편찬했다는 학설이 정설이다. '편찬에 참여한 자들이 증삼의 제자이기에 증삼이란 칭호를 못 쓰고 증자란 존칭을 사용했을 것'이란 논리적 추론이다. 그 정도로 증삼은 공자의 사랑을 받았으면서 사상적으로 정통의 반열에 우뚝 서 있는 제자다.

> 공자께서 말씀하셨다. "증삼아! 나의 도는 오직 하나로 꿰어진다." 증자가 대답한다. "예." 공자가 자리를 뜨자 다른 제자들이 묻는다. "나의 도가 하나로 꿰어진다는 저 말씀은 무슨 뜻인가요?" 증자가 대답한다. "스승님의 도는 오직 '충忠과 서恕'일 뿐입니다."
>
> ⊙ 《논어》〈이인〉편 중

자, 어떤가? 증삼에 대한 공자의 무한신뢰와 애정이 느껴지는

가? 우선, 증삼에게 굳이 도의 핵심을 힘주어 알려준다는 것이 그 증거의 하나다. 공자가 툭! 자신의 사상이 완결되었음을 알리고는 표표히 자리를 뜨자, 구체적인 공자의 사상이 무엇인지 주변에서 물을 때 주저 없이 대답하는 면모가 바로 수제자의 그것이다.

증삼이 마음에 새긴 공자의 사상적 핵심은 '충서忠恕'다. 김원중 교수가 번역한 《논어》에서도 "선생님의 도는 충忠(성심성의를 다하는 마음)과 서恕(남을 배려하는 마음)일 뿐이로구나"라고 해석한다. 물론 이 해석에도 일리가 있지만, 여기서 '충忠'을 명사가 아닌 부사로 해석하는 것도 가능하다. 나는 오히려 그 편이 더 끌린다. 그렇게 되면 "선생님의 도는 진실로 서恕일 뿐이로구나"라는 해석이 가능하다. 충忠을 부사로 해석하는 견해가 더 믿을 만하다는 근거가 있다.

> 자공이 물어 말한다. "죽을 때까지 평생 실천할 만한 한 마디 말이 있습니까?" 공자가 답한다. "그것은 '서恕'이다. 자기가 하고 싶지 않은 것을 다른 사람에게 시키면 안 된다己所不欲 勿施於人."
>
> ⊙ 《논어》〈위령공〉편 중

공자가 자공에게 준 '일생의 키워드 하나'는 '서恕'였다. '서恕'를 파자하면, '여如 그리고 심心'으로 이루어진다. 결국 같은 마음, 다른 사람과 같은 마음을 품는다는 것. 기소불욕己所不欲 물시어인 勿施於人, 내가 하기 싫으면 남도 하기 싫으니 강요하지 말라는 것. 즉, 공감과 배려다.

어쩐지 고전이 읽고 싶더라니

중국 최초의 문자학 사전인 〈설문해자說文解字〉[2]에 따르면 '서인
야恕人也'라고 나온다. '서恕'는 곧, '인仁'이라는 것이다. 사람과 사
람 사이에 서로가 서로를 이해하고 같은 마음이 되어 공감하고 배
려하는 것. 이것이 바로 공자가 평생을 바쳐 지켜낼 만하다고 외치
는 유교 사상의 핵심 키워드다. 《논어》에 유독 많이 등장하는 글
자 가운데 '여與'가 있다. '더불어' '함께'란 의미의 여與가 문헌에
많이 등장하는 것은 '서恕'를 필생의 키워드로 부여잡고 있었던 공
자의 사상과도 일맥상통한다.

우리 뇌에는 '거울 뉴런'이 있다. 1996년 이탈리아 파르마대학
리촐라티 교수팀이 명명한 용어다. 연구진은 원숭이의 뇌 가운데
'뭔가 쥐는 행동'을 할 때 반응하는 복측전운동피질Ventral premotor
cortex, 이른바 F5영역을 관찰하고 있었다. 그런데 신기하게도 뭔가
를 쥐지 않았음에도 원숭이 뇌의 F5영역이 활성화되는 게 아닌가.
원숭이는 그저 인간이 손으로 뭔가를 쥐는 모습을 '보고' 있었다.
운동 영역이라 여기던 F5영역이 동시에 지각의 영역이기도 함을
우연히 발견한 것이다. 이후 인간에게는 원숭이보다 더 정교한 신
경 메커니즘이 있음을 입증하고, 이를 거울 뉴런이라 명명했다. 누
군가 울고 있으면 나도 슬프고, 누군가 아파하는 걸 보고 있노라
면 나 역시 고통스러운 게 인지상정이다. 이걸 과학적으로 입증한
것이다.

진화학자 장대익은《인간에 대하여 과학이 말해준 것들》이라는
저서에서 이렇게 말한다. "타인의 감정과 고통을 내 것처럼 이해

하는 것은 도덕관념의 시작이다. 거울 뉴런은 타인의 감정과 고통이 어떻게 '내 것'처럼 이해될 수 있는지에 대해서도 새로운 통찰을 준다. 도덕관념이 문화에 따라 다소간의 차이를 보일 수 있으나 기본적인 도덕 법칙들은 보편적이며, 그러한 것들은 대체로 타인의 감정 및 고통과 깊은 연관을 가진다."

공자가 그토록 힘주어 주장한 '서恕'라는 개념이 결국 도덕관념의 밑바탕이란 말이다. 내가 싫은 일은 남도 싫어할 것이라는 인류 보편 정서에 대한 이해, 그리고 그렇게 이해했다면 배려할 줄 아는 실천. 그것이 바로 거울 뉴런을 공자의 방식으로 해석한 '기소불욕 물시어인'의 정신이다.

장대익은 같은 책에서 다음과 같이 덧붙인다. "이와 같은 추상적인 형태의 거울 반응은 우리의 도덕 능력에 영향을 주었고 우리가 영장류 사회를 넘어 훨씬 더 큰 사회 조직으로 진화할 수 있게끔 우리를 신경적으로 연결시켜주었다. 제러미 리프킨의 말대로 우리는 지구상에서 최고의 공감 능력을 진화시켜 위대한 문명을 건설한 '호모 엠파티쿠스'인 것이다."

2,300여 년 전, 공자는 세포의 개념도, 우리의 뇌구조도, 더구나 복측전운동피질이 뭔지도 몰랐을 것이다. 하지만 그럼에도 불구하고 공자는 제러미 리프킨과 똑같은 결론을 도출해냈다. 우리 인류가 달성한 위대한 문명의 기초에는 '서恕'를 제대로 이해하는 인간 즉, 호모 엠파티쿠스가 존재한단 사실을 말이다.

기본적으로 우리 인류는 호모 엠파티쿠스다. 하지만 그 가운데 공감 능력이 유독 떨어지는 족속이 있다. 그들은 누구일까? 2006년, 미국 심리과학 학술지에 실린 '알파벳 E 실험'을 한번 살펴보자. 먼저 노스웨스턴대와 뉴욕대 공동연구진은 평균 연령 20세인 실험 참가자 57명을 권력자와 피지배자 두 그룹으로 나눴다. 권력자 집단에게는 남에게 명령했던 기억을 떠올리면서 그 에피소드를 종이에 적게 했다. 피지배자 집단에게는 명령받던 경험담을 쓰라고 했다. 그러고는 바로 알파벳 E를 자신의 이마에 써보라고 하자, 놀라운 결과가 나타났다.

권력자 그룹은 3명 중 1명꼴로 이마에 E를 그대로 썼다. 피지배자 그룹에서는 오직 12퍼센트만이 그와 같은 방식으로 E를 이마에 썼다. E를 그대로 이마에 쓰게 되면 상대방은 'ⴍ' 모양을 보게 된다. 'ⴍ' 모양으로 이마에 써야 상대방이 제대로 된 E를 보게 된다. 권력자일수록 상대방을 배려하지 않고, 자기중심적으로 생각한다는 걸 명백히 입증한 실험이다.

공자가 유독 '서恕'를 죽을 때까지 평생 실천할 개념으로 천명한 건, 자연인 공구孔丘(공자의 본명)로서도 물론 그러하지만 특히나 위정자들이 새겨야 할 덕목으로 적시한 측면이 크다. 권력을 쥐고 백성을 다스리는 자들은 더욱 공감 능력을 발휘해야 한다는 뜻이다.

2014년 4월 16일, 대한민국 국민이라면 누구나 애타는 심정으로 발을 동동 굴렸다. 필부필부匹夫匹婦, 장삼이사張三李四, 누구 하나 예외 없이 세월호 아이들의 구조를 기원하고 또 기원했다. 하지만 '소중한 생명을 구해낼 수 있는 힘을 대한민국에서 가장 많이 지닌 자'는 그 긴박한 순간에 전혀 공감하지 못했다. 그 권력자는 선실에 갇힌 채 죽음의 공포를 느끼며 떨고 있는 어린 생명의 두려움을 전혀 공감하지 못했다. 생명을 구할 수 있는 골든타임에도 그 권력자는 아무런 아픔을 느끼지 못한 채 무려 7시간을 헛되이 흘려보냈다. 기본 가운데 기본을 갖추지 못한 지도자를 뽑은 우리는 혹독하고 처절하게 그 대가를 치렀다. 공자의 평생 키워드 '서恕'는 우리 모두 실천해야 할 덕목이지만, 특히나 위정자들에겐 필수불가결한 요소임을 깨닫게 된 참혹한 시간이었다.

1 공자가 채蔡나라에 있을 때에 초楚나라에 초빙되었다. 그러자 약소국인 진陳나라와 채蔡나라의 대부들은 자신들의 결점이 노출될까 두려워하여, 국경지대에서 공자의 무리를 포위했다. 양식이 떨어져 굶고, 종자從者가 병을 앓는 재액災厄을 당했다 하여 이를 진채지액이라 일컫는다. 공자의 가장 신산한 고생으로 꼽힌다.
2 후한시대 허신이 편찬. 1만 자의 한자에 뜻, 발음, 본래 글자 모양 등을 기술해놓았다.

무엇보다
내 마음이 먼저다

옆구리에 늘 책을 끼고 다니던 선배 S가 있었다. 주로 심리학 서적이었다. "선배, 진짜 독서광이시네요"라는 내 칭찬에 다음과 같은 답이 날아왔다. "음, 내가 성격이 워낙 지랄이라서, 심리학 서적을 많이 들여다봐." 선배 S는 함께 일하는 동료들과 대부분 트러블을 일으켰고, 나 역시 예외는 아니었다. 성격에 심각한 문제가 있었지만, 적어도 그는 자기객관화는 완벽하게 해내는 사람이었다.

문득 '심리학 책을 읽는다고, 문제 있는 성격이 고쳐질까?'라는 의문이 들기 시작했다. 밤이고 낮이고 저렇게 들고 다니는데, 선배 S는 이곳에서 때론 저곳에서 동료들과 계속 분란을 일으켰다. 다이어트 책 만날 읽어도 빠지지 않는 살처럼, 심리학자의 충고는 실효성을 갖기 힘들다고 생각했다. 궁금해진 나는 몇 권의 심리학 베스트셀러를 찾아서 읽어봤다.

심리학 서적이 성격을 고쳐줄 수 있을지는 여전히 미지수였지만, 나는 대부분의 책들에 공통된 처방이 있다는 사실을 알게 되었다. "남을 사랑하려면, 먼저 자신을 사랑해야 합니다." 주문처럼 등장하는 이 말의 의미가 궁금해졌다. 보통 이기적인 사람이 사회생활을 제대로 못 한다는데, 자신을 먼저 사랑하라고? 그게 해결책이라고? 당시 내가 품었던 의문은 엉뚱하게도 심리학 서적이 아닌,《논어》를 읽으며 조금씩 해결되었다.

> 여자와 소인은 기르기가 어렵다. 친하게 대하면 불손하게 굴고, 멀리하면 원망한다.
>
> ⊙ 《논어》〈양화〉편 중

공자의 여성관[1]이 그대로 드러나는 대목이다. 오늘날의 젠더 감수성으로 읽어보자면 기가 차서 말도 안 나오는 헛소리지만, 논란이 되는 '여자' 부분은 시대적 한계성을 감안해 잠시 제쳐두자.

지금부터는 공자가 평생 좇은 '서恕'가 갖고 있는 한계성에 대해 살펴보고자 한다. '서'를 오늘날의 관점에서 번역하자면, '타자와의 관계 맺기' 정도가 될 수 있다. 나의 욕망을 들여다보고, 타자의 욕망을 나의 욕망만큼은 안 되더라도 그에 버금가게 세밀히 들여다보는 게 오롯한 '서의 정신'일 터. 아무튼 욕망을 들여다보는 게 무엇보다 선행되어야 할 과제다. 욕망을 모른 채 누군가에 공감한다는 건 '나 내일부터 술 끊을 거야!'라고 외치는 시선詩仙 이태백李太白의 넋두리만큼이나 의미 없는 외침이다. 욕망을 알아채지 못하는데 어떻게 그와 공감할 수 있단 말인가. 하지만 공자의 서는 욕망이 거세된 상태에서의 공감에 더 가깝다.

딜런 에번스의 저서 《감정》은 욕망과 공감을 조감할 수 있는 단초를 제시한다. 그는 이렇게 주장한다. "사랑 이외에 고등한 감정에는 어떤 것이 있을까? 가능한 후보로는 죄책감, 수치, 당황, 관용, 자부심, 질투, 시기 등이 있다. 기본 감정과 달리 근본적으로 사회적인 감정이라는 것이다." 딜런 에번스의 분류를 따르자면 '서'란 감정은 근본적으로 '사회적 감정'이다.

계속해서 딜런 에번스의 주장에 귀를 기울여보자. "우리는 무생물이나 인간이 아닌 동물을 두려워하거나 혐오할 수 있다. 그러나 이에 비해 사랑이나 죄책감 같은 감정이 존재하려면 나 말고 다른 사람이 있어야 한다. 동물 사냥에 대해 죄책감을 느끼는 사람도 있고, 애완동물을 사랑한다고 주장하는 사람도 있지만, 죄책감이나 사랑은 그런 목적을 위해 진화한 것이 아닌 듯하다. 고등한 인지적 감정은 선조들이 점점 복잡해지는 사회 환경에 대응할 수 있도록 자연선택에 의해 만들어진 것처럼 보인다."

'서恕'는 결국 사회적이며 고등한 감정에 기초해 일어나는 것임을 보여준다. 그런데 공자가 상정하는 '서'의 세계에는 안타깝게도 수치심이나 죄책감은 있지만, 시기, 질투, 당황, 자부심 등은 너끈히 극복한 '완성형 군자君子'만 존재한다. 타인을 존중하고 타인의 마음을 헤아리는 것까지는 좋은데, 타인에게 '때론 질투심도 느끼고, 때론 자만심도 가진다'는 점을 간과한 결과다. 그래서 공자의 '서'는 유교 최고의 가치이지만, 안타깝게도 완벽하진 못하다.

다시, 김원중 교수의 해석으로 돌아가보자. 증삼이 말한다. "선생님의 도는 충忠과 서恕일 뿐이로구나!" 이것이 "나의 도는 하나로 꿰어진다吾道一以貫之"는 《논어》〈이인〉편의 해석이다. 앞서 살핀 바처럼 '충忠'을 부사 '진실로'라고 해석하지 않고 명사로 해석한다 해도, 여기서의 '충'은 '충성심'의 충은 결단코 아니다. 영어로 말하자면 'loyal'이 아니라, 'sincere'에 더 가까운 개념이다. 주군에 대한 충성, 보스에 대한 의리, 상사에 대한 딸랑딸랑이 아니라, 내 마음에 대한 충성인 것이다. 내 마음에 대한 충성이란 뭘까? 충忠은 내 '마음心'의 '가운데中'를 향해 가는 모양새다.

일본 문화에는 '혼네'와 '다테마에'가 있다. 흔히 속마음과 겉마음을 가리키며, 본심과 배려로 해석하기도 하는데, 개인과 조직의 관계에서 파생된 개념이다. 개인의 마음은 따로 있더라도 조직의 원활한 운용을 위해 '자신을 포기하고 위선 떠는 행위'가 그 본질이다. 그런 의미에서 공자의 '충'과 다르다.

충忠은 오히려 자신의 생각에 가식 없이 집중해 '충일한 몰입'을 불러일으키는 행위다. 물아일체物我一體, 즉 상황을 나로 치환하고, 나를 다시 상황에 대입해 하나가 되는 것이다. 이렇게 충을 해석할 때, 공자의 "나의 사상은 하나로 꿰어진다"는 말이 완벽하게 자리를 찾게 된다. 서恕는 타인에 대한 배려와 공감이다. 그런데 충을 가감 없이 자신에게 몰입하는 것이라고 해석하면, 마치 일본인의 혼네와 다테마에처럼 충과 서가 충돌하게 된다. 혼란스럽다. 뭐지? 자신의 감정에 충실하란 거야, 아니면 남 눈치를 보고 배려하는 게 우선이라는 거야?

자! 여기서 '충서忠恕'의 순서가 중요하다. 충이 먼저요 서가 다음이다. 별것 아닌 것처럼 보이는 어순이 엄청난 차이를 빚어낸다. 공자의 말씀은 '먼저 자신의 마음에 완전히 몰입할 정도로 충실하고 난 연후에, 다시 말해 자신의 마음에 중심을 곧추세우고 나서 상대방을 배려하고 상대방의 곧추선 마음과 공감하라'라는 뜻이다. 이것이 바로 하나로 꿰어져 평생 죽을 때까지 추구해야 하는 공자의 대명제가 되는 것이다.

수년 전, 인연이 끊긴 선배 S는 요즘 어떻게 지낼지 궁금하다. 지금쯤은, 자신을 사랑하는 방법을 터득했을까. 여전히 애꿎은 심리학 서적만 보고 있다면, 《논어》 일독을 슬며시 권해보고 싶다. 개똥철학이지만 필자의 해석으로 '충서'를 해석해보길 바란다. 그렇다면 그간 읽은 심리학 이론이 새롭게 다가올 것이다.

∕∕∕

1 공자가 이렇게 억하심정을 갖고 여성을 비하하는 것은 분명 문제가 많다. 그런데 그 삐뚤어진 심사心事의 원인을 추론해볼 만한 사료가 존재한다. 《논어》에는 나오지 않지만, 《예기》에 보면 공자가 이혼당했다는 기록이 등장한다. 유세를 다니느라 이리저리 떠도는데 제대로 임용되지도 못하니, 아내가 친정으로 도망간 것이다. 그리고 친정아버지는 그녀를 개가시킨다. 춘추전국시대만 해도 모계 사회의 전통이 남아 있어서, 여성이 개가하는 일이 얼마든지 가능했다.

4차 산업혁명 시대에 공자가 살았다면

'가족' '가족' 노래를 부르는 사람들이 대한민국 국민이다. 심지어 가족 이기주의에 매몰되어 있다고 비난받는 게 대한민국 국민이다. 그러나 정작 가족과 함께 보내는 시간이 제일 적은 사람들 역시 바로 대한민국 국민이다. 이 모순은 대체 어디서 야기된 것일까? OECD 국가 가운데 최장 노동 시간과 최악의 업무 효율성을 기록하고 있는 현실은 답답하기 짝이 없다.

'저녁이 있는 삶'은 기린, 해태, 봉황, 유니콘, 네스호의 괴물처럼 귀에 진물 나게 들어는 봤지만 아무도 본 사람은 없는 상상 속의 존재인 줄 알았다. '여름 정기 휴가로 아이슬란드 다녀오기' '퇴근 후 살사댄스 배우기' 같은 일들이 실제로 일어나려면《장자》〈소요유逍遙遊〉편에 등장하는 곤鯤이나 붕鵬이 헤엄쳐 오거나 날아와야 하는 줄 알았다. 그런데 아뿔싸! 그 길이가 몇천 리인지 알 수 없는 붕이 날갯짓을 하며 날아왔다. 주 52시간 근무제가 그것이다.

제대로 실행만 된다면 불필요한 야근이 사라질 것이다. 아빠들은 아이에게 캐치볼을 더 많이 던져줄 수 있을 것이요, 엄마들은 아이와 더 많은 이야기를 나눌 수 있을 것이다. 낮에는 인터넷 쇼핑하고, 라떼 마시고, 카톡으로 수다 떨고, 인스타그램에 사진 올리다가 저녁 6시 이후 눈에 불을 켠 듯 업무를 보는 직장인들을 더 이상 찾아볼 수 없게 될 것이다. 이것은 일종의 혁명이다. 그동안은 어쩔 수 없이 야근을 하더라도 야근 수당이나마 제대로 받아야 하는데, '열정페이'란 괴물이 수당을 앗아갔다. 공짜 야근이 판치고 억지 야근이 판치던 야근공화국이 환골탈태할 수 있는 절호의 기회다.

대한민국 급여 체계를 보면 피식! 웃음이 나온다. 내가 몸담고 있는 방송국을 비롯해 대부분의 대기업들이 비슷한 처지다. 먼저, 홀수 달에만 나오는 상여금. 대한민국 국민은 짝수 달엔 절약 정신이 고취되고 홀수 달만 되면 쇼핑 호르몬이 뿜어 나온단 말인가! 다음으로, 체력 단련비, 식대, 교통비. 회사가 노동자에게 임금을 줄 것이지 왜 체력 단련까지 신경을 쓴단 말인가? 그런 논리대로라면 봉급을 67개로 나눠서, 자녀 학원비, 목욕비, 육류 섭취비, 스마트폰 사용료, 음주가무비, 대리비 등등으로 쪼개주지 뭐 하러 뭉텅뭉텅 준단 말인가. 직원의 자녀 교육도, 청결도, 육류 소비도, 통신 생활도, 음주가무도 체력 단련 못지않게 중요한데 말이다.

급여 체계를 이렇게 쪼개는 데는 다 이유가 있다. 쪼개기는 기업의 이익을 극대화하기 위한 방법이다. 기본급에 다 포함해 주게 되면 퇴직금 정산할 때나, 세금 납부할 때 불리해진다. 그래서 이런 조잡한 꼼수를 쓰는 것이다. 옥스퍼드 영어사전에 등재된 CHAEBOL이란 단어를 생각해보라. 대한민국에서 활개를 치고 있는 '재벌'이란 존재를 도저히 영어로 옮길 도리가 없자, 재벌은 그냥 CHAEBOL로 옮긴 것이다. 얼마나 독특하고, 얼마나 괴이하면 맞대응할 영단어를 찾을 수 없을까?

기본급 적게 줘서 퇴직금을 줄이려는 시도는 어찌 보면 귀여운 일탈이다. 재벌 기업들이 정말 대한민국 국민들을 분노케 하는 이유는 쇠털처럼 많지만, 지면의 한정 때문에 다음과 같이 세 가지로 줄여본다. 첫째, 우리나라 재벌이란 기업들은 철저한 정경유착의 산물이다. 국가 차원에서 온갖 특혜를 주고 일감을 몰아주었다. 결국 국민 세금으로 오늘날의 부를 축적한 셈이다. 둘째, 대기업이란 이름값에 어울리지 않게 온갖 자잘한 분야까지 진출해서 부를 쌓았다. 전문 영역이라고는 찾아볼 길 요원하고, 정말 닥치는 대로 다 한다. 중소기업의 영역으로 남겨야 하는 부분까지 원숭이가 잡듯 샅샅이 훑어 먹었다.

마지막으로, 가장 부도덕한 지점인데 상속세를 거의 내지 않는다. 능력 검증도 안 된 2세, 3세에게 무조건 기업을 넘기는 것도 기가 찰 노릇인데, 심지어 세금도 거의 내지 않는다. 재벌들은 그간 온갖 치졸하지만 정교한 방법으로 기업을 후세에 넘기는 신공을 선보여왔다. 조자룡 헌 칼 쓰듯 상속 법률, 기업 법률, 금융 법률, 공정거래 법률 체계를 성큼성큼 뛰어넘는다. 거기에 경영자총협회, 흔히 경총이라 불리는 이 단체 역시 참으로 아이러니하다. 원래 연대는 약자들이 강자를 상대로 힘을 합쳐 대항하기 위해 하는 것이다. 대한민국 먹이사슬의 정점에 서 있는 재벌 회장들이 뭐가 아쉬워서 저리 똘똘 뭉쳐 있는지 모르겠다. 대한민국에 존재하는 수많은 단체 중 가장 이해하기 어려운 단체가 경총이다.

《맹자》〈이루〉편에서 맹자는 "문왕文王은 백성을 다친 사람처럼 여긴다"고 말한다. 공자와 맹자가 이상적인 군주로 여긴 문왕은 백성을 소중히 보듬는다. 얼마나 소중히 여기면 다친 사람처럼 보듬는다는 표현을 할까. 그런데 대한민국 기득권층은 재벌을 다친 사람처럼 여긴다. 불면 날아갈 듯, 쥐면 꺼질 듯 소중히 다룬다. 《대학》에서는 재물과 백성의 역학 관계를 이렇게 정의한다.

> 덕이 근본이다. 재물은 덕의 결과로 오는 말단지엽이다. 근본인 덕을 밖으로 내보내고 말단지엽인 재물을 근본으로 삼게 되면, 백성은 다투게 되고 서로 빼앗게 된다. 이런 이유로 백성에게서 재물을 모으려 포악하게 굴면, 백성은 바로 흩어지게 된다. 반대로 재물을 흩어 베풀면 백성은 곧 모인다. 그래서 거슬리는 말이 나가면 역시 거슬리는 말이 되돌아오듯, 재물도 백성들의 뜻과 거슬러 모으게 되면 역시나 군주의 뜻을 거슬러 흩어지게 된다.

조지프 스티글리츠는 '대격차시대Great Divide'라는 표현을 통해 재취즉민산財聚則民散, 즉 '백성에게서 재물을 모으려 포악하게 굴면 백성은 바로 흩어진다'는 진실을 알리려고 경고음을 울린다. 조지프 스티글리츠의 대격차시대는 대공황Great Depression 개념에서 파생한 말이다. 그는 저서 《불평등의 대가》에서 이런 대격차시대가 지속되면 트럼프 같은 지도자를 계속 만들어낼 수밖에 없다는 뼈아픈 사실을 지적한다.

스티글리츠는 불평등의 심화를 다음과 같이 설명한다. 첫째, 금수저는 다시 금수저가 되고 흙수저는 다시 흙수저가 된다. 부의 이전을 통해 사회는 격차가 더욱 확대된다. 둘째, 구글이나 페이스 북 같은 인터넷은 물론이요, 의료보험, 심지어 개사료에 이르기까 지 독점시장이 되어 가격이 오른다. 셋째, 중산층의 세금을 올리 는 법안이 대부분 통과되었다. 하지만 이는 기업과 억만장자의 이 익을 증대시키는 결과를 낳았다. 그야말로 억만장자, 기업, 상위 1퍼센트의 부자들이 포악하게 부를 긁어모으고 있고, 그를 위해 워싱턴 징가는 법안을 밀어붙이고 있다.

19세기 말, 산업혁명으로 인한 과실로 미국 사회는 부유해졌 다. 단, 나라 전체는 부강해졌지만, 국민 개개인으로 볼 때는 비극 의 시대였다. 1896년의 한 자료에 따르면, 상위 1퍼센트 슈퍼리치 가 미국 전체 부의 50퍼센트를 소유했다고 한다. 반면, 하위 44퍼 센트의 국민들은 나라 전체 부의 겨우 1.2퍼센트를 소유하고 있었 다. 이 얼마나 비극적인가. 폴 크루그먼은 이것이 대공황의 씨앗이 라고 분석한다. 산업혁명으로 쌓이는 부가 극히 일부 억만장자들 에게 편중되어 대공황이라는 비극을 낳게 된 것이다.

공자가 말씀했다. "내가 듣건대, 국가를 소유한 자는 재화가 적 음을 근심하지 않고 재화가 고르지 못한 것을 근심한다. 대개 재 화의 분배가 고르면 가난한 자가 없고, 조화로우면 적다고 느끼 지 않으며, 안정되면 나라가 기울어질 일이 없을 것이다."

⊙ 《논어》〈계씨〉편 중

춘추전국시대 백성의 숫자는 곧, 나라의 힘을 상징한다. 포악한 조세정책으로 백성이 흩어진다는 것은 곧 '나라가 망해간다'는 의미다. 춘추전국시대가 저물고 탄생한 통일 제국 한나라에서도 '재물이 백성의 뜻에 거스르는 방식으로 모이면 백성은 곧 흩어진다'는 명제가 유효했다. 역사학자 발터 샤이델은 한나라 5대 황제인 유항 재위 시절, 신하들이 작성한 보고서를 분석했다. 황제에게 바쳐진 보고서에 따르면, 소자작농들은 당시 고리高利로 빚을 냈다가 고리대금업자나 최상위층 상인들에게 땅을 빼앗겼다. 심지어 그 자식들이 노예로 팔려가는 비극이 허다하게 발생했다. 그러자 황제인 유항은 보고서에 나온 일들이 발생하지 않도록 조치를 취한다.

유항이 요순을 잇는 대단한 성군이어서 그런 것이 아니었다. 소자작농들에게 부과하는 세금과 징병의 의무가 한나라를 지탱하는 근본이었기 때문이다. 황제는 국가 통치의 근간을 뒤흔드는 대격차를 막고 대압착시대Great Compression[1]를 열기 위해 다양한 조치를 취했지만, 소자작농의 붕괴를 근절시키지는 못했다. 그때나 지금이나 최상위 기득권층의 이익에 반하는 제도를 실행하는 건 여간 어려운 일이 아니다.

이제 4차 산업혁명을 앞둔 우리는 하루에 3시간만 일해도 먹고 살 수 있는 시대를 눈앞에 두게 되었다. 제대로 나누기만 한다면 우리 모두가 행복해질 수 있는 물적 토대를 갖춘 것이다. 하지만 기술의 발전이 가져온 잉여를 극히 일부의 슈퍼리치, 우리나라의 경우 재벌들이 가져간다면 대한민국 국민은 흩어질 것이다. "일단 파이를 키우자. 그리고 나누자!"는 개소리는 제발 집어치우길 바란다. 테크놀로지의 혁신으로 우리 지구의 파이는 이미 지구를 다 뒤덮고도 남아돈다. 달이나 금성 심지어 화성까지도 뒤덮을 기세다.

> 공사를 진행시킬 때에 품삯은 날수로 계산하지 말고 실적을 기준으로 삼되 원근遠近에 따라 차등을 두어야 할 것이니, 그렇게 하면 힘이 센 자는 넉넉히 백 진錢을 가져가고 약한 사노 한 몸은 충분히 먹고살 수 있을 것이다. 이것이 어찌 부府의 백성들만 혜택을 받는 일이겠는가. 동서남북 어디를 가도 마땅한 거처를 정하지 못한 채 품팔이로 생활을 꾸려나가는 자들 모두가 바람결에 소문을 듣고 다투어 달려올 것인데, 움집이나 상점을 차리고 술도 팔고 밥도 팔며 자기에게 있는 것으로 없는 것을 바꾸게 될 것이니, 이 또한 의지할 곳 없는 백성들에게 이로운 일이라 할 것이다.
>
> ⊙《조선왕조실록》〈정조실록 19년〉 중

정조 역시 대격차를 막기 위해 특단의 조치를 실천한 군주였다. 화성 축조가 놀랍도록 빠른 시간에 완성된 것을 두고, 흔히 정약용의 공을 떠올린다. 거중기의 활용 등 정약용의 출중한 능력이 빛을 발한 것도 사실이지만, 실은 정조가 화성 축조에 동원된 백성들에게 품삯을 준 것이 결정적이었다. 지금이야 청와대를 짓든 서울시청을 올리든 건설사에 비용을 지불하는 게 당연하지만, 당시만 해도 백성의 노동력은 철저히 임금의 것이었다. 어느 왕조의 전제군주가 백성들에게 정당한 임금을 지불하고 노동력을 샀단 말인가. 고금의 역사를 탈탈 털어도 찾기 어려운 일이다. 백성의 요역에 임금을 지불한 정조의 노력은 최상위 기득권이 최하위 계층을 알뜰살뜰 챙긴 훈훈한 사례다.

얼마 전 한 은행 공채에서 자신의 딸에게 최고점수를 준 은행임원이 발각되어 공분을 샀다. 어느 국회의원의 자식은 서류전형에 통과하지도 않고 그 어렵다는 공사公社에 합격했다. 발터 샤이델은 《불평등의 역사》에서 인류 불평등의 근본 원인으로 '쉬운 상속, 쉬운 증여'를 꼽는다. 덕이 근본인 세상, 맹자가 그토록 목 놓아 외친 왕도 정치가 이루어지는 세상은 다시 천고의 뒤에 백마 탄 초인이 와야 이루어줄 수 있으려나.

---

1 대공황의 대척점에 서 있는 개념으로, 폴 크루그먼이 저서 《미래를 말하다》에서 강조해 더욱 유명해진 말이다. 대공황을 이겨낸 1960년대 미국, 부유층과 노동자 사이의 간극이 좁아지고 노동자 안에서도 임금 격차가 줄어든 상황을 뜻한다. 그야말로 계층의 피라미드가 찌그러져 꼭짓점과 맨 아래 기층의 간극이 압착된 이상적인 사회의 모습이다. 이런 이상적 형태의 사회가 도래할 수 있었던 가장 큰 이유에는 정의로운 조세 정책, 강력한 노조 그리고 안정적인 복지정책이 그 근간에 놓여 있다.

당신의 혼밥을 응원한다

당신이 혼자서도 음식점에 뚜벅뚜벅 들어가, 이슬 한 방울에다 삼겹살을 당당하게 구워 먹을 수 있다면, 이번 장은 건너뛰어도 좋다. 당신은 이미 진정한 화和의 의미를 알고 있으니까.

아니, 대체 혼자 밥 먹는 게 무슨 대수라고 호들갑스럽게 '혼밥' 이란 신조어로 명명할까. 우리나라 사람들 대부분은 혼자서 밥 먹는다는 게, 정확히 말하자면 '혼자 밥 먹는 걸 남에게 보인다'는 사실이 영 께름칙하기 때문이다. 번지르르한 레스토랑에 혼자 앉아서 식사를 하고 있노라면, 성격이 모난 까칠한 인간 혹은 사회 부적응자로 취급받기 십상이다.

그리하여 우리들 대부분은 혼자 밥 먹을 때면, 샌드위치나 김밥을 씹으며 동시에 노트북 키보드를 사정없이 두드린다. 탁. 탁. 탁. 탁. '나는요, 식사도 제대로 못 할 정도로 눈코 뜰 새 없이 바쁜 사람이랍니다. 절대 성격파탄자나 사회생활 제대로 못 하는 별종이 아니에요. 그래서 여기서 업무를 보면서 급하게 한 끼 때우는 거랍니다'라는 느낌을 물씬 풍겨댄다. 여기에 휴대전화를 한쪽 귀에

대고 통화하는 시늉까지 해준다면, 그야말로 완벽한 혼밥의 달인
이 될 수 있다.

혼밥이나 혼술이란 이름을 굳이 갖다 붙이며 밥 먹고 술 마시
는 자신의 행동에 거창한 의미를 부여하는 건, 그나마 애교스럽
다. 그보다 우리나라 사람들이 더 못 견디는 건 쓸쓸한 결혼식이
다. "자, 다음으로 신랑, 신부 친구분들 단체사진 촬영하러 나와
주세요." 사회자의 말 한마디에 우르르 하객이 앞다투어 몰려나오
지 않으면, 실패한 결혼식으로 전락한다. 오죽하면 '하객 알바'란
기괴한 아르바이트가 존재할까.

우리는 언제부터 남 눈치를 보며 살아가게 되었을까? 우리는 왜
내 기준의 행복보다는 남의 잣대로 행복해지는 '불행의 미로'에 갇
혀버린 걸까? 이런 나의 의문에 사람들은 고차방정식이나 미적분
을 어렵사리 풀어냈다는 듯 의기양양하게 답을 내놓는다.

한마디로, 산업혁명이 먼저 이루어진 서구 사회의 선진성이 자
립적이고 독립적인 인간형을 만들어냈다는 것이다. 나는 아무 의
심 없이 수십 년간 이 가설을 철저히 믿어왔다. 그러다 몇 년 전,
당시 버지니아대학의 토머스 탈헬름이 발표한 연구 결과를 접하고
는 단단한 내 믿음에 균열이 생기기 시작했다.

토머스 탈헬름은 중국 출신 지인들과 접촉해본 결과, 지역별로
성격이 판이하게 다르다는 걸 직관적으로 감지했다. 그가 보기에,
남쪽 출신은 주위 사람들과의 관계를 중시하고 갈등을 회피하며
의존적이었다. 반면, 북쪽 출신은 독립적이고 남의 평가에 연연치

않았다. 그는 그 이유가 어디에 있는지 가설을 세워 검증했다.

토머스 탈헬름에 따르면, 같은 중국인이지만 독립적인 성격이면 밀농사 지역 사람이었고, 갈등을 회피하려는 성격이면 벼농사 지역 사람이었다. 벼농사와 밀농사는 똑같이 농업이지만, 근본적으로 판이한 성격을 지닌다.

벼농사를 지으려면 우선, 관개灌漑가 가장 중요하다. 벼농사 지역인 우리나라 역시 예부터 물꼬 싸움이 잦았다. 물꼬 다툼은 농촌 마을의 심각한 갈등 요소이자, 동시에 화목한 관세를 유지케 만드는 원동력으로 작동했다. 이웃 간에 날선 공방을 펼치다가도 어느 선에 다다르면 화해를 한다. 합종연횡도 빈번해서 어느 날 홍길동이네와 동맹을 맺었다가도, 다음 날 형편에 따라 전우치네와 손을 맞잡는 일이 일상다반사였다.

벼농사의 두 번째 특질은 노동집약적이란 점이다. 두레, 향약, 계. 예부터 우리나라에 이런 협동 제도가 유독 발달한 이유 역시 벼농사 노동의 특징에서 찾을 수 있다. 모내기부터 추수에 이르기까지 많은 노동력이 필요하고, 특히나 함께 모여 단박에 해치워야 하는 일들이 많기 때문이다.

이 대목에서 '화和'를 한번 들여다보자. '화합하다'는 의미의 이 한자는 벼禾가 입口으로 들어가는 형상이다. 벼농사로 먹고사는 지역 사람들이 유독 화합을 지향하고 갈등을 지양한다는 연구 결과와 이 한자의 합치는 놀랍지 않은가!

여기, 토머스 탈헬름이 제시한 재미난 실험이 하나 있다. 장갑. 목도리. 손. 잠시 눈을 감고 이 세 가지 중 두 개를 뽑아 연결시켜보자.

이 세 가지 단어를 제시했을 때, 밀농사 지역 사람들은 대체로 장갑과 목도리를 연결시킨다. 반대로, 벼농사 지역 사람들은 장갑과 손을 자연스레 연결 짓는다. 독립적 성향의 밀농사 지역 사람은 장갑과 목도리가 비슷한 카테고리에 속한다는 점을 더욱 중요하게 생각한다. 반면, 집단주의적이고 순응적인 벼농사 지역 사람은 손이 장갑에 들어가 따뜻하게 유지된다는 관계성에 방점을 찍고 주목한다.

밀농사와 벼농사로 사람의 특성을 구분하는 이 놀라운 실험결과는 귤화위지橘化爲枳[1]란 고사성어에 여실히 녹아 있다. 강남의 귤을 강북에 심으면 탱자가 된다는 뜻으로, 사람 역시 환경에 따라 기질이 변한다는 의미다.

우리 인간이 대단히 복잡다단하며 고결한 존재인 듯 보이지만, 실은 그저 물과 토양과 기후의 결과물일 뿐이다. 스페인 사람의 기질이 그러한 것과 영국 사람의 기질이 그러한 것에는 결국 햇볕 한 조각의 차이가 있을 뿐이다. 이탈리아인과 우리 한국인들의 기질과 입맛이 비슷한 것 역시, 호랑이 모양이든 장화 모양이든 간에 국토 대부분이 반도라는 지형학적 유사성과 비슷한 위도緯度 때문이다.

자, 그럼 지금부터 헝클어진 인과관계의 오류를 바로잡아보자. 서구 사회가 먼저 발전해서, 다시 말해 산업혁명이 먼저 일어나 기술력과 부를 축적해서 독립적인 성격이 된 게 아니다. 반대로 개인주의적인 성향이 강하고 혁신적 마인드가 출중해서 증기기관을 만들어내고 산업혁명을 이룩한 것이다.

《총, 균, 쇠》의 주제 의식과도 일맥상통하는 바, 우리는 결국 우리가 딛고 있는 땅의 노예일 뿐이다. 그러니 혼자 밥 먹는 걸 창피해하는 것도 당연한 이치다. 결혼식장에 손님이 적게 와 남우세스러울까 봐 걱정하는 것도 우리의 핏속에 면면히 흐르는 유전자다. 그러니 당연하게도, 우리의 성향을 특별히 부끄러워할 필요도 없다.

우리는 화和의 DNA가 뼛속까지 흐르는 민족이다. 나보다는 집단을 먼저 생각하고, 순응주의적이며, 마땅히 지적해야 할 순간에도 제대로 짚어내지 못하고, 두루뭉수리 넘어가는 걸 좋아한다. 하지만 우리가 '화'의 단점을 극복하고 한 단계 더 나아가려면, 공자가 제시하는 '화'에 대한 통찰에 귀 기울여야 한다.

"군자는 화이부동和而不同하고 소인은 동이불화同而不和한다."

◉ 《논어》〈자로〉편 중

'화합은 하되 같지는 않아야 한다'는 이 개념은 어떻게 이해해야 할까? 안영晏嬰의 시선을 빌려 해석해보자. 제나라 재상인 안영은 할 말은 하는 강직한 성품의 신하였고, 동시에 세 임금에 걸쳐 중용될 정도로 융화를 잘하는 명신이었다. 이에 대해 제나라 경공의 대부大夫 양구거가 비아냥거렸다. "세 임금을 순종하여 섬겼으니, 세 가지 다른 마음으로 섬긴 겁니까? 어진 사람이 마음이 여럿일 수 있습니까?" 안영의 답이 걸작이다. "마음이 하나면, 백명의 임금도 섬길 수 있습니다. 한 마음으로 세 임금께 충성을 다했습니다." 그는 얼핏 양립하기 어려워 보이는 양극단의 가치를 동시에 좇는 놀라운 신공을 보였다.[2] 《사기》의 저자 사마천 역시 "만약 안자(안영)가 지금 다시 존재한다면, 내 그를 위해 마부가 된다 해도 기꺼이 흠모하며 모시리라"라는 극찬을 남겼다.

안영이 얼마나 충심을 다해 임금에게 고언苦言을 했는지는 그의 저술 《안자춘추》의 소제목만 봐도 명징하게 드러난다. 몇몇 예를 들자면 다음과 같다. "장공이 용력을 자랑하면서 의義를 행하려 하지 않자, 안자가 간한다." "경공이 밤에 새로운 음악을 듣느라 아침 조회를 열지 못하자, 안자가 간한다." "경공이 아끼던 말이 죽자, 말 돌보는 자를 죽이려 했다. 그러자 안자가 안 된다고 간한다." 온통 고언과 충간으로 가득 차 있다.

안영이 얼마나 뛰어난 인물인지 살펴봤지만, 지금부터 말하려는 안영의 '화이부동'이야말로 압권이다. 공자조차도 안영의 영향을 받아 화이부동의 관점을 정리했다고 하니, 집중해보자.

경공이 사냥을 나갔다가 돌아오는 도중에 안영이 천대라는 곳에서 모시고 있었다. 그때 양구거가 찾아왔다. 경공이 말한다. "오직 양구거만이 나와 더불어 화和의 관계로구나!" 그러자 안영이 대꾸한다. "양구거 역시 동同의 관계이지, 어찌 화和의 관계라 할 수 있습니까?" 이에 경공이 묻는다. "화和와 동同은 다릅니까?" 그러자 안영이 답한다. "다릅니다. 화和는 마치 국과 같습니다. 식초와 젓갈, 소금, 매실을 넣어 물을 넣고 불을 때어 어육을 삶되, 장작으로 불을 지펴 주방장이 화和의 원리로써 맛을 고르게 합니다. 부족하면 보충하고 지나치면 덜어내어 군자가 이를 맛보면 마음이 평온해집니다. 임금과 신하의 관계도 마찬가지입니다. 임금이 옳다고 하면 아니라고 간하는 신하가 있어야 합니다. (중략) 그 때문에 《시경》에 '덕스러운 그 음성 흠 하나 없네!'라고 하였는데, 지금 양구거는 그러하지 못합니다. 임금께서 '옳다!'고 하면 양구거도 역시 '옳다!'고 합니다. 임금께서 '안 돼!' 하면 양구거 역시 '안 돼!'라고 맞장구만 칩니다. 이는 물로써 물을 맞추는 것이니, 누가 그런 국을 먹겠습니까? 그래서 동同으로만 관계를 맺는 것이 불가하다는 말씀이옵니다." 경공이 듣고 "옳구나!"라고 답했다.

⊙ 《춘추좌전》 중

안영에게 '화和'는 목숨을 건 간언으로 이루어지는 지극한 경지다. 그저 이웃과 두루 잘 지내는 화목함과는 차원이 다르다. 공자가 《논어》 〈자로〉 편에서 군자와 소인을 들어 '화와 동'을 구분 지었는데, 이 기준대로라면 안영은 진정 완벽한 군자인 셈이다.

신영복 선생도 화이부동의 깊은 뜻에 천착했다. "화는 나와 다른 것을 존중하고 공존하는 원리이고, 동은 흡수해서 자기 것으로 만드는 원리다." 화이부동과 관련된 신영복 선생의 해석이 유독 와닿는 이유는 그의 저서 《감옥으로부터의 사색》 때문이리라. 풀한 포기마저 소중히 여기고 공생의 대상으로 삼는 그의 인생 여정이 화이부동에 대한 해석을 더욱 빛나게 만든다. 세상과 타협하지 않고 싸우되, 세상과 융화했다. 그 결과, 출소 후 이루어진 강연과 저작에서 선생의 지혜는 유독 빛났다. 세상과 단절된 암울한 상황에서 누가 나를 알아주지 않아도 묵묵히 정진할 수 있었던 선생의 원동력은 '화이부동의 힘'이 아닐까.

> 공자께서 말씀했다. "남이 나를 알아주지 않는 것을 걱정하지 말고, 내가 능력 없음을 걱정해야 한다."
> ⊙ 《논어》〈헌문〉편 중

> 공자께서 말씀했다. "남이 나를 알아주지 않는 것을 걱정하지 않고, 내가 남을 알지 못하는 것을 걱정한다."
> ⊙ 《논어》〈학이〉편 중

《논어》 곳곳에는 나를 지키는 공자의 자세가 엿보인다. 남이 알아주든 말든 본질은 변치 않는다. 눈치 볼 것도 없고, 남에게 인정받으려 아등바등할 필요도 없다. 그저 묵묵히 '마이 웨이'를 가면 된다.

때론 둔감하단 평을 듣는 게 민감하단 평가보다 한결 낫다. 《나는 둔감하게 살기로 했다》의 저자 와타나베 준이치는 심지어 둔감력을 기르라고 역설力說한다. 둔감함은 '신이 주신 최고의 재능'이란 표현까지 덧붙이면서 말이다. 어느 분야든 큰 성취를 이룬 사람은 둔감력을 가지고 있었기에 그 재능을 꽃피울 수 있다고 주장한다. 여기서 둔감력이란 곧, 공자가 강조한 '남이 나를 알아주지 않아도' 괘념치 않는 힘이다.

둔감력이 최고의 경지에 이르게 되면, 자신에게 몰입하면서도 동시에 주변과 융화를 이루는 경지에 이르게 된다. 이것이 바로 화이부동의 경지다. 화이부동의 자세야말로 '혼밥' 하는 우리에게 반드시 필요한 덕목이다. 눈치 좀 봐도 괜찮다. 다만, 동이불화의 마음을 벗어던지고 다양성이 존중되는 화이부동을 가슴에 새겨 보라. 그러면 훨씬 더 행복해진 자신을 마주할 수 있을 것이다.

1 춘추전국시대 제나라에 안영이라는 유명한 재상이 있었다. 워낙 재주가 뛰어나 영공, 장공, 경공, 세 왕을 섬겼고, 온 천하에 이름을 드날리고 있었다.

그 명성을 들은 초楚나라 영왕靈王이 그를 초청한다. 그러고는 짐짓 안영의 명성이 허명이 아닌지 심술궂게 시험을 해보았다. 영왕은 인사가 끝나자마자 이렇게 비꼰다. "제나라에는 인재가 없는가 보오. 하필 경과 같은 사람을 사신으로 보냈소?"라며 안영의 작은 키를 비웃었다. 안영은 굴하지 않고 씩씩하게 대꾸한다. "다 이유가 있사옵니다. 우리 제나라에서는 사신을 보낼 때, 상대방 나라의 격에 맞는 사신을 면밀히 검토해 골라서 보냅니다. 큰 나라에는 큰 사신을 보내고, 작은 나라에는 작은 사신을 보내지요. 신은 특히 작고 작아 초나라에 보내진 것이옵니다."

안영의 달변에 코가 납작해진 영왕은 부아가 치밀어 올라, 제나라 출신 죄인을 하나 끌고 오라고 시킨다. 그러고는 안영이 들으라고 일부러 큰 소리로 죄인의 죄명을 낱낱이 밝힌다. "제나라 사람들은 도둑질을 밥 먹듯이 하는군." 안영에게 망신을 주려는 속셈이었다. 그러자 안영은 이렇게 답한다. "제가 듣기에 귤나무를 회수 남쪽에 심으면 귤이 되지만, 회수 북쪽에 옮겨 심으면 탱자가 된다고 들었습니다. 잎은 비슷하지만 그 과실은 맛이 전혀 다릅니다. 그러한 까닭이 무엇이겠습니까? 물과 땅이 다르기 때문입니다. 백성들 가운데 제나라에서 나고 자란 자들은 도둑질을 하지 않습니다. 그런데 초나라에 들어오면 도둑이 됩니다. 초나라 땅과 물이 백성들을 도둑으로 만드는군요."

⊙ 《춘추좌전》 중

안영의 언변에 압도당한 영왕은 쓴웃음을 짓고는, 이내 사과의 말을 전한다. "성인聖人은 농담을 하지 않는다고 하오. 농담을 지껄인 과인이 오히려 부끄럽구려." 말로만 사과한 게 아니라, 제나라 죄수를 안영에게 인계해 고국으로 돌아가게 한다. 안영을 망신 주려던 영왕이 오히려 톡톡히 당한 셈이다. 안영의 기지는 단순한 말재주가 아니다. 우리 인간 그리고 우리를 둘러싼 환경에 대한 깊이 있는 통찰에서 나온 것이기도 하다.

2 기원전 522년, 진晉나라에 내분이 일어났다. 권력다툼에서 패한 난영이 초나라를 거쳐 제나라로 망명을 했다. 이 소식을 듣고 제 장공이 크게 기뻐하자, 안영이 간한다. "우리는 진나라와 맹방의 의리를 맺고 있습니다. 신의를 잃으면 나라가 스스로 설 수 없습니다. 이제 난영을 받아들이면 장차 어디에 쓰시려는 것입니까?" 제 장공이 웃으며 답한다. "우리 제나라는 진나라와 필적할 만한 나라요. 그러니 우리가 그들보다 약하다 말할 수 없소. 과인이 어찌 진나라를 섬긴단 말이오?" 제나라 장공 딴에는 난영의 세력을 이용해 진나라를 치고 중원의 패권을 차지하려는 속셈이었다. 하지만 객관적으로 제나라는 진나라와 상대가 되지 못하는 실정이었다. 제나라 장공의 지원하에 난영은 반기를 들어 진나라 조정에 맞섰다. 하지만 중과부적이었다. 난영은 패배하게 되었고, 제나라 장공은 진나라의 침공을 번민하는 신세가 된다.

내우외환이라 했던가. 제나라 장공은 이 와중에 대부 최저의 아내와 사통하다 최저에게 딱 걸렸다. 분노에 찬 최저는 집으로 장공을 유인해 살해했다. 제나라의 대부들은 당황했다. 장공의 시신조차 최저의 집에 찾아가 수습하여 가져오지 못한 채, 자신들의 보신에만 급급했다. 이때 안영은 당돌하게도 최저의 집으로 찾아가 장공을 애도한다. 기실 장공은 주색에 빠져 있어 안영의 충간을 여러 차례 들었지만, 늘 묵살했다. 하루는 장공이 "과인은 경이 보고 싶지 않은데 계속 찾아와 간하는 이유가 무엇인고?"라고 물었다. 안영은 이렇게 답한다. "군주가 어질지 못하고 정사를 돌보지 않는다면 필시 재앙이 닥칩니다. 정 그렇게 대왕께서 계속 주색에 빠져 계신다면 신은 떠나겠사옵니다." 실제 안영은 재상의 직을 내려놓고 낙향했다. 그러다가 장공이 시해를 당하자, 누구보다 먼저 용기 있게 나서서 조문을 했다. 최저가 안영을 죽이려 하지 인영은 특유의 달변을 늘어놓아 위기를 벗어난다.

⊙ 《춘추좌전》중

어쩐지 고전이 읽고 싶더라니

사람과 사람이 통하지 않았을 때
일어나는 일

당신이 아픈 몸을 이끌고 한의원에 찾아갔는데 한의사가 대뜸 "이게 다 불인不仁해서 그런 겁니다"라고 진단한다면? 결단코 창피하다고 얼굴을 붉힐 필요가 없다. '어? 내가 성격 더러운 걸 이 양반이 어떻게 알았지?' '어? 내가 부하직원들한테 개진상인 걸 어찌 알았을까?' 이렇게 부끄러워하거나 자신을 돌아보며 반성할 일이 아니다. 왜냐하면 한의학에서 말하는 불인은 마비를 뜻하기 때문이다. 그 한의사가 용한 관상쟁이인 건 아니니, 걱정하지 마시라.

한의학에서는 기혈이 통하지 않아 문제가 생기는 경우를 '불인하여 병이 생겼다'고 정의한다. 다시 말해 여기서의 불인不仁은 곧, 불통不通을 의미한다. 복숭아씨를 한자로 옮기면 도인桃仁이라고 하고, 살구씨는 행인杏仁이라고 한다. 여기서의 인仁은 곧, 씨를 의미한다. 우리가 흔히 성격이 좋다고 표현할 때, '저 친구 참 마음씨가 곱구나'라고 말하는 게 그저 우연은 아니다. 씨라는 것은 줄기와 잎과 열매의 근원이다. 우리 마음도 결국 우리가 살아가는 모습의 근원이다. 우리가 사는 이유가 말미암은 곳, 그곳은 역시 마음이다. 불인은 마음과 마음의 소통이 꽉 막혀버린 모양새를 의미한다.

사람과 사람이 서로 통하지 않으면, 예법과 풍류가 다 무슨 소용이냐人以不仁 如禮何 人以不仁 如樂何!

⊙ 《논어》〈팔일八佾〉편 중

마음속의 씨앗, 저 깊은 곳의 흉금을 터놓을 때만이 우리는 비로소 사람답게 살 수 있다. 불과 몇 해 전 우리는 소통하지 않는, 독선과 아집으로 똘똘 뭉친 채 우주의 기운이 어쩌고저쩌고 중얼대던 한 우매한 지도자로 인해 온갖 고생을 다 했다. 그 시절 대한민국 전체가 불인하여, 나라에 큰 병이 들어버렸다. 크건 작건 한 집단의 지도자에겐 필수불가결한 요소가 소통 능력이다.

흙수저에 별다른 능력도 없는 유방이 전형적인 금수저에 능력도 출중한 항우를 이긴 이유도 소통 능력 때문이다. 유방은 여하如何를 취하고 하여何如를 버렸다. 여하는 '이 사안에 대해 당신은 어떻게 생각해?'이고, 하여는 '이 사안에 대한 내 생각이 이러저러한데, 어때? 어떤 것 같아?'이다. 얼핏 비슷해 보이지만, 전혀 다른 말이다. '이런들 어떠하리 저런들 어떠하리'로 시작하는 이방원의 〈하여가〉를 떠올려보자. 얼핏 정몽주에게 제안하는 것처럼 보이지만, 이미 대세는 기울어졌으니 따르라는 권고일 뿐이다. '고려왕조에 이런 저런 문제가 가득한데, 어떤 방법으로 헤쳐 나가야겠소?'라고 물어야 여하가 된다. 고려 왕실의 부흥을 끝까지 주창했던 정몽주로서는 〈하여가〉를 끝내 받아들일 수 없었다.

항우에 비해 유방은 물리적인 용력도 지력도 심지어 인맥도 달리는 인물이었다. 요즘 세상에 기업에 지원한다면 서류전형에서부터 탈락할 것 같은 인물이 유방이다. 외상술이나 퍼마시고 다니던 날건달이었다. 90년대 대학 다니던 아재들 사이에 유행하던 '당구 오백론'이란 개똥철학이 있다. 삼구 오백 점을 치는 학생이라면 사윗감으로 만점이란 얘기인데, 그 근거가 나름 정밀하기 그지없다. 삼구 오백을 치려면 두뇌 회전이 일단 좋아야 하니 지성 점수 만점. 오백을 칠 정도로 당구장을 드나들어야 하니 재력 점수 또한 만점. 오백은 밤샘을 밥 먹듯 해야 딸 수 있는 점수니, 체력 점수 역시 만점이다. 오백을 칠 정도면 맞상대할 친구도 많아야 하니 대인관계 점수도 만점이다. 한마디로 일등 사윗감이란 말씀. 이 잣대로 유방을 보자면, 매일같이 술을 마셔대도 멀쩡하니 건강 점수 만점이요, 외상술을 먹고 다닌다는 건 지역 사회에서 신망이 두텁단 뜻이니 신뢰성 만점이다. 술은 혼자 먹나? 패거리를 끌고 다니며 술을 마시니, 리더십 점수 또한 만점이다.

반면, 항우는 화려한 스펙의 소유자다. 서류전형은 무조건 통과될 정도로 차고 넘친다. 하지만 최종 합격자 명단에 이름을 올리긴 어려워 보인다. 항우는 아무래도 소통 능력 부족으로 막판 면접에서 탈락할 것이다.

유방의 곁에는 행정의 달인 소하와 전쟁의 명수 한신, 그리고 지략의 신 장량이 있었다. 그렇다면 항우에게는 뛰어난 수하가 없었을까? 아니다. 항우에게는 저들 모두를 압도할 만한 능력자, 범증이 있었다. 하지만 유방의 휘하들은 '여하'를 접하고 마음껏 의견을 피력했고, 항우의 부하들은 '하여'에 벌벌 떨며 사소한 의견조차 개진하지 못했다.

한 고조 유방은 패현 사람이다. 지금의 산동 반도 남쪽이니 초나라의 영역에 속한다. 어릴 적부터 유협遊俠이라 칭하며 전국을 유랑했다. 하지만 《사기》〈자객열전〉에 나오는 형가나 예양을 상상한다면 완벽한 오산이다. 이름만 번지르르하게 유랑하는 협객이지, 유방은 그냥 건달乾達이었다. 특별히 하는 일 없이 놀거나 게으름을 부리는 사람. 이 사전적 정의와 놀랍도록 완벽하게 부합하는 인물이다. 유방이 건달놀이에 빠져 있는 동안, 중국 최초의 통일 왕조 진秦나라는 썩어가기 시작한다.

천하를 통일한 진시황은 주나라의 봉건제를 철저히 혐오했다. 봉토를 나눠주라는 신하들의 간언이 있을 때마다, 불같이 화를 낸 기록이 많다. 분서갱유의 원인도 따지고 보자면, 봉건제를 주창하는 세력과 군현제로 직접 통치를 관철하려던 진시황의 열정이 부딪쳐 파국으로 귀결된 결과다. 중국 최초로 도량형과 수레바퀴를 통일한 그의 업적은 중앙집권제를 실현하겠다는 욕망에서 출발한 것이다. 법령을 하나로 만들고 문자를 통일한 진시황은 중앙집권의 욕망을 실현하고자 무리하게 순수巡狩를 감행했다. 결국 마차로 그 드넓은 중국 영토를 돌고 돌다, 과로로 죽게 된다.

《맹자》〈고자〉편에 따르면 "순수巡狩는 천자가 제후에게 가는 것을 말한다"고 되어 있다. 한강 유역 진출의 표식이자 삼국 가운데 신라가 전성기를 맞이했다는 증거라고 국사 시간에 달달 외우던 진흥왕순수비眞興王巡狩碑의 순수가 바로 이 순수다. '진흥왕이 다른 왕들과는 다르게 사치와 향락에 빠지지 않고 엄청 순수하게 백성들을 위해 선정을 베풀어서 순수비인가?'라고 생각한 독자가 계시다면 손 머리 위로! 물론 필자 역시 양 손을 번쩍 위로 치켜들고, 순수純粹했던 뇌를 여기서 고백하는 바이다.

지금처럼 교통과 통신이 발달했다면, 진시황의 꿈은 이루어졌을 것이다. 하지만 당시 상황은 녹록지 않았다. 중앙정부에서 아무리 관리를 파견한들 제, 초, 연, 위, 한, 조, 여섯 나라에서는 원래 그 지역에서 똬리를 틀고 방귀 좀 뀌던 토착 귀족 세력의 텃세가 만만치 않았다. 그래서 진시황은 그 세력들의 기를 꺾어보겠다고, 기를 쓰고 순수를 감행한 것이다. 얼굴을 마주하고 황제의 권위를 과시하며 지역 텃세를 누르기 위해서 진시황은 혼신의 힘을 다 쏟았다. 그런 와중에 진시황은 죽고 그의 사후, 모략을 통해 적장자 부소를 자결하게 만든 천하의 간신 조고가 모든 권력을 손아귀에 틀어쥐었다.

환관 조고는 이에 만족하지 않고 황제의 자리를 노리기에 이르렀다. 하지만 그는 여러 신하들이 따라주지 않을까 두려웠다. 그래서 조고는 신하들을 시험하기 위해 사슴을 이세 황제 호해에게 바치면서 말했다. "폐하. 이것은 말입니다." 이세 황제가 웃으며 말했다. "승상이 잘못 봤습니다. 사슴을 일러 말이라 하는구려." 조고가 대신들을 쭉 둘러보며 "이게 말이오? 사슴이오?"라고 묻자 어떤 사람은 말이라고 하며 조고의 뜻에 영합했다. 어떤 사람은 사슴이라고 대답했는데, 조고는 사슴이라고 말한 자들을 암암리에 모두 처형했다. 그 후로 대소신료 모두 조고를 두려워했다.

⊙ 《사기》〈진이세본기秦二世本紀〉 중

여기서 나온 말이 지록위마指鹿爲馬다. 지도자가 어리바리한데다 이를 악용하는 간신마저 판치니 나라꼴이 엉망이었다. 만리장성 축조, 진시황릉 건설 등 각종 노역 때문에 백성들의 원망이 하늘을 찔러가던 그 순간에 진승, 오광의 난이 일어난다. 가난한 농민 진승, 오광은 변방으로 병역을 다하러 출발했는데, 가는 도중 홍수를 맞아 길이 끊기는 곤경에 처하게 되고, 결국 죽었다 깨어나도 기일 내에 도착할 수 없는 지경에 이른다. 그런데 진나라의 법에는 기한 내에 변방에 다다르지 못한 병사들을 사형에 처하도록 정하고 있었다. 가도 죽고, 안 가도 죽는 딜레마. 어차피 죽을 목숨, "황제, 제후, 재상의 핏줄이 따로 있냐!"고 외치면서 농민 봉기를 일으킨다.

왕후장상의 씨! 이 부분이 중요하다. 진승, 오광의 난은 중국 역사상 중요한 변곡점이다. 반고盤古가 하늘을 열어 제친 후, 복희, 신농, 요, 순 등 삼황오제의 시대를 거쳐 하, 은, 주, 춘추전국시대를 지나는 동안 헤아릴 수 없이 많은 반란과 역모가 있었다. 하지만 식객이 대부 모가지를 자르고, 대부가 제후 배때기를 쑤시고, 제후가 천자 손목을 비틀었던 것이지, 백성이 주동이 되어 일으킨 반란은 진승, 오광의 난이 최초다.

망이, 망소이의 난이 고려시대 많은 반란 가운데 유독 역사적 함의를 가지는 이유는 특수 행정구역인 향, 소, 부곡에서 발생했기 때문이다. 계층 피라미드의 가장 하단인 기층민중의 반란은 역사의 소용돌이 속에서 특이점으로 인식된다. 가장 힘없고 가진 것 없는 이들이 봉기한다는 건 사회가 썩어 문드러져, 최약자 계층을 보호할 수 있는 사회안전망이 완벽하게 거세됐음을 의미한다.

농민 진승, 오광이 불 지핀 '타도 진나라'의 불씨는 엉뚱하게도 진에 통일된 제, 초, 연, 위, 한, 조, 여섯 나라의 지배 계층에게 튀게 된다. 이 여섯 나라의 왕족, 장군, 재상 등은 진승, 오광이란 농민들이 먼저 난을 일으키니 일종의 자괴감마저 느끼게 된 것이다. '민초들도 저렇게 들고 일어나는데 한 나라의 재상이고 대장군인 우리들은 대체 무얼 했나'라고 반성하며 앞다투어 거병을 시작한다.

그중 가장 활발하고 큰 세력은 역시 마지막까지 진과 대립하던 강대국 초나라 후예들이었다. 초나라 명문가의 후예 항량이 진을 타도하기 위해 진격한다. 항량의 조카 항우와 건달 유방 역시 이 부대에 합류해 힘을 합친다. 항량은 모사 범증의 충고에 따라 우선 강력한 명분을 내세운다. 양치기 목동이던 왕족 웅심을 찾아내 초나라 회왕懷王으로 옹립한다. 구심점이 세워진 셈이다.

항량의 전사戰死 이후, 송의의 지휘 아래 항우는 거록성으로 진격한다. 거록성은 진나라 장수 왕리王離가 50만 대군으로 포위하고 있었다. 다른 지역의 반란군들은 물론 송의의 초나라 군사조차 진나라 50만 대군의 위용에 눌려, 감히 거록성으로 진격하지 못하던 진퇴양난의 상황이었다.

그러는 사이 11월 중순이 되자 병사들은 추위와 굶주림에 지쳐
만 갔다. 더 이상 보고만 있을 수 없다고 생각한 항우는 장막 안
으로 들어가 송의의 목을 베고, 군대를 모두 이끌고 황하를 건
너갔다. 그러고는 배를 모두 가라앉히고, 솥과 시루를 깨뜨리고,
막사를 불태우고, 사흘 치 양식만 지니고서 병졸에게 필사의 각
오로 싸우겠다는 의지를 보여수었다. 그러자 누구 하나 마음을
돌이키는 자가 없었다. 그리하여 진나라 군대와 아홉 번 싸워 크
게 쳐부수고 왕리를 사로잡았다. 이로써 초나라 군대가 제후군
가운데 으뜸이 되었고, 항우는 비로소 제후의 상장군이 되었으
며, 제후군이 모두 그의 소속이 되었다.

⊙ 《사기》〈항우본기〉 중

고사성어 파부침주破釜沈舟의 출전이다. 항우가 정공법으로 진
나라를 때려 부수는 와중에 유방은 얍삽하게 진의 수도인 함양을
차지해버린다. 재주는 항우 미련곰탱이가 다 부리고, 돈은 영리한
유방이 다 챙긴 셈이다. 초 회왕은 일찍이 "함양을 먼저 차지하는
자가 관중關中의 왕이 될 것이다!"라고 선포했다. 꼼짝없이 '관중
의 왕' 자리를 빼앗기게 된 항우는 뒤늦게 함곡관을 함락하고 함
양의 남쪽 홍문에 진을 치게 된다. 당시 항우의 군세는 40만에 육
박하고, 유방은 박박 긁어모아봐야 10만 병력이 전부였다.

범증의 건의를 받아들여 항우는 유방을 쓸어버리려고 작정한

어쩐지 고전이 읽고 싶더라니

다. 그때 항우의 숙부 항백이 '유방은 관중의 왕이 될 생각이 눈곱만큼도 없다'고 말하며 만나서 담판을 지으라고 얘기한다. 유방의 책사 장량이 이미 항백에게 뇌물을 먹여놓았기 때문이다. 수양대군이 계유정란의 주역인 한명회를 일컬어 '나의 장자방'(자방은 장량의 자字)이라 칭했을 정도로, 장량은 천하제일의 지략가로 후한의 제갈량보다도 윗길로 친다. 장량의 지략 덕분에 유방은 일촉즉발의 위기에서 벗어나 항우와 화친을 맺을 수 있게 된다. 유방은 불과 100여 기騎의 수하를 데리고 홍문으로 찾아와 항우에게 싹싹 빈다. 미련한 항우는 유방이 꼬리를 내리자, 기분이 좋아져 잔치를 베푼다.[1] 이것이 바로 홍문에서 벌인 잔치, 홍문연鴻門宴이다.

거칠 게 없어진 항우는 함양을 차지하고 천하를 얻은 듯 보였다. 하지만 궁을 불태우고, 항복하는 병사를 모조리 죽이고, 그간 대의명분이던 초나라 회왕마저 시해하니 천하의 민심이 돌아서게 된다. 이때 유방이 군사를 일으켜 항우를 공격한다. 날건달에 술이라면 사족을 못 쓰는 유방이지만, 소통 능력 하나만큼은 최고였다. 그의 소통 능력은 하다 하다 적군에게까지 뻗친다.

항우가 주둔하던 해하를 포위한 유방은 투항한 초나라 병사들을 몇몇 섭외한다. 그러고는 고향인 초나라의 노래를 큰 소리로 부르게 시킨다. 우리 군인들이 유럽의 한 전장에 나갔다가 포위되어 있다고 가정해보자. 어디선가 '집 떠나와 열차 타고 훈련소로 가던 날…' 김광석의 음성이 스피커로 울려 퍼진다면, 눈물이 왈칵 쏟아지고 집에 가고 싶은 마음이 들어 전의를 상실하지 않을까. 적에게 포위되어 언제 죽을지 모르는 엄혹한 상황, 그때 사방에서 울려 퍼지는 초나라 노래는 항우의 병사들을 울리고 탈영하게 만들었다. 이것이 바로 사면초가四面楚歌다. 항우는 결국 자신의 명마 추騅에 올라 운명적인 사랑, 우희를 바라보며 비탄에 젖어 노래를 부른다.

힘은 산을 뽑고 기개는 세상을 덮을 만하구나.
때가 불리하여 나의 오추마도 달리지 않는구나.
나의 오추마마저 달리지 않으니 어찌한단 말인가.
우희야, 우희야, 너를 어찌해야 할까.

역발산기개세力拔山氣蓋世의 영웅 항우의 자결로 초한의 전쟁은 결말이 난다. 유방의 개국공신들은 대부분 비참한 말로를 맞이하게 된다. 한신[2]이 대표적인 예다. 재주는 뛰어나지만 불인不仁하여 다시 말해, 주변과의 소통에 젬병이어서 결국 처형되었다.

인仁이란 뭘까? 두二 명의 사람人이 서 있는 모양이다. 둘은 복수複數의 상징. 인仁은 곧, 무리 지어 있는 사람들을 뜻한다. 흔히 알고 있는 '어질다'는 훈訓은 잠시 접어두고, 무리 지어 있는 사람들만을 머릿속에 담아두자.

인仁의 실천은 생각보다 가까운 곳에 있다. 홍콩에 가족여행을 간 적이 있다. 뙤약볕에 걸으며 이곳저곳 둘러보았다. HSBC 본사를 둘러보고 그 유명한 사자상 앞에서 사진도 찍었다. 사자의 눈길이 향하는 곳에는 중환역이 있다. 많은 사람들이 삼삼오오 돗자리를 펴고 앉아 수다 삼매경에 빠져 있다. 집에서 싸 온 과일도 한입 베어 물고, 맛나 보이는 크림빵도 씹어댄다.

중환역은 교통의 요지이긴 하지만, 주변 풍광이 매혹적인 곳은 아니다. 그런데 왜 이렇게 많은 이들이 모여 있는 것인지 궁금해 물어보니, 주중에 거친 노동으로 피곤해진 본토 출신 노동자들이 휴식하는 곳이라 한다. 홍콩은 워낙 날씨가 따뜻하기도 하려니와 하루 종일 돈을 들여 놀기에는 주머니 사정이 넉넉하지 않으니, 역 주변에 돗자리를 깔고 시간을 보내는 것이다. 자본주의의 최첨단을 달리는 금융사와 또 다른 극단에 서 있는 고달픈 노동자의 적나라한 대조가 한 프레임에 들어오자, 형언할 수 없는 안쓰러움이 느껴졌다.

하루 종일 걷다 지친 아이가 중환역에 이르러 거의 울상이 되어 갔다. 다리가 아프다니 다급한 아비 마음에 무작정 이층전차에 올라탔다. 3홍콩달러에 3명이면 9홍콩달러. 우리 돈으로 1,500원도 안 되니 이층전차 관광비 치고는 무척이나 싸다는 생각이 들었다. 그런데 아뿔싸! 주머니를 뒤지니 500홍콩달러짜리 지폐만 지천이다. 어쩌자고 잔돈도 없이 무턱대고 전차에 올랐을까. '거슬러 줄 수 있냐?'는 다급한 질문에 잔돈이 없다는 심드렁한 대답이 돌아왔다. 전차 삯 1,500원 대신 75,000원을 낼 생각에 아이와 아비는 발을 동동 굴렀다. 하지만 체념도 빠른 아비가 500홍콩달러를 내려고 하는 찰나, 한 아주머니가 동전을 주섬주섬 꺼내어 대신 내준다. 게다가 환하게 웃으며, 아이에게 울지 말라는 시늉을 한다.

아주머니는 조금 전 중환역 앞에서 돗자리를 깔고 앉아 옥수수를 먹으며 친구들과 수다를 떨던 분이다. '먼 타향에 나와 고생하시는구나!' 동정했던 내 자신이 부끄러워졌다. 감히 누가 누굴 동정한 걸까. 그 아주머니의 남루한 입성에 눈이 멀어 나는 그분 마음속의 씨앗, 곧 인仁을 미처 보지 못했다. 드라마 〈미생〉에서는 장그래(임시완 분)가 고생하는 하청업체 직원을 굽어보며 동정하는 장면이 나온다. 딴에는 좋은 뜻으로 그런 것일 테지만, 듣고 있던 오과장(이성민 분)이 버럭 화를 내며 훈계한다. "어디서 동정질이야! 한 가정의 가징에게!" 건방진 생각을 한 내 자신이 미웠다.

전차 이층에 올라 홍콩의 거리와 건물들을 바라봤다. 화려하고 아름다운 불빛이 눈을 간질였다. 전차에서 내려 딤섬이 맛나다는 식당을 찾아가 허겁지겁 배를 채우다, 문득 아주머니가 생각났다. '이 맛난 딤섬을 그 아주머니와 나누고 싶구나!'

아주머니 얼굴은 이제와 가물가물 하지만, 돌이켜 추억해보건대 그 얼굴에서 소통의 왕 유방의 얼굴이 겹쳐 보였다. '어질다는 마음의 실체는 결국, 누군가의 마음속에 들어가는 소통이다'란 큰 깨달음을 공짜로 아니, 돈을 받아가며 배웠다.

아이가 자라나 크든 작든 어떤 조직의 리더가 된다면, 항상 중환역의 그 아주머니를 생각했으면 좋겠다. 항우의 하여何如보다는 유방의 여하如何를 아는 소통하는 어른으로 성장해준다면, 부끄러운 아비의 마음이 한결 함함해질 듯싶다.

1 범증은 유방의 잠재력을 두려워해 이참에 죽이자고 간하지만, 항우는 끝내 말을 듣지 않는다. 그러자 범증은 심복인 항장에게 칼춤을 추다 유방을 죽이라는 밀명을 내린다. 일촉즉발의 순간, 유방의 장수 번쾌가 번개처럼 등장해 칼춤으로 대거리하며 유방을 보호한다. 유방은 항우에게 인사도 하지 않은 채, 화장실 가는 척 나오다가 줄행랑을 치게 된다.

2 천하를 통일한 유방이 하루는 전장에서 누구보다 큰 공을 세운 한신과 담소를 나눈다.

> 유방이 묻는다. "공이 보기에 나는 군사 몇을 거느릴 수 있겠는고?" 한신이 답한다. "폐하께서는 십만도 쉽지 않습니다." 유방이 다시 물었다. "그럼 그대는 몇 명의 군사를 거느릴 수 있소?" 한신이 답한다. "신은 많으면 많을수록 좋습니다." 유방이 웃으며 되묻는다. "다다익선이라는 장수가 어째서 나에게 묶여 있소?" 한신이 답한다. "폐하께서는 군사를 거느리는 데 능하지 못하지만 장수를 거느리는 데는 능하십니다. 그래서 신이 폐하께 묶여 있는 것입니다. 폐하의 능력은 이른바 하늘이 주신 겁니다. 사람의 힘이 아닙니다."
>
> ⊙ 《사기》〈회음후열전〉 중

단언컨대, 한신은 문제적인 인물이다. 진이 망하고 한 제국이 세워지는 격동의 시기에 등장한 수많은 인물 가운데에서도 유독 튄다. 결국 돌고 돌아 유방을 드높이긴 했지만, 건방지게 '나는 다다익선'이라고 말하는 한신의 모습에서 장량이나 소하의 지혜로움은 눈을 씻고 봐도 찾아볼 수가 없다. 한신은 결국 토사구팽당한다.

한 고조 유방은 정리에 끌리고 의리에 움직이는 건달이었다. 결국 한신의 모반을 용서하고 회음후에 봉한다. 한신 역시 유방이 자신의 재능을 두려워하고 있다는 사실을 알게 된다. 그는 일부러 조회도 나가지 않고 한 고조를 원망하며 지낸다. 그러다 진희의 반란을 토벌하러 유방이 직접 나서게 되자, 그 틈을 이용해 여후가 소하를 시켜 한신을 장락궁으로 유인한다. 그리고 무자비하게 한신을 죽여버린다. 사마천은 이토록 파란만장한

한신의 인생을 이렇게 평한다.

만약 한신이 도리를 배워 겸양한 태도로 자기 공로를 뽐내지 않고 자기 자랑을 하지 않았다면 그가 한나라에 끼친 공로는 주공, 소공, 태공망에 비할 수 있고 후세에 사당에서 제사를 받을 수 있었을 것이다.

⊙ 《사기》〈회음후열전〉 태사공자서 중

주공, 소공, 태공망은 은나라의 마지막 임금 주왕의 폭정을 물리치고 주나라를 세운 주나라 건국의 아버지들로, 주나라의 시조 무왕의 사후에는 이세 성왕을 도와 공자의 이상향인 주나라의 태평성대를 이룬 인물들이다. 한신을 이들에 비유한 것은 사마천이 할 수 있는 최상급의 상찬이다. 그만큼 한ㅏ라의 성립을 위해 한신이 기울인 공은 지대했다는 방증이기도 하다.

어쩐지 고전이 읽고 싶더라니

'때'가 중요한 이유

　나란 인간의 내면을 해부해보자면, 아마도 북유럽인의 피가 흥건할 게다. 노르웨이, 스웨덴, 핀란드, 덴마크 땅을 밟아본 적도 없으려니와, 그 흔한 볼보 자동차를 몰아본 적도 이케아에서 가구를 구입한 기억도 없다. 그런데 왜 북유럽 스타일의 인간이냐고? 한마디로 '밋밋하기 그지없는' 인생관 때문이다. 라곰lagom이란 말을 들어본 적 있는가? 스웨덴 사람들의 인생 지혜를 농축한 단어다. 원래 이 말은 바이킹들이 다 같이 모여 모닥불을 피워놓고 술을 마시는 상황에서 비롯된 표현이라고 한다.

　상상해보시길 바란다. 일과를 마친 바이킹들이 미드mead라는 벌꿀술을 앞에 두고 한 모금씩 마셔가며 하루의 피로를 푸는 장면을. 너 한 모금 꿀꺽하고는 나에게 술병이 돌아온다. 그 추운 겨울밤 고된 노동의 피로를 푸는 술 한 모금은 얼마나 달까. 게다가 벌꿀로 만든 술이라니 더할 나위 없을 게다. 양껏 들이켜고 싶은 게 인간의 본성이겠지만, 내가 그러면 모닥불을 중심으로 둘러싼 원이 채 한 바퀴 돌지도 못한 채 흥겨운 술판이 깨질 것이다. 내가 적당히 마셔줘야, 모두가 행복할 수 있다. 라곰이란 말에 내포된 가장 큰 의미는 '균형'이다. 라곰을 굳이 우리 식으로 번역하자면 '중용中庸'이 아닐까.

요즘 유행하는 워라밸work and life balance이란 신조어가 나오기 2,500여 년 전 이미 원조가 있었으니, 바로 자사子思가 지은《중용中庸》이 그것이다.《중용》은 당당하게 사서삼경四書三經[1] 중 한자리를 차지한다. 사서삼경이 우리에게 낯익은 이유는 오로지 조선시대 과거시험에 자주 출제되는 과목만 모았기 때문이다. 지금으로 치자면 국영수인 셈인데, 특히나 그 가운데에서도《중용》은《대학》《논어》《맹자》에 비해 형이상학적이고 철학적인 문제를 다루고 있다. 가장 어려운 과목이기에 사서 가운데 가장 마지막으로 공부하는 책이《중용》이었다. 주자가《예기》가운데 굳이 중용, 대학 두 챕터만 끄집어내어 각각 사서四書 가운데 하나로 올려놓은 데는 다 이유가 있다. 특히《중용》에는 공자의 핵심 사상이 들어 있다.

> "신은 삼가 아뢰옵니다. 정사는 때의 알맞음을 아는 것이 귀하고 일은 성실하게 노력하는 것이 중합니다. 정사를 펼침에 있어 때의 알맞음을 모르고 일을 함에 있어 성실하게 노력하지 않으면, 비록 성군과 현신이 만난다 해도 치적을 이루어낼 수 없습니다."
> ⊙ 1574년(선조 7년) 이이의 상소문 중

율곡 이이의 이 상소를 흔히 만언소라 부른다. 원래 정식 명칭은 만언봉사萬言封事다. 봉사封事란 한漢대의 전통인데, 신하가 임금에게 아뢰는 글을 누가 볼까 두려워 검은 천에 넣어 바쳤다. 선조 7년 지진이 일어나고 나라에 재앙이 끊이지 않자 왕은 여러 신하에게 직언을 구했다. 당시 우부승지였던 이이는 사회 전 분야를 제도적으로 개혁하려는 구체적인 제안을 상소문에 담았다. 선조가 "상소의 내용을 따르자면 요순시대를 만들겠다는 뜻이구나. 그 논의가 참으로 훌륭하다"라는 비답을 내릴 정도로 뛰어난 상소문이었다. 여기서 '때의 알맞음'이란 표현이 나온다. 곧 시중時中을 뜻하니, 중용의 지극한 도를 상소문에 펼쳐낸 것이다.

공자가 말했다. "도는 사람에게서 멀지 않다. 사람이 도를 행하면서도 사람을 멀리한다면 그것을 할 수 없다. 《시경》에서 말하기를 '도끼 자루 베네. 도끼 자루 베네. 그 기준은 멀리 있지 않네'라고 했다. 도끼 자루를 잡고 도끼 자루에 쓸 나무를 벨 때는 잡고 있는 자루를 자세히 보고 비슷한 것을 자르면 된다. 그러나 사람들은 본보기가 멀리 있다고 생각한다. 군자도 사람을 다스리는 데 그 기준은 사람에게 있을 뿐이다. 사람이 잘못을 고치면 그친다."

⊙ 《중용》중

여기서는 사람을 다스리는 데 그 기준은 사람에게 있을 뿐이다, 즉 이인치인以人治人이란 구절이 핵심이다. 통치 원리나 사상적 기반이 저 멀리 우주에서 날아오는 것이 아니란 말이다. 당신 곁에 있는 사람들과 공감하고 공동체 의식을 지니고 서로 의견을 수렴해 통치 행위의 근본으로 삼으란 주장이다.

공자께서 공명가에게 공문숙자에 대해 묻는다. "정말인가요? 공문숙자 그분은 말하지도 않고, 웃지도 않고, 남의 것을 취하지도 않습니까?" 공명가가 대답하여 말한다. "그렇게 말한 사람은 좀 과하군요. 그분은 때에 맞은 연후에 말하기에 사람들이 그 말을 싫어하지 않지요. 그분은 즐거워할 만한 이치가 있는 연후에야 웃기에 사람들이 그 웃음을 싫어하지 않지요. 그분은 의로워진 이후에 취하기에 사람들이 그 취하는 행동을 싫어하지 않습니다." 공자가 말한다. "그런가요? 어찌 그럴 수 있죠?"

⊙ 《논어》〈헌문〉편 중

공자가 탄복한 것은 총 세 가지 덕목이다. 첫째, 말言. 둘째, 웃음笑. 마지막으로, 이득取. 세 가지 모두 인생사에서 중요한 요소다. 말은 주장을 뜻한다. 자기주장을 하되 남의 의견도 충분히 수렴한 연후에 한다는 것이 첫 번째 요소인 말이다. 두 번째 요소인 웃음은 기쁨 혹은 쾌락을 의미한다. 나의 쾌락을 좇는 것이 인간의 본성이거늘 그것조차 주변을 돌아보고 배려하면서 행한다는 것이다. 마지막으로 이득을 취하는 것조차 의義가 성취된 연후에 행한다는 것은 눈앞의 이득보다 사회정의 구현이 먼저라는 선언이다. 이 정도의 경지는 공자조차도 탄복하는 수준이다. 인격적으로 완성형에 가까운 공자가 '어찌 인간이 그럴 수 있냐?'며 경탄할 정도다.

'때에 맞은 연후에 말하기에' 이 부분의 원문을 잠시 살펴보자. 시연후언時然後言. 여기서 시時는 시중時中을 의미한다. 《맹자》에서 '왕王'이 '왕 노릇 제대로 하다' 혹은 '왕도 정치를 실행하다'는 의미인 것처럼, '시時'는 '때에 맞는다'는 뜻이다. 요즘 말로 하면 '나이스 타이밍!'이다. 시쳇말로 '낄끼빠빠'를 생각하면 된다. 낄 때 끼고, 빠질 때는 빠지는 것. 하지만 이게 말은 쉬워도 생각보다 어려운 일이다. 이 시중이란 개념은 《중용》의 핵심 키워드다.

중니왈仲尼曰 군자君子 중용中庸 소인小人 반중용反中庸

군자지중용야君子之中庸也 군자이시중君子而時中

소인지중용야小人之中庸也 소인이무기탄야小人而無忌憚也

자왈子曰 중용기지의호中庸其至矣乎 민선능구의民鮮能久矣

자! 이 부분은 우선 원문을 느껴봐야 한다. 한자에 자신이 없어도 한 번, 두 번 읽어보길 권한다. 원문의 질감을 충분히 느껴봤다면 직역한 내용을 보자.

공자가 말씀했다. "군자는 중용이요, 소인은 중용에 반한다. 군자의 중용은 군자다우며 때에 맞는다. 소인의 중용은 소인다우며 거리낌이 없다." 공자가 말씀했다. "중용의 그 지극함이여! 백성 가운데 오래 지속할 수 있는 사람이 드물다."

소인의 중용은 거리낌이 없다는 것이니 군자의 중용은 꺼리는 마음이 존재한다는 해석이 가능하다. 왼쪽도 살피고 오른쪽도 살피고. 시중은 적절한 타이밍에 맞춰 들어갈 때 들어가고 나올 때 나온다는 의미다. 자, 전체를 종합해 해석해보자. '중용이란 게 참 어려운 것이다. 그러니 이걸 오래도록 지키는 사람이 매우 드물다. 이토록 어려운 중용이란 것은 주위를 잘 살피며 적절한 때에 맞춰 행동하는 것을 의미한다.' '주위를 잘 살펴'는 공동체 의식의 발현으로 보면 된다. 그런데 여기서 '적절한 때'란 것이 참 어려운 문제다. 《중용》에서 뒤이어 나오는 내용을 살펴보며 단서를 얻어보자.

> 공자가 말씀했다. "도가 행해지지 않고 있음을 나는 안다. 지혜로운 자는 도를 지나치고, 어리석은 자는 도에 미치지 못한다. 도가 밝혀지지 않고 있음을 나는 안다. 현명한 자는 도를 지나쳐버리고 우둔한 자는 도를 따라잡지 못한다. 이는 사람이 모두 먹고 마시지만 맛에 정통한 사람이 적은 것과 같다." 공자가 말씀했다. "그 도가 행해지지 않음이여!"

공자는 중용의 의미를 도道로 치환해 설명한다. 중용도 어렵지만, 도 역시 만만찮다. 주희는 일찍이 "초학자가 이해하기엔, 《중용》은 너무 어렵다"고 말했다. 하지만 최선을 다해 그 뜻의 끝자락이라도 잡아보자. 이 구절은 '지혜로운 자, 혹은 현명한 자'에 집중해야 한다. 어리석고 우둔한 자들은 도에 다다르질 못하니, 일단 포기하고 간다. 그런데 왜 '지혜로운 자와 현명한 자'들조차 도를 지나치는 것일까?

적중的中. 과녁이 화살에 정확히 맞는 상황을 이른다. 활시위를 너무 약하게 당기면 과녁에 다다르지 못할 것이니, 이게 바로 어리석고 우둔한 자들이다. 반면 활시위를 너무 세게 당겨 과녁을 넘어가게 되면, 이 역시 적중이라 할 수 없다. 지혜롭고 현명한 행동이 제아무리 훌륭하다 해도, 정도를 넘어서 주변에게 강요하거나 독선적으로 밀어붙이게 되면 문제가 생길 수밖에 없다.

여기서 '지자과지智者過之 현자과지賢者過之'를 해석할 때, 지之는 대명사로서 앞서 언급한 도道를 뜻한다. 과過는 '지나쳐 가다'란 동사로 해석하는 게 맞다. 책받침辶은 곧 '가다'란 걸 의미해 '과過'는 물리적으로 움직여 가는 걸 뜻한다. 거기에서 '지나가다'란 뜻이 먼저 나오고, 파생하여 '지나치다' '과하다'란 의미가 나오게 된 것이다.

서구 중심의 사고 체계로는 쉽사리 이해되지 않는다. 지혜롭고 현명한데, 대체 뭐가 문제란 말인가. 이는 동양의 순환론적 세계관으로 접근해야 답이 나온다. 주역의 첫 구절 '항룡유회亢龍有悔'를 떠올려보자. 하늘 끝까지 올라간 용은 결국 다시 나락으로 떨어질 수밖에 없다. 지혜로움이나 현명함도 끝 간 데 없이 밀어붙이다가는, 도리어 도를 지나치게 되는 비극적 결과를 낳는다.

다시, 라곰을 곱씹어본다. 라곰의 어원은 '팀을 둘러싼'이란 뜻의 'laget om'이다. 지혜롭고 현명한 나머지 공동체를 지나쳐버리면 안 된다. 에둘러 싸고 공동체를 지켜야 한다. 공자는 잘난 이들에게 당부하는 것이다. 바이킹이여! 그대가 아무리 힘센 장사라 할지라도 모닥불을 둘러싸고 벌꿀술을 들이켜는 순간, 당신 옆에 앉은 이웃을 먼저 생각하라!

1 《대학》《논어》《맹자》《중용》을 사서라 일컫고, 《시경》《시경》《억경》을 삼경이라 묶어, 흔히 '사서삼경'을 유학 경전의 정석으로 칭한다. 사서 삼경이란 말이 낯익겠지만, 중국에서는 흔하게 쓰지 않는 말이다. 오히려 삼경에 《예기》와 《춘추》를 더해 '사서오경'이란 표현을 많이 쓴다.

어쩐지 고전이 읽고 싶더라니

연대책임을 넘어 사람을 보다

중학교에 갓 입학한 아들이 투덜댄다. 1학년 학생 전부를 강당에 모아놓고 '우리 학교가 얼마나 전통 있는 명문 사학인지'부터 '자랑스러운 손기정 선배님의 일화'까지 다양한 강의로 괴롭힌다고 불평이다. 강의란 게 원래 졸리고 지루하다. 하지만 아들이 말하는 최악은 몇 명만 떠들어도 모든 학생들을 일괄적으로 벌세우는 선생님들의 훈육 방식이었다. 이른바 연좌제 벌칙의 부당함을 호소해댄 것이다.

순간 갈등이 찾아왔다. 마음속에 온갖 논리들이 아우성친다. 내 아이를 처세의 달인으로 만들어야 하나? "지우야! 모난 돌이 정 맞는단다. 대한민국은 단체 생활이야. 누구 하나 잘못해도 다 같이 벌 받아야지. 예부터 역모는 본가, 처가, 외가 삼족을 멸했단다. 영락제를 디스한 방효유_{方孝孺}[1]는 구족九族이 멸했어. 아니, 십족十族이 멸했단다. 그냥 참아!"

아니야! 내 생각이 그렇지 않은데 아이에게 거짓부렁을 강요할 순 없지, 암! "지우야! 네 말이 옳구나. 민주공화국인 대한민국 헌법은 명백하게 연좌제를 금하고 있지. 우리 법전 들고 선생님께 찾아가자." 이것도 아니야! 차라리 읍소해볼까? "지우야! 연좌제는 분명 잘못된 것이야. 하지만 요즘 체벌도 금지되고 선생님들께서도 학생들을 통제할 방법이 없으니 고육지책으로 그러신 거야. 네가 이해하자. 정 억울하면, 너도 떠들어!" 아! 자식 교육은 정말 어렵구나. 기껏 내놓은 대답이 '너도 떠들어'라니…. 자괴감이 몰려온다.

단독자의 행동에 공동책임을 부과하는 건 분명 정의에 부합하지 않는다. 하지만 그건 어디까지나 이성의 영역이다. 감정과 정서의 영역에 다다르면 연좌제만큼 날카로운 공격 수단이 없다. 넌 누구의 자식이잖아, 당신은 누구의 친구잖아, 너 어디 출신이라며, 따위의 '레떼루' 공격이야말로 결여된 논리적 정합성에 비례하는 강력하고 치졸한 독성을 뿜어댄다. 그래서 정치권에서 왕왕 악용되는 것이 연좌제다.

2002년, 새천년민주당 대통령 후보경선에서 일부 후보와 보수 언론이 결탁해 노무현 후보 장인의 좌익 활동을 문제 삼았다. 비열한 공격이었고, 이른바 '빨갱이' 프레임을 씌우려는 시도였다. 당시 노무현 후보는 특유의 명연설로 사태를 정면 돌파했다.

"제 장인은 좌익 활동하다가, 결혼하기 한참 전에 돌아가셨습니다. 저는 이 사실을 알고 아내와 결혼했습니다. 그리고 아이들 잘 키우고 지금까지 서로 사랑하면서 잘 살고 있습니다. 뭐가 잘못됐습니까? 제가 이런 아내를 버려야 합니까? 그렇게 하면 대통령 자격이 있고, 아내를 그대로 사랑하면 대통령 자격이 없다는 겁니까? 여러분이 그런 아내를 가지고 있는 사람이 대통령 자격이 없다고 생각하신다면 저, 대통령 후보 그만두겠습니다. 여러분이 하라고 하면 저, 열심히 하겠습니다."

지금 다시 들어도 울컥하게 만드는 연설이다. '대한민국에서 연좌제는 현행법상 금지되어 있고, 어쩌고저쩌고…'라고 반박했다면 오히려 구차했을 것 같다. 당시 노무현 후보는 비열한 공격에 사이다처럼 시원하게 반격했고, 결국 그 전략은 통했다. 현행 헌법이 연좌제를 금지하고 있지만, 여전히 연좌제는 치졸한 방식으로 대한민국의 발목을 잡고 있다.

연좌제란 범죄인과 일정한 친족관계에 있는 자에게 연대책임을 묻는 형법 체계다. 조선시대에도 대명률大明律에 의거해 연좌제를 실시했다. 사도세자의 비극적인 죽음도 연좌제와 관련이 깊다. 대명률에 따르면 '역모의 죄는 그 아비와 자식에게까지 미친다.' 홍길동이 역적이면 홍길동의 부모도 역적이요, 그 자식도 역적이다.

영조와 세도세자 간의 갈등이 극에 달한 1762년(영조 38년)부터 사도세자의 말과 행동은 점점 광기를 머금기 시작한다. 《한중록》에는 부도지설不道之說이나 불공지언不恭之言이란 말로 사도세자의 언행이 에둘러 표현되어 있다. 아마도 부왕 영조에 대한 욕설일 것으로 쉬이 짐작할 수 있다. 심지어 《한중록》에는 '협검狹劍하고 가서 아무리 하고 싶다'는 표현이 나오는데 당시 정황을 감안해 해석해보자면, '칼을 들고 가서 부왕인 영조를 해치고 싶다'

로 추정된다. 심한 욕설에 더해 살해하겠다는 겁박을 입에 담은 것이다.

영조가 누구인가. 개인적으로야 사도의 아버지이지만 나라 전체로 봤을 때는 최고 존엄이다. 영조를 죽이겠다는 겁박은 당시로선 최고 중죄인 역모의 죄다. 구중궁궐에는 눈과 귀가 도처에 깔려 있다. 이런 사도의 광기 어린 말과 행동이 영조의 귀에 들어가는 것은 시간문제일 터. 하지만 보고를 받은 영조의 입장도 난감하다. 사도의 죄는 분명 역모의 죄다. 사도를 역모의 죄로 다스려 세자 자리에서 쫓아내고 사형을 시켜야 마땅하다. 그러나 사도에게 역모의 죄가 있다면 대명률에 의거해 영조 자신에게도 역모의 죄를 물어야 하고, 훗날 정조가 되는 세손 역시 역모의 죄를 함께 물어야 한다. 진퇴양난에 빠진 영조가 선택한 벌은 자진을 명한 것이었다. 역모의 죄를 범했으되 역모의 죄로 사형을 시킬 수는 없으니 선택한 고육지책이다. 그런데 사도가 자진을 거부한다. 그러자 '아버지가 자식을 뒤주에 가두어 굶겨 죽이는' 이 희대의 사건이 벌어진 것이다.

'사도세자는 노론의 붕당정치 희생양이다.' '사도의 죽음은 다른 걸 다 차치하고 결국 영조가 지나치게 오래 살아서다.' '흙수저 가운데 흙수저인 영조가 보기에 사도세자는 지나치게 방종했다. 심지어 자신이 내린 금주령을 어기고 술을 먹는 행태를 보고 세자에 대한 신뢰를 완전히 잃게 되었다.' '사도에게는 비난받아 마땅한 정신병이 있었던 것은 분명하다. 장차 군주의 책무를 다하기에는 정신적으로 문제가 많았다.' '사도세자가 죽음을 받아들인 것은 결국 정조를 임금으로 만들기 위함이다. 정조가 즉위했는데 임금의 아버지가 살아 있는 상황을 노론 세력이 받아들이지 못할 것이다. 그러니 세손의 즉위를 위해 자신을 희생한 것이다.' 조선 왕조에서 가장 납득하기 어려운 이 희대의 미스터리를 풀이하기 위해 내세우는 주장들은 각각 일리가 있다. 그런데 거기에 이 '연좌제의 비밀'까지 넣게 되면 사건의 아귀가 꼭 맞는 느낌이 들 것이다. 영조와 사도세자의 선택. 그리고 이어지는 정조의 선택까지도.

1894년 형사 책임 개별화 원칙에 따라 연좌제는 폐지되었지만 사실상 관행으로 존재해왔다. 특히 남북으로 분단된 우리 민족의 비극 앞에서 연좌제는 더욱 기승을 부렸다. 이승만, 박정희, 전두환으로 이어지는 독재정부 아래 공산주의는 공안정국의 먹잇감이었다. 흔히 말하는 '빨갱이 장사'가 그것. 독재자의 심기를 거스르는 자는 야당 정치가, 양심 있는 교수와 학생을 막론하고 무조건 좌익 용공 세력으로 몰아 처리했다. 그중에 자주 활용된 악마의 칼이 바로 연좌제다. 남북이 갈린 지 채 20년 세월도 흐르지 않은 70년대까지만 해도 재종 당숙이나 사돈의 팔촌까지 탈탈 털면 북에 친인척을 두지 않은 사람이 없었다. 그러니 월북한 친인척이나 원래부터 북에 살던 친인척을 연좌제로 걸면, 중앙정보부 건물을 제 발로 걸어 나오지 못했다.

1980년, 헌법 13조 3항에서 연좌제 금지를 천명했지만, 관행적인 연좌제는 무시무시하게 작동했다. 현재 우리들 마음속에도 여전히 연좌제의 그림자가 드리워져 있는 게 사실이다. 그런데 믿기 어렵겠지만, 2,300여 년 전 맹자가 왕도 정치의 덕목으로 꼽은 것 가운데 연좌제 금지도 포함되어 있다.

> "죄인을 처벌할 때에도 그 처자식은 연좌제로 벌하지 않았습니다."
>
> ⊙ 《맹자》〈양혜왕〉편 중

'사람 사는 세상'을 꿈꾸었던 노무현에게 치졸한 연좌제 따위는 아무런 방해가 되지 않았다. 저열한 연좌제 따위를 뛰어넘어 사람을 본 것이다. 나는 드디어 아들에게 할 말을 찾아냈다. 함께 벌 받는 게 억울하다고 다시 칭얼대면, 노무현 대통령의 감동적인 연설을 들려줘야겠다. 법률을 뛰어넘어 사람을 먼저 생각하는 그의 넓은 마음을 조금이라도 배워보라고 말이다.

---

1 정난의 변으로 황제가 된 연왕 주체는 방효유를 회유해 즉위조서를 쓰도록 시켰다. 하지만 곧은 절개의 방효유는 주공과 성왕의 고사를 들며 영락제를 모욕했고, 진노한 영락제는 구족을 멸하다 못해 친구, 제자 등 지인들까지 처형했다.

생명의 가치가 떨어질 때
일어나는 일

홍콩 영화가 학력고사를 목전에 둔 학부모 앞에 나타난 박수나 판수 무당처럼, 격렬한 환영을 받던 시절이 있었다. 80년대 중반에서 90년대 초반까지. 그 즈음에 개봉한 〈진용秦俑〉이란 영화가 있다. 중국 본토에서 인정받던 장이머우가 특이하게도 주연을 맡아 궁리와 호흡을 맞춘 작품이다. 액션 연출의 대가인 청샤오둥 감독이 메가폰을 잡았다. 작품성은 다소 떨어지지만, 진시황릉에 도열한 병마용을 활용한 액션신은 나름 볼 만했던 기억이다. 평소 진시황릉 병마용의 위용에 반한 사람이라면, 영화 속에서 병마용이 살아 꿈틀대는 그 상상력에 입이 떡 벌어질 게다.

진시황은 30년에 걸쳐 무려 70만 명의 백성을 동원해 자신의 묘를 만들었다. 뭐가 씌었는지 죽지 않으려고 안간힘을 쓰고 죽어서도 위세를 부리려고 발광을 했다. 덕분에 진시황릉의 병마용, 즉 진용은 중국 최고의 관광 수입원으로 위용을 떨치고 있다. 병마용의 용俑은 허수아비를 뜻한다. 진시황이 죽어 매장될 때 그 어마어마한 무덤에 아들을 낳지 못한 후궁들은 순장됐다. 춘추전국시대 만연한 순장의 풍습은 고사성어 결초보은結草報恩에 잘 드러나 있다.

진晉나라 위무자에게는 애첩이 있었는데 아들이 없었다. 위무자가 병이 들자 아들 위과에게 말했다. "반드시 애첩을 개가시켜라." 그런데 병이 위중해지자 말을 바꾼다. "애첩을 순장시켜라." 위무자가 죽은 후 아들 위과는 아버지의 애첩을 개가시키며 이렇게 말한다. "병이 위중해지면 정신이 혼미해진다. 나는 정신이 맑을 때 아버지가 내린 명을 받들겠다." 진秦 환공이 진晉나라를 침공하자, 위과는 왕명을 받고 출정해 두회와 결전을 벌인다. 위과는 불리한 전세에 몰려 쫓기는데, 두회가 말을 달려 쫓아올 때 누군가 풀을 엮어 두회의 말이 걸려 넘어지게 만든다. 덕분에 위과는 구사일생 위기에서 탈출하게 되고 도리어 전투에서 승리를 거둔다. 그날 밤 위과의 꿈에 한 노인이 등장한다. "당신이 개가시킨 위무자의 애첩이 내 딸이오. 그대가 옳은 결정을 내려줘 내 딸이 순사殉死하지 않고 살아서 개가했으니, 그 지극한 은공을 갚고자 풀을 묶어 두회를 넘어지게 했소."

⊙ 《춘추좌전》〈선공 15년〉편 중

이 기록은 순장에 관한 두 가지 특성을 명확하게 보여준다. 하나는 춘추전국시대에 순장이 자연스레 받아들여질 정도로 빈번했다는 점이다. 진나라 목공의 경우에는 무려 177명의 생목숨을 앗아 순장했다는 기록이 전해진다. 진수陳壽의 정사 《삼국지》〈오서〉에는 합비대전에서 전사한 진무를 위해 손권이 진무의 애첩을 순장했다는 기록이 나온다. 후한 말기에 게다가 왕도 아닌 일개 신하에게조차 순장이 허락된 것이다. 이 점을 미루어 추측해보건대 춘추전국시대에 순장이 얼마나 빈번하게 이루어졌는지 알 수 있다.

다른 하나는 결초보은 고사에도 나오듯, 아들이 없는 부인이 주로 순장의 희생양이 되었다는 점이다. 진시황의 순장은 일종의 대규모 정치적 숙청이었다. 아들이 없는 경우 후사의 가능성이 사라지므로 당연히 권력 다툼에서 밀려나게 된다. 진시황의 탄생 배경이 되는 여불위[1]의 고사를 봐도 알 수 있는데, 왕위 승계 순위에 들어갈 수 있는 아들의 유무가 왕비나 후궁의 권력을 가늠하는 바로미터가 되었다.

진시황은 불로장생을 위해 서복을 불로초를 찾으라 보내고, 각종 도술에 심취해 있었다. 죽음을 두려워하지 않을 인간이 어디 있으랴만, 진시황은 유독 죽음을 피하려 안간힘을 다했고, 그 공포감이 병마용이란 어마어마한 규모의 작품으로 승화했다. 죽음에 대한 공포도 컸지만, 사후에 자신의 묘가 훼손될지 모른다는 공포감도 그 못지않게 컸다. 그래서 진시황은 이중의 담으로 둘러싸인 능원을 만들어 자신의 묘를 보호했다. 《사기》에 따르면 '천장에는 하늘에 있는 모든 별자리를 만들어놓았고 바닥에는 산과 계곡, 강에 이르기까지 모든 지형을 그대로 옮겨 놓았다'고 한다.

진시황릉의 병마용갱이 우리의 눈에 불쑥 등장한 건 1974년의 일이다. 물론 아직까지도 진시황릉의 실체는 전부 드러나지 않았다. 여전히 발굴 중이다. 총면적 56제곱킬로미터에 달하는 황릉에 고고학자 수십 명이 달라붙어 발굴하고 있지만, 황릉의 전모가 드러나려면 몇 세대는 더 지나야 할 것이다.

우물을 파던 농부에 의해 발견된 용俑은 누구보다 열심히 전 세계에서 수백만 명의 관광객을 불러 모으고 있다. 일단, 용의 신장을 살펴보자. 당시 진나라 남성 평균 신장은 158센티미터인데 용의 신장은 작게는 170센티미터에서 크게는 180센티미터에 이른다. 지금으로 치자면, 대다수의 용을 현주엽이나 서장훈 정도로 만들어놓은 셈이다. 신시황은 강력한 위압감을 원했을 것이다. 도굴에 대한 진시황의 공포가 여실히 드러나는 대목이기도 하다. 병마용을 조금 더 자세히 들여다보면, 갑옷이나 눈썹에 이르기까지 세밀하게 빚어놓았다. 이 점 역시 진시황의 집착을 상징적으로 보여준다.

진시황이 30년의 시간 동안 70만 명의 백성을 동원할 수 있었던 건, 그가 천하를 통일했기 때문이다. 물론 그 이전에 하, 은, 주가 있었지만 사실상의 천하 통일은 진나라다. 진시황에 대한 마오쩌둥의 평가는 찬양 일색이다. "진시황이 공자보다 훨씬 더 위대하다." 공자는 마치 마오쩌둥의 의견에 반박이라도 하듯 무덤에 대해 과도하게 집착하는 진시황의 행태를 강력한 어조로 힐난한다. 그것도 200년 전에, 미래를 꿰뚫어 보고 미리 비판했다.

공자가 말씀했다. "처음으로 용俑을 만든 자는 후손이 없을 것이로다."

⊙ 《예기》중

그야말로 강력한 저주다. 공자의 어록 가운데 유달리 살기와 독기가 느껴지는 감정적인 표현이다. 그리 대단해 보이지 않는 짧은 구절이지만, 공자가 주창한 통치 이념의 근간과 맥이 닿아 있다. 단순히 용을 만드는 게 뭐 그리 중요할까 싶겠지만, 맹자의 해석을 더해 그 심층적인 의미를 캐내보자.

> 양 혜왕이 말했다. "과인은 안온하게 가르침을 받고자 합니다." 맹자께서 물었다. "사람을 죽이는데 몽둥이를 쓰나, 칼을 쓰나 차이가 있습니까?" 양 혜왕이 답했다. "차이가 없습니다." 맹자가 다시 물었다. "정치로 사람을 죽이나, 칼로 사람을 죽이나 차이가 있습니까?" 양 혜왕이 답했다. "차이가 없습니다." 맹자께서 말했다. "부엌에 기름진 고기가 있고 마구간에 살찐 말이 있는데 백성들에게는 굶주린 기색이 보이고 들판에는 굶어 죽은 자가 나뒹굽니다. 이것은 짐승을 몰아 백성을 먹게 하는 것이나 마찬가지입니다. 짐승이 서로 잡아먹는 것 또한 사람들이 싫어합니다. 백성의 부모 노릇을 하며 정치를 행함에 있어서, 짐승을 몰아 사람을 먹게 하는 것에서 벗어나지 못한다면 어찌 그 부모 노릇한다고 할 수 있겠습니까. 공자께서 말씀하셨습니다. '처음 용을 만든 자는 그 후손이 없으리라.' 이는 사람의 모양을 본떠 만든 인형을 파묻는 것에 대한 비난입니다. 나무인형도 그러할진대, 어찌 살아 있는 백성들을 굶어 죽게 만든단 말입니까."
>
> ⊙ 《맹자》〈양혜왕〉편 중

은나라 때부터 성행하기 시작한 순장의 풍습은 실로 지독했다. 수십 명에서 수백 명이 순장된 무덤이 여럿 발견될 정도다. 공자는 지금의 법무부 장관 격인 대사구大司寇직을 수행할 당시, 한 소년이 순장당할 뻔한 위기를 모면케 해준다. 그 일을 계기로 공자는 순장의 폐해에 대해 강력하게 비판하고 이를 제도적으로 금지하기 위해 노력을 경주하게 된다.

언뜻 '존귀한 인명 대신 나무인형이나 흙인형으로 대신하는 건, 오히려 장려해야 하는 것이 아닐까'란 반문을 할 수 있다. 하지만 사람 형상의 용은 누군가의 죽음에 타인을 같이 죽여 묻는다는 것을 당연시 여기는 전제하에 만들어진 것이다. 다시 말해 '사람을 그저 누군가의 재산이나 부속물로 여기는 사상'을 받아들여야 하는 것이다. 용을 사용한다는 것은 언젠가 형편이 맞으면 다시 산 사람을 죽여 묻는다는 의미도 내포하고 있다. 그러니 '사람을 사람으로 보지 않는' 이 태도를 공자의 인본주의는 결단코 용납할 수 없는 것이다.

공자의 사상적 근원은 주나라의 문왕, 무왕, 주공이다. 문왕과 무왕이 타도한 은의 마지막 폭군은 주紂왕이다. 그는 기름 바른 구리기둥을 뜨겁게 타오르는 장작더미 위에 두고 죄인을 걷게 했다. 이른바 포락지형炮烙之刑이다. 대부분의 죄인은 미끄러져 타 죽었다. 상상만 해도 끔찍한 형벌이다. 주왕은 이를 바라보고 깔깔대며 즐겼다고 하니, 이는 사람을 사람으로 보지 않은 모습이다.

20세기 중국의 사학자 양백준楊伯峻은 새로운 학설을 제기한다. "공자가 저토록 강하게 저주하는 이유는 착각 때문이다. 용이 먼저고, 그 용으로 인해 생사람을 순장하는 풍습이 발생했다고 잘못 알고 있는 것이다. 그래서 공자는 순장이란 악습을 야기한 용을 비판하는 것이다." 하지만 이미 은나라 시대에 순장의 고고학적 기록이 있다는 점을 감안한다면, 양백준의 주장에는 무리가 있다.

'처음 용을 만든 자는 그 후손이 없으리라'는 이 구절이 30년 동안 70만 명의 백성을 동원해 병마용을 만들었던 진시황의 양심을 건드리고 부끄럽게 만든 건 아닐까? 어쩌면 저 구절이 분서갱유라는 사상 초유의 비극을 잉태한 것은 아닐까? 조심스레 추측해본다.

공자의 인간 존중 사상이 발현되는 기제는 예악禮樂을 통해서다. 예악의 바탕에는 인본주의가 내재되어 있다. 예禮가 단순히 예의범절이 아닌 인간 존중과 배려이고, 악樂이 단순히 음악이 아닌 자존감에 관한 문제라는 점을 주목할 필요가 있다.

> 공자께서 말씀했다. "옛 사람들이 예악을 행하는 것은 거칠었고, 후세에 예악을 행하는 것은 세련되었다先進於禮樂 野人也 後進於禮樂 君子也. 만약 예악을 행해야 한다면 나는 옛 사람의 방식을 따르겠다如用之 則吾從先進."
>
> ⊙ 《논어》〈선진〉편 중

부득이 원문을 살펴봐야 한다. '야인野人'과 '군자君子'에 주목해보자. '주나라 빠돌이'답게 공자는 옛 예악의 방식이 더 좋단다. 그런데 표현이 '예전의 예악은 야인과 같다고 하고, 요즘의 예악은 군자와 같다'고 한다. 군자는 유교에서 깨우침을 얻은 이상적인 인물인데 군자다운 예악을 오히려 비판한다. 어찌된 영문일까.

> 공자께서 말씀했다. "본질이 무늬를 이기면 조악하고, 무늬가 본질을 이기면 번지르르하다質勝文則野 文勝質則史. 무늬와 본질이 아름답게 조화하고 난 연후에 드디어 군자답게 된다文質彬彬 然後君子."
> ⊙ 《논어》〈옹야〉편 중

본질質이 형식文보다 앞서는 상황을 공자는 긍정하며 야野라고 표현한다. 공자의 예악은 허례허식이 아니다. 야野는 거칠고, 투박하고, 조악하기까지 하다. 하지만 그 안에 실질적인 알맹이를 담고 있다. 공자는 이를 더욱 높게 평가한다. 무늬와 본질이 빛난다는 표현을 하고 있지만, 사실상 여기서의 방점은 본질에 찍혀 있다. 본질이 빛을 발할 때 군자다운 모습을 보인다는 것인데, 앞선 〈선진〉편 구절과는 얼핏 모순처럼 보이지만 이치에 맞는다. 이치에 맞게 두 구절을 풀어낸다면 앞의 군자는 허례허식을 앞세우는 군자요, 후자의 군자는 본질을 더욱 우선시하는 군자라고 구분하면 된다.

야野에 대한 공자의 무한긍정은 대체 어디서 뿜어져 나오는 것일까. 사마천은 공자의 탄생을 두고 '야합野合으로 태어났다'고 표현했다. 오늘날 정치뉴스에서 '야합으로 단일화하지 마라' '정치권의 야합으로 탄생한 정부' '야합과 밀실정치' 등의 표현을 쉽게 찾아볼 수 있다. 지금은 본디 그 뜻에서 변모해 부정적인 함의로 가득 찬 심술궂은 단어가 되어버린 것이다.

> 공자는 노나라 창평향 추읍에서 태어났다. 그의 조상은 송나라 사람으로 공방숙이라고 한다. 공방숙이 백하를 낳았고, 백하는 숙량흘叔梁紇을 낳았다. 숙량흘은 안씨 딸과 야합野合하여 공자를 낳았으니…
>
> ⊙ 《사기》〈공자세가〉편 중

사천성 성도 신룡향에서 출토된 한나라 당시의 화상전畵像塼을 보면, 야합의 적나라한 실상이 보인다. 여기서의 야합은 문자 그대로 들판野에서 남녀가 몸을 섞는다는 의미다. 그런데 이상하다. 아무리 춘추전국시대라 해도 엄연히 집이 있었는데, 굳이 지붕을 버리고 들판에서 몸을 섞는단 말인가. 이 미스터리를 해결하려면 제의적祭儀的 함의를 고찰해야 한다. 고대 중국에서는 가뭄이나 홍수를 막기 위해 나무가 있는 들판에서 성행위를 하는 풍습이 있었다. 화상전의 구도를 말하자면, 큰 나무 한 그루가 왼편에 서 있고 오른편에 남녀가 교합을 갖고 있다. 여기서 나무는 사당이나 제단을 의미한다. 교합하는 남과 여는 양陽과 음陰이 교감하는 것을 의미하는데, 음양의 교감이 천지에 비를 내리게 하거나 혹은 그치게 한다고 믿었다.

이런 풍습은 사마천이 살던 한대에까지 이어졌을 것으로 짐작된다. 설혹 이어지지 않았더라도 사마천은 이런 풍습을 기록으로 나마 알고 있었을 것이다. 그러므로 사마천이 《사기》에 공자의 탄생을 야합이라 기록한 것에는, 절대 폄훼의 의미가 담겨 있는 게 아니다. 공자의 아버지 숙량흘과 어머니 안씨의 나이 차이는 50세에 가까웠다. 그래서인지 우리가 오늘날 사용하는 야합이란 단어의 함의를 투영해 '공자의 부모가 뭔가 부적절한 관계였다'는 식으로 해석하는 경우가 있다. 하지만 이는 야합이란 단어의 본뜻을 몰라서 튀어나온, 그릇된 해석이다.

원래 야합은 은나라의 풍속에 그 뿌리를 두고 있다. 춘절에는 남녀가 달 밝은 밤에 들판을 배회하다 눈이 맞으면 바로 몸을 섞는 관습이 있었다. 그야말로 자유연애 사상이다. 우리가 대한민국의 정체성을 성리학의 조선에서 찾듯, 중국을 주자의 눈으로 바라보는 경향이 있는데, 춘추전국시대를 주자의 중국으로 생각하면, 명백히 오산이다. 야합이 가능했던 또 하나의 이유는 당시가 모계사회였기 때문이다. 모계 중심의 사회였기에 야합으로 통정해 자식이 생겨도 아무런 문제가 없었다.

공자가 예악을 언급함에 있어서, 세련되고 번지르르한 것보다 오히려 거칠고 조악해도 본질과 맞닿은 것을 선호한다는 점은 공자 사상의 실용성을 보여준다. 공손추가 맹자에게 백이, 이윤, 공자 세 명의 성인을 제시하며 각기 다른 점이 무엇인지 묻자, 맹자는 재아, 자공, 유약 세 인물의 말을 인용해 공자를 칭송한다. 재아는 '공자가 요순보다 훨씬 현명하다'고 한 인물이다. 유약은 기린,

어쩐지 고전이 읽고 싶더라니

봉황, 태산, 황하에 빗대어 공자의 탁월함을 상찬했다. 마지막으로 공자의 애제자인 자공의 평가를 보자. 다음 구절에서는 예악에 대한 공자의 생각이 어떠했는지 그 단초도 얻을 수 있다.

> 자공이 말했다. "그 예禮를 보면 그 정치를 알 수 있고, 그 악樂을 들으면 그 덕을 알 수 있다. 백 세대가 지나고 백 명의 왕이 있어도, 공자님의 예악에 대한 원칙을 어기는 자가 없을 것이다. 사람이 태어난 이래 공자님 같은 분은 없었다."
>
> ⊙ 《맹자》〈공손추〉편 중

자공의 말을 인용해 맹자가 공자를 칭송하는 내용이다. 여기서 주목할 내용은 '한 나라의 예는 곧, 한 나라의 정치로 이어진다'는 점이다. 공자에게 예는 곧 정치다. 정치의 본령은 무엇인가. 백성이 먹고사는 것을 함함하게 만들어주는 것이다. 공자가 그토록 목 놓아 외치던 '주나라의 예법으로 돌아가자'는 주장은 그래서 의전儀典과는 거리가 멀고, 민생 정치와 관련이 깊다. 절은 몇 번 해야 하는지, 술은 어떻게 따라야 하는지, 제사를 지낼 때 제수는 어떻게 돼야 하는지 따위의 법도가 중요한 게 아니다. 백성들의 안전과 생계를 걱정하는 예는 하나의 통치철학이다. 그러니 공자는 거칠지만 백성들에게 실질적으로 도움이 되는 '야野한 예악'을 따르겠다고 선언한 것이다.

사람을 대체하기 위해 사용되는 용俑에 대한 비판도 서슴지 않았던 공자가 있었다. 하지만 여기 2,000여 년이 지나, 수백 명 아이들이 수장水葬되는 상황에서 골든타임을 흘려보낸 대한민국이 있다. 결국 우리는 수백 개의 용俑을 만든 셈이다. 안산 단원고에도, 진도 팽목항에도 그리고 우리들 마음속에도 용은 우뚝 서 있다. 그리고 그 용들은 매서운 눈초리로 쏘아보고 있다. 그날 이후 대한민국은 생명을 존중하고 인권을 소중히 여기는 나라로 한 발짝 전진했는지 노려보고 있다. 그 눈빛이 무섭다.

1 한나라 양책 출신인 여불위는 뛰어난 사업 수완으로 거부가 되었다. 지방의 특산품을 싼 가격에 사서 장거리를 이동해 비싼 가격으로 되팔아 이문을 챙겼다. 《허생전》의 허생과 정확히 일치하는 방식. 불과 200년 전이나 저 멀리 2,000년 전이나 상업으로 돈을 버는 방법은 크게 다르지 않다.

조나라의 수도 한단에서 재벌이 된 여불위는 권력을 잡기 위한 거대한 계획에 돌입하게 된다. 중원의 최강대국 진의 소양왕은 태자인 안국군의 아들 자초를 조나라에 볼모로 보내놓고 있었다. 자초는 소양왕의 손자이지만 조정에 세가 전혀 없기에 남의 나라에 볼모로 보내진 것이다. 그러니 한단에서 자초의 생활도 넉넉할 리 없었다. 자초를 만나본 여불위는 그에게 왕재가 있음을 간파하고 일생일대의 투자를 하기로 마음먹는다.

여기서 여불위가 주목한 지점이 바로 '아들이 없는 애첩'이란 권력 구조다. 아들이 없는 애첩은 '대통령 출마를 할 수 없는 당대표'처럼, 지금 당장이야 공천권이다, 최고위원 임명권이다, 다양한 권력을 휘두를 수 있

어쩐지 고전이 읽고 싶더라니

지만, 임기가 절반만 지나도 레임덕에 시달리는 불안한 존재다. 왕의 총애를 받는 지금이야 나는 새도 떨어뜨리는 존재가 애첩이지만, 왕이 아파서 눕기라도 하면 벌써 찬밥 신세가 되는 게 그들의 운명.

태자 안국군에게는 화양부인이란 애첩이 있었다. 여불위는 화양부인에게 접근해 이러한 정치적 메커니즘을 강의한다. 물론 어마어마한 뇌물을 들이미니 강의 내용에 화양부인의 눈이 초롱초롱 빛날 수밖에 없었을 것이다. 자초를 양아들로 삼아 미래 권력을 준비하라는 여불위의 제안을 덥석 받아들이니, 화양부인과 자초 모두에게 윈윈게임이 된 것이다.

여불위의 프로젝트는 성공했다. 하지만 안타깝게도 안국군이 즉위하자마자 죽고 이어서 등장한 아들 자초마저 즉위하자마자 죽는다. 독살설 등 여러 이유가 있지만 우선 안국군의 아버지이자 자초의 할아버지인 소양왕이 무려 56년간 재위했다는 점이 가장 중요한 대목이다. 아무튼 연이은 짧은 재위 기간 때문에 여불위의 애첩으로 여불위의 아이를 잉태한 채 자초에게 바쳐진 조희의 아들이 왕위에 오르니, 그가 바로 진시황이다.

우리는 이로움을 먼저
좇는 존재일까

중국 하남성 기산에 가면 세이천洗耳泉이란 유적지가 있다. 요임금에게 여러 차례 선위를 제안받은 허유가 '어지러운 소리'를 들었다며 귀를 씻은 곳이다. 엊그제 뉴스를 보다가, 문득 세이천으로 달려가 귀도 씻고, 눈도 씻고 싶어졌다. 공수처법, 선거법, 검경수사권조정법 등을 둘러싼 패스트트랙 지정을 앞두고 국회의원들이 보인 추태는 상상 초월이었다. 생중계로 보지 않았다면, 나 역시 믿지 못했을 정도다. 국민의 인권이나 복지는 개나 줘버리고, 하필이면 이로움만을 추구하는 정당 아니랄까 봐 자신들의 당리당략을 위해 온몸을 던져 국회를 난장판으로 만들어버렸다. 4차 산업혁명을 코앞에 둔 국회가 이 모양이라니. 청동기시대를 이제 막 벗어나 철기시대로 들어선 춘추시대에도 이런 난잡함은 없었다.

춘추시대 회맹會盟은 일종의 주주총회 같은 것이다. 회사 이름은 '주식회사 주周'이고, 회사 성격은 '제사 공동체'라고 보면 정확하다. 힘은 없지만 명분은 살아 있는 주나라의 제사에서 이른바 상주喪主

역할을 맡고자, 호시탐탐 지분을 과시하는 제후들의 모임이 바로 회맹이다. 이 회맹을 주도한 설계자는 제나라 재상 관중管仲이다.

> 자로가 묻는다. "환공이 규를 죽이고 소홀이 그를 위해 죽었지만, 관중은 죽지 않았습니다." 다시 묻는다. "이것은 인仁하지 않은 겁니까?" 공자가 대답하길 "환공이 아홉 번이나 제후들을 규합하면서도 군사력을 사용치 않은 것은 관중의 힘이었다. 그러니 그는 인仁하다고 할 수 있다."
> ⊙ 《논어》〈헌문〉편 중

포숙아가 공자 소백과 함께 망명할 때, 관중은 소홀과 함께 공자 규를 모시고 노나라로 떠났다. 포숙아는 잠룡 가운데 하나인 공자 규를 죽여달라고 노나라에 부탁했다. 잠재적인 경쟁자를 송두리째 제거해버리려는 속셈이었다. 노나라에서 공자 규를 죽이자, 소홀은 자결한다. 그게 당시 게임의 법칙이다. 모시던 주군이 죽으면 따라 죽는 것. 신하된 자가 지녀야 할 최소한의 도리였다. 그러나 관중은 자결하지 않았고, 환공의 부름에 응해 제나라를 반석에 올려놓았다.

의리에 죽고 의리에 사는 자로서는 관중의 태도가 심히 못마땅했을 것이다. 그래서 의분義憤에 가득 차 공자에게 관중을 씹어달라고 질문을 했더니, 공자는 오히려 관중을 칭송한다. 공자는 생각보다 융통성이 넘치며, 생각보다 유들유들하고, 생각보다 현실적이다. 우리의 통념과 달리 공자는 마키아벨리즘으로 똘똘 뭉친 사상가였다. 공자의 이런 특성은 주로 의리와 명분에 집착하는 제자 자로와의 문답에서 드러난다.

자공이 여쭙는다. "관중은 인仁한 자가 아닌가요? 환공이 공자 규를 죽였는데도 자결하지 않고 다시 환공을 도와주었습니다." 공자가 답한다. "관중이 환공을 도와 제후들 가운데 우두머리로 만들고 단숨에 천하를 바로잡았다. 백성들은 오늘날까지 그의 은혜를 입고 있다. 관중이 아니었다면 우리는 아마도 머리를 풀어 헤치고 옷깃을 왼쪽으로 여미었을 것이다. 어찌 필부필부가 작은 신의를 지키기 위해 도랑에 목을 매고 자결해, 아무도 알아주는 이가 없게 되는 일을 만들겠는가?"

⊙ 《논어》〈헌문〉편 중

공자는 굴욕을 참아내고 환공을 천하의 패자霸者로 만든 관중의 행동을 칭송해 마지않는다. 관중의 탁월함으로 인해 환공이 전국을 휘어잡았고, 이로 인해 쓸데없는 힘겨루기 전쟁이 줄어들어 백성들이 고초를 덜 겪게 되었다는 논리적 귀결이다. 패도 정치를 간접적으로나마 인정하고 긍정한 셈이다. 반면, 공자의 법통을 이은 맹자는 패도 정치를 격렬히 비난했다.

그래서 장차 큰일을 도모하려는 임금에게는 함부로 부를 수 없는 신하가 있습니다. 어떤 일을 하고자 하는 계획이 서면, 그 신하에게 찾아갔습니다. 덕을 존중하고 도를 즐기는 바가 이와 같지 않다면 함께 일을 하기에 부족합니다. 그리하여 탕왕은 이윤에게 나아가 배웠습니다. 그리고 그 이후에 신하로 삼았습니다. 그런 태도이기에 탕왕은 고생하지 않고 상나라를 세우고 통치할 수 있었습니다. 제나라 환공도 관중에게 나아가 배우고 그를 신하로 삼았습니다. 고로 환공은 수고를 덜고 천하의 패자가 된 것입니다.

⊙ 《맹자》〈공손추〉편 중

여기까지는 맹자 역시 관중을 인정하는 것처럼 보인다. 관중의 공로는 당대의 누구도 부정할 수 없을 만큼 명확했다. 하지만 다음 구절에서 맹자는 준엄하게 관중을 비판한다.

지금 천하의 땅은 비슷하고 임금들의 덕도 엇비슷합니다. 누구 하나 덕이 특출한 임금이 없는 이유는 '신하를 가르치는 것은 좋아하면서도 임금을 가르치려는 신하는 좋아하지 않기' 때문입니다. 상나라 탕왕이 이윤을 대하는 태도, 제 환공이 관중을 대하는 태도를 말하자면 함부로 그들을 오라 가라 하지 않았습니다. 관중도 함부로 오라 가라 하지 않았는데 하물며 관중처럼 하지 않는 자는 말해 뭐하겠습니까!

⊙ 《맹자》〈공손추〉편 중

여기서는 마지막 문장이 핵심이다. 우선 이 대화가 나온 상황을 먼저 살펴보자. 제나라 선왕이 맹자를 초빙하기 위해 여러 차례 사람을 보냈다. 하지만 맹자는 이리저리 핑계를 대며 응하지 않았다. 그러자 대부 경추씨가 힐난한다. "왕이 부르면 수레를 기다리지 않고 나아가는 것이 예법인데, 어째서 예법을 지키지 않소?" 그러자 맹자가 답한다. "천하에 통하는 존중에는 세 가지가 있습니다. 벼슬, 나이, 덕德, 이 셋입니다. 조정에서 존중받는 데에는 벼슬만 한 게 없지요. 동네에서는 나이만 한 게 없고요. 세상을 도와 백성을 성장케 하는 데에는 덕만 한 것이 없지요. 이 중에 하나인 작위가 높다고 나머지 두 가지를 무시할 수는 없습니다." 임금이라는 지위가 높다 하여, 나이와 덕이 많은 자신을 '감히, 오라 가라' 할 수 없음을 맹자는 역설하고 있다.

이런 상황에서 맹자는 이윤과 관중을 예로 들며 제 선왕에게 항변하는 것이다. 관중도 오라 가라 못했는데 하물며 자신을 오라 가라 하는 게, 말이 되느냐는 것이 마지막 문장이다. 행간의 의미를 해석하자면 다음과 같다. "관중처럼 덕 없이 패도 정치로 일관한 자도 함부로 오라 가라 하지 않는 판에, 나처럼 덕으로 왕도 정치를 행하려는 사람을 어찌 감히 오라 가라 하는가!" 패도 정치와 왕도 정치의 관점에서 관중을 짓이겨 작살내고 있는 맹자의 일갈이다. 공자가 관중의 업적에 초점을 맞췄다면, 맹자는 관중이 업적을 이룬 방법론에 초점을 맞추고 있는 셈이다.

제나라 선왕이 묻는다. "제 나라 환공과 진 나라 문공의 일을 들을 수 있을까요?" 맹자가 답한다. "공자의 제자 가운데 환공과 문공의 일을 가르치는 자가 없으니, 후세에 전해진 바가 없는 것

어쩐지 고전이 읽고 싶더라니

입니다. 그래서 신도 듣지 못했습니다. 그래도 그만두지 말고 계속 말하라 하신다면, 곧 왕도 정치를 말씀드리겠습니다."

⊙ 《맹자》〈양혜왕〉편 중

맹자는 치세의 방식에 있어서 철저히 관중을 지양하고, 시종일관 덕을 강조한다. 《맹자》를 원문으로 읽을 때, 왕王은 단순히 임금을 지칭하는 명사가 아니다. '왕다운 왕이다' '왕 노릇을 하다' '왕다운 정치를 행하다' '힘으로 억누르는 패도 정치가 아닌, 왕도 정치를 행하다'란 의미의 동사로 사용되는 경우가 태반이다.

"힘으로써 인仁을 빌리는 자가 패자霸者요, 패자는 반드시 대국을 가진다. 덕德으로써 인仁을 행하는 자는 왕자王者요, 왕은 대국에 기대지 않는다. 탕왕은 고작 칠십 리 나라를 왕도 정치로 다스렸고, 문왕은 백 리 나라를 왕도 정치로 다스렸다."

⊙ 《맹자》〈공손추〉편 중

"힘으로 사람을 복종시키는 것은 마음의 복종이 아니다. 힘이 넉넉하지 못한 것이다. 덕으로 사람을 복종시키는 것은 마음이 진실로 기뻐 복종하는 것이다. 칠십 제자가 공자에게 복종하는 것이 이와 같다. 《시경》에 이르기를 '동에서, 서에서, 남에서, 북에서, 그 어디에서도 불복하는 것을 생각하지 않네'[1]라고 하는데 이것이 바로 진정한 복종이다.

⊙ 《맹자》〈공손추〉편 중

비교적 짧은 구절이지만 여러 측면에서 《맹자》의 핵심적인 가치를 내포하고 있다. 첫째, 정치의 사상적 근본은 인仁이다. 실제로 공자는 인을 무척이나 강조하면서도, 때로는 권도權道를 여러 차례 인정했다. 하지만 맹자에 이르러서는 유교 체계에서 신성불가침의 절대적 가치가 등장한 것이다.

둘째, 맹자의 핵심 사상인 왕도 정치의 근원을 '인을 통한 복종'이라고 정의한 후, 공자에게 인으로써 복종한다는 점을 명백히 밝힌다. 이것이야말로 '내가 진정한 공자의 적통이자 수제자다'라는 강렬한 외침이다. 이 대목에서 맹자는 성스럽게 '인'이라는 정언명령을 유교 사상의 제단에 바치며 적자嫡子로 등극하게 된다. 특히나 《시경》에서 문왕을 '아름답도다'라고 칭송하는 문왕유성文王有聲을 인용한다는 것도 의미심장하다. 주례로 돌아가고자 그토록 열심히 주창하던 공자의 적통임을 다시 한 번 강조한 것이다.

맹자는 나이 오십에 세상에 나가 20년간 주유하며 천하의 제후들에게 유세했지만, 그의 사상은 받아들여지지 못했다. 아니, 철저히 외면당했다. 남송시대에 이르러 맹자는 주희의 주해와 더불어 날개를 달았다.

맹자가 양 혜왕을 뵈었다. 왕이 말했다. "어르신께서 천리를 마다 않고 오셨으니, 또한 장차 우리나라를 이롭게 할 방법이 있겠습니까?" 맹자가 대답하여 말하길 "왕께서는 하필 이익을 말씀하십니까? 다만 인仁과 의義가 있을 뿐입니다."

⊙ 《맹자》〈양혜왕〉편 중

하필이면 이익을 말씀하십니까? 《맹자》의 핵심을 네 글자로 줄이면 하필왈리何必曰利다. 주희는 이렇게 주석을 단다. "여기서의 리利는 부국강병富國强兵 따위를 말한다. 인이라는 것은 마음의 덕이요, 의라는 것은 마음의 제재요, 일의 마땅함이다." 주희의 해석은 패자가 되고자 하는 양 혜왕의 속내를 명쾌하게 일러바친 것이다. 리利를 파자해보면 벼禾와 칼刂이다. 벼는 재력을, 칼은 군사력을 뜻하니, 그야말로 부국강병이란 주자의 해석은 적확하다.

"왕께서 내 나라를 어떻게 이롭게 할까?"라고 말한다면, 대부는 "어떻게 하면 내 집안을 이롭게 할까?"라고 말할 것이고, 선비와 백성들은 "어떻게 하면 내 몸을 이롭게 할 것인가?"라고 말할 것입니다. 위아래가 서로에게 이익을 취하니 나라가 위태로워집니다. 수레 만 대를 동원하는 나라에서 임금을 시해하는 자는 반드시 수레 천 대를 동원하는 집안이요, 수레 천 대를 동원하는 나라의 임금을 시해하는 자는 반드시 수레 백 대를 동원하는 집안입니다. 만에서 천을 취하고, 천에서 백을 취하는 것이 많지 않다고 할 수는 없습니다. 진실로 의를 뒤로하고 이익을 앞세우면 모두 빼앗지 않고서는 만족하지 못할 겁니다. 인을 실행하면서 그 부모를 버린 자는 없고, 의로우면서 그 임금을 뒷전으로 하는 자는 없습니다. 왕께서는 오직 인과 의를 말씀하실 뿐이지, 하필 이로움을 말씀하십니까?

⊙ 《맹자》〈양혜왕〉편 중

부국강병을 통한 패자가 되는 것이 왕의 도리가 아니요, 인의를 통한 왕 노릇이 진정한 왕도 정치임을 천명한 이 구절이, 사마천의 마음도 흔들어버렸다.

태사공은 말한다. "나는 일찍이 《맹자》란 책을 읽다가 양 혜왕이 맹자에게 '어떻게 하면 우리나라를 이롭게 할 수 있습니까?'라고 묻는 구절에 이르러 책 읽기를 멈추고 '아! 이익이란 진실로 혼란의 시작이로구나'라고 탄식하지 않은 적이 없다."

⊙ 《사기》〈맹자, 순경 열전〉편 중

사마천은 리利에 대한 깊은 고찰을 보여준다. 이로움을 추구하는 것은 주희의 해석대로라면 부국강병에 매진하는 것이다. 부국강병의 추구는 곧 혼란의 시작임을, 사마천은 예리하게 분석한다. 나라의 재정을 풍부하게 하고 군사력을 기르는 것이 뭐가 문제란 말이냐고 반문할 수 있다. 그러나 과연 어떤 방향성을 가지고 움직이느냐가 관건이다. 나라의 곳간을 살찌우려 노력하지만, 제대로 분배하지 못해 백성이 굶고 있다면 그것이 진정한 의미의 부국일까? 군사력의 증진이 백성의 안위를 지키는 데 집중하지 않고 그저 군역의 부담만 가중한다면, 과연 진정한 의미의 강병이라 부를 수 있을까?

칼 포퍼는 《열린사회와 그 적들》에서 이렇게 말한다. "악하거나 무능한 지배자들이 너무 심한 해악을 끼치지 않도록 정치제도를 어떻게 조직할 것인가? 이것이 정치철학이 다루어야 할 올바른 질문이다." 칼 포퍼를 인용한 건 형이상학적 당위를 얘기한 것이지만, 하필왈리는 실용적으로도 의미가 있다.《생각에 관한 생각》의 저자 대니얼 카너먼에 따르면, 우리 인간은 우리를 뒤덮었던 호모 이코노미쿠스란 굴레를 벗어던져야 한다. 애덤 스미스 이래 주류 경제학은 지난 200여 년 동안 인간을 이성적이고 이기적인 존재로 상정해왔다. 하지만 우리 인류는 내 이익과 불이익에만 민감하게 반응하는 깍쟁이가 아니라, 서로가 서로를 돕는 상호적 인간이다.

독일 막스 프랑크 진화인류학연구소의 한 실험은 이를 뒷받침한다. 아기 침팬지가 보는 앞에서 사육사는 볼펜으로 뭔가를 열심히 쓰는 시늉을 한다. 그러다 볼펜을 떨어뜨리면 아기 침팬지가 다가와 볼펜을 주워준다. 사육사는 아무런 보상을 하지 않지만 다시 볼펜을 떨구면 이내 다가와 다시 주워준다. 보상과는 관계가 없다. 철저히 이타적인 행동이다. 이 연구소에서는 이와 비슷한 여러 실험을 통해 영장류에게 내재된 이타적인 속성을 증명해냈다. 하필왈리라고 강변하는 맹자의 주장이 고답적이고 뜬구름 잡는 이야기로 들리는가. 그렇다면 당신은 침팬지보다도 하수다. 아기 침팬지도 《맹자》를 알고 있다.

1 주나라의 공식 아악곡집인《시경》〈대아大雅〉 가운데 문왕유성文王有聲을 인용한 구절이다. '대왕이시여! 아름답도다!' 찬양구가 바로 이어진다.

무엇이
우리를 움직이게 하는가

평소보다 이른 새벽 샤워를 마치고, 주섬주섬 옷가지를 챙긴다. 졸린 눈을 부비며 커피 한 잔을 들이켜고, 아이가 다니는 학교로 향한다. 물론 아이는 아직 침대에서 내려오지 않았다. 길가에는 출근, 등교 시간 전에 보도블록을 갈아엎는 공사가 한창이다. 비 맞은 중처럼 중얼거린다. "아이고! 개 발에 편자가 따로 없네! 괜스레 감투는 맡아가지고, 사서 고생이야."

학교에 도착해서 신발을 갈아 신고, 위생복과 위생모를 쓰고 영양사 선생님을 만난다. 워크인 냉장고부터 시작해 당일 소진 냉장실, 각종 소스가 구비된 실온 보관실을 거쳐, 어릴 적 외가에서나 보던 커다란 솥 앞에 서서 위생 상태를 점검한다. 검수 보고서에 사인을 하고는 이내 서둘러 출근한다. 퇴근해 저녁을 먹고는 꾸벅꾸벅 졸아대니, 아내가 타박을 준다. "아이고, 애쓴다! 애써! 새벽잠 그렇게 많은 사람이 아들 일이라니까 학교 임원에, 자원봉사에, 별일을 다 하네." 꾸벅꾸벅 졸다가 문득 생각한다. 아비 노릇 하기 참 힘들구나! 아비라는 이름값을 감당하려니, 하지도 못할

놈 잠방이 벗는 격이 되었구나!

이름값이란 무엇인가. 우리가 흔히 길에서 삿대질하며 싸울 때, "이 양반이 왜 이래…" "당신 뭐하는 양반이야!"란 표현을 자주 쓴다. 상놈도 아니고 양반이 왜 이렇게 싸움질 할 때 욕으로 쓰일까? 양반이란 이름은 언제부터 이런 오명을 뒤집어썼을까? 추측 컨대, 어휘에 담긴 내포가 부정적으로 바뀐 시점은 대략 임진왜란 과 병자호란 즈음일 것이다.

최명길의 《지천집遲川集》에 따르면 병자호란 때 50만 백성이 청 나라에 잡혀갔다. 당시 인구가 850만 명으로 추정되니, 대략 전체 인구의 5퍼센트가 끌려간 셈이다. 조선사에 관심이 많은 독자라 면 장유張維라는 이름을 들어봤을 수도 있는데, 그 이유는 병자호 란의 비극 환향녀還鄕女와 관련된 상소 때문이다.

장유는 인조반정에 가담해 대사간, 대사헌, 이조판서 등 요직을 역임한 대신이다. 나라에 난이 발생할 때마다 목숨을 걸고 인조 의 어가를 호종했다. 남한산성에서는 척화파들의 반대를 무릅쓰 고 최명길과 더불어 주화를 강력히 주장했다. 그로 인해 화친 당 시 예조판서의 임무를 억지로 떠맡았다. 화친문서는 예조판서 이 름으로 작성되니, 당시 사대부들에겐 씻을 수 없는 굴욕이었다. 장 유는 충심으로 그런 굴욕까지 감내한 인물이다.

그랬던 장유가 병자호란 몇 년 후, 상소를 올린다. "병자호란 당 시 청나라에 잡혀간 며느리가 속환되어 돌아왔는데 아들과의 이 혼을 윤허해주십시오." 이혼이 엄격히 금지되던 시대였지만, 환향

녀인 며느리를 도저히 용납할 수 없기에 임금에게 주청을 올려서라도 이혼을 허락받고자 했던 것이다. 백성들의 안위를 위해 예조 판서직의 굴욕도 마다하지 않았던 장유지만, 집안일과 관련해서는 그릇된 판단을 내려 조정에 평지풍파를 일으켰다.

환향녀 이슈는 이미 임진왜란 이후, 일본에서 속환된 포로 문제로 들끓던 백성들의 불만에 기름을 부었다. 최명길은 임진왜란 직후 정절을 잃은 부녀자의 문제를 처리하는 과정에서 선조가 이혼을 금했단 사실을 강조했다. 같은 논리로 청나라에서 속환되어 돌아온 여인들의 이혼을 금해야 한다는 주장이다. 인조는 최명길의 의견을 받아들여 장유 아들의 이혼을 불허했다. 하지만 이마저도 잠시뿐이고, 결국 장유의 아들은 한이겸의 딸과 이혼을 했다.《조선왕조실록》은 당시 상황을 이렇게 증언하고 있다. "그 뒤로는 사대부집 자제는 모두 다시 장가를 들고, 다시 (속환녀와) 합하는 자가 없었다."

아마도 이 시점이 아니었을까. 노블레스 오블리주는 개나 줘버린 조선 양반이 백성들에게 미운털 박힌 존재가 되어버린 게. 은어銀魚란 이름을 다시 빼앗기고 묵으로 돌아간 도루묵의 마음이 이렇지 않았을까. 나라가 평안할 때는 떵떵거리며 행세하다가도 정작 나라에 환란이 닥치면 제일 먼저 도망가는 양반들. 어려울 때 백성을 찾다가 다시 평화가 찾아오면 헌신짝 버리듯 내치는 양반들. 이것이 그들의 민낯이었다.

양반은 본래 문반과 무반, 즉 벼슬에 나간 현직 관료를 의미하는 말이었다. 그러던 것이 조선 중기에 접어들며 관료가 될 수 있는 가능성을 지닌 신분을 통칭하게 된다. 현직에게만 붙던 프리미엄이 현직의 자손들에게까지 붙어 어중이떠중이 다 양반을 자처하게 된다. 양반을 자처하는 거야 꼴불견이 아니지만, 현직 관료가 누리는 모든 권리를 포기하지 않았으니 문제였다. 군역이나 납세의 의무를 저버렸던 것이다.

동서고금을 막론하고 국가란 세금과 군대로 이루어진다. 그 의무들이야말로 국가의 본질이자 발생의 기원이다. 그리스 민주정치의 기원도 군대에 있다. 아테네에는 상근으로 전쟁에 참여하는 군대, 즉 상비군이 없었다. 전쟁이 터지면 시민들은 일상의 밥벌이를 그만두고 군대를 구성해 전장으로 향했다. 이렇게 모인 '시민이자 군사'인 사람들은 이야기를 나누고 나라가 나아갈 바를 토론했다. 이게 바로 그리스 민주주의의 맹아였다. 의무를 다하는 '시민이자 군사'인 사람들은 당연하게도 발언권을 가지게 되었고, 그들이 흘린 피는 딱 그만큼씩 관리를 선출할 수 있는 권한을 부여했다.

로마의 호민관護民官 제도 역시 국가의 본질을 잘 보여준다. 로마가 득세하던 시절의 정부 형태는 공화정이다. 그리스의 '시민이자 군사'인 사람들처럼 로마의 시민 역시 전투에 참가해야 했다. 심지어 무기와 장비조차 자비로 마련해야 하는 상황. 그러다 보니 말을 구매할 여력이 되는 시민은 기마부대에 들어가고, 창과 방패 그리고 갑옷으로 중무장할 여력이 되면 일등급 보병으로 복무했다. 정말 가난해서 장비를 마련하지 못하면, 마치 다윗처럼 가죽이나 천으로 돌멩이를 던지는 최하등급 보병이 된다.

그리고 각 등급에 따라 발언권이 달랐다. 인원은 얼마 안 되지만, 대다수의 투표권은 기마병이나 최고등급 보병부대에게 있었다. 그러자 머릿수로는 과반 이상을 차지하는 하위등급 보병의 시민들이 더 많은 투표권을 요구했다. 더 많은 투표권이라고 하지만 실상은 머릿수에 비례하는 권리를 요구한 것이다. 오늘날의 민주주의 관점에서 보자면 지극히 상식적인 요구였다. 지금이야 '1인 1표'가 너무도 당연한 민주정치 원리지만, 당시만 해도 상상하기 힘든 일이었다. 그리하여 최하등급 보병들은 전쟁 선포에 맞서 파업을 선언했다. 그들의 요구가 받아들여져 탄생한 직책이 바로 호민관이다.

고대 그리스인이나 로마인조차 맛본 '의무가 있는 곳에 권한이 있다'는 이 당연한 진리를 조선시대 백성들은 누리지 못했다. 양반이랍시고 거들먹거리고 수탈만 일삼는 그들의 실체는 왜란과 호란, 두 번의 전쟁을 통해 철저히 드러났다. 특히나 사대부 양반들이 떠받들고 있는 권력의 정점, 임금이란 작자가 보인 한심한 작태는 백성들의 분노를 폭발시켰다. 선조 주둥이에 은어, 아니 도루묵을 가득 채워 넣고 싸대기를 날리고 싶었을 게다.

공자는 사회지도층이 지녀야 할 필수 덕목인 노블레스 오블리주에 대해 상세히 설명했다.

제나라 경공이 공자에게 정치에 대해 물었다. 공자께서 답하셨다. "임금은 임금다워야 하고 신하는 신하다워야 합니다. 아비는 아비다워야 하고, 자식은 자식다워야 합니다." 경공이 말했다. "좋은 말씀이시오. 진실로 만약 임금이 임금답지 못하고, 신하가 신하답지 못하며, 아비가 아비답지 못하고, 자식이 자식답지 못하다면 비록 곡식이 있은들 내가 어찌 그것을 얻어먹을 수 있겠소!"

⊙ 《논어》 〈안연〉편 중

군군신신君君臣臣 부부자자父父子子. 공자님 말씀 중 가장 널리 알려진 구절이 아닐까. 우선 한자도 쉽고 내용도 간단하다. 임금이 임금다워야 한다는 진리. 자기에게 주어진 이름에 걸맞게 행동해야 한다는 뜻이다. "말할 수 있는 건 명료하게 말하고, 말할 수 없는 것은 침묵하라"는 비트겐슈타인의 주장에 동의라도 하듯, 공자는 정치에 대한 그의 명쾌한 생각을 제시한다. '임금이 임금다워야 한다'는 말을 뱉은 공자의 머릿속을 분석해보자. 비트겐슈타인의 《논리철학논고》의 논리에 따르자면 공자의 머릿속에는 임금에 대한 명쾌한 정의가 내려져 있다는 말이다. 경공이 이 질문을 공자에게 던지기 전에, 둘은 이미 만난 적이 있다.

노나라 소공 20년, 공자의 나이는 아마 서른이었을 것이다. 제나라 경공이 안영과 함께 노나라에 와서 공자에게 물었다. "옛날에 진秦나라 목공은 나라도 작고 사는 지역도 외졌지만 그가 천하의 우두머리가 된 것은 무슨 이유입니까?" 공자가 답했다. "진나라는 나라는 작아도 그 뜻은 원대했고, 처한 곳이 외졌어도 정치하는 것이 정도에 맞습니다. 목공은 몸소 백리해를 등용하고 그에게 대부의 직위를 주며 오랏줄로 갇힌 몸을 풀어주고 더불어 사흘 동안 이야기를 나누고서 그에게 정사를 맡겼습니다. 이로써 천하를 다스릴 수 있게 되었고 설령 천하의 왕이 되어도 가능했을 터인데, 천하의 우두머리가 된 것은 자그마한 일입니다." 경공이 기뻐했다.

⊙ 《사기》〈공자세가〉편 중

공자가 경공에게 이니 넌진 말 속에 정치의 본질이 담겨 있다. 비록 나라가 작고 외진 곳에 있어도 '정도에 맞게 정치를 했다'는 게 핵심. 공자에게 정치는 정도, 즉 완벽한 대의명분에 맞게 하는 일이다. 그렇다면 공자가 생각한 대의명분은 과연 뭘까.

자로가 여쭈었다. "위나라 왕이 선생님을 우대하여 정치를 맡기면 선생님께서는 무엇을 먼저 하실 겁니까?" 공자께서 말씀했다. "반드시 명분을 바로잡아야 할 것이다." 자로가 여쭈었다. "그런 일이 있었습니까? 선생님은 현실과 너무 동떨어져 계시군요. 뭘 바로잡는다는 겁니까?" 공자가 말씀했다. "거칠구나! 자로야! 군자는 자기가 모르는 것에 대해서는 대체로 의문으로 남겨두는 법이다. 명분이 바르지 않으면 말이 순조롭지 못하다. 말이 순조롭지 않으면 일이 이루어지지 않는다. 일이 이루어지지 않으면 예악이 일어날 수 없다. 예악이 일어나지 않으면 형벌이 들어맞지 않게 된다. 형벌이 들어맞지 않으면 백성들은 팔다리를 둘 데가 없어진다. 그러므로 군자는 명명할 때에는 반드시 말할 수 있

어쩐지 고전이 읽고 싶더라니

어야 하고, 말을 할 때에는 반드시 실천할 수 있어야 한다. 군자
는 자신의 말에 대해 대충하는 것이 없도록 할 뿐이다."

⊙ 《논어》〈자로〉편 중

역시나 자로는 본인 캐릭터에 걸맞게 여기서도 호된 꾸지람을
듣는다. 실체와 명명의 합일은 공자에게 무엇보다 중요했던 과제
다. 명분이 바로 서야 말, 예악, 형벌이 제대로 이루어진다.《논리철
학논고》에서 비트겐슈타인이 힘주어 말했듯, 공자 역시 "모르는
것은 침묵하라!"는 강력한 꾸지람을 자로에게 남긴다. 섣부른 명명
은 때로 오해를 낳기도 하고, 때로는 무시무시한 편견과 도덕 감정
의 붕괴를 야기할 수도 있기 때문이다. 어느 경지에 오른 고수는
고수를 알아보는 법일까. 문리가 트인 성인 반열의 사람들은 이토
록 서로 통하는 걸까.

섣부른 명명이 오해를 낳는 경우의 예로는 신성로마제국이 있
다. 볼테르는 이렇게 말했다. "신성로마제국은 신성하지도 않았고,
로마인으로 구성되지도 않았으며, 결정적으로 제국도 아니었다."
그런데 신성로마제국이란 명칭을 세계사 시간에 꾸벅꾸벅 졸다 처
음 듣게 된 나로서는 신성로마제국이란 '신성하고 로마의 피가 흐
르며 황제의 지엄한 명이 살아 있는 나라'라고 상상할 수밖에 없
었다.

혹자는 정치란 결국 '말이 전부다'라고 주장한다. 노무현 대통
령 시절 청와대에서 근무한 강원국 연설비서관과 대화를 나눈 적

이 있다. 강원국 전 비서관은 다양한 일화를 통해 최고지도자의 통치 행위는 결국 메시지 전달이 전부라 해도 과언이 아니라고 말했다. 고백컨대, 강원국 전 비서관과 대화를 나누기 전에는 청와대 연설비서관이나 대변인의 역할을 가벼이 여겼다. 대통령의 연설이란 그저 '그럴듯한 수사修辭와 미사여구로 국민을 위한다는 충심을 적나라하게 드러내는 것'이라고 낮춰 봤다. 그러다 대통령의 연설문에는 아니, 적어도 노무현 대통령의 연설에는 그의 정치 철학과 신념이 그대로 담겨 있으며 동시에 국민과 소통하고자 하는 진실한 마음이 그득하단 걸 깨달았다.

그도 그럴 것이 노무현 대통령은 무엇보다 명분을 그의 정치 인생에서 가장 중요한 것으로 여겼다. 그는 광주를 핏빛으로 얼룩지게 한 군사독재 잔당과는 손잡을 수 없다는 명분을 지키기 위해 김영삼을 따르지 않고, 열악한 당세의 꼬마 민주당으로 들어갔다. 민주시민을 학살한 전두환, 노태우의 정당과는 손을 잡을 수 없다는 결단이었다. 18년 군사독재의 박정희가 자신의 장기집권을 위해 만들어낸 지역주의란 괴물을 타파하는 것이 대한민국 정치의 최우선 과제라 여긴 정치인 노무현은 안전하게 당선될 수 있는 지역구를 버리고, 최고의 험지險地 부산으로 향한다. 그리고 예상대로 낙선했고, 이내 다시 출마했고, 또다시 낙선했다.

사람들은 계란으로 바위를 치는 그에게 '바보 노무현'이란 별명을 붙인다. 유시민 작가는 바보 노무현을 이렇게 평가한다. "노무현 대통령은 사랑스런 분이었다. 뭔가 해주고 싶게 만드는 분이었다." 노무현 대통령은 낙선과 낙선으로 이어지는 행보를 묵묵히 걸어나갔다. 정치인에게 가장 견디기 힘들다는 선거 패배, 그 가시밭길을 피를 철철 흘리며 걷고, 딛고, 다시 걸었다. 오직 지역주의 타파라는 자신의 명분을 위해! 명분을 그토록 중시한 노무현 대통령이기에 연설은 명징했고, 그 메시지가 국민들의 마음을 울렸다.

노무현 대통령의 유서에서 가장 마음 아픈 대목은 "책을 읽을 수도 글을 쓸 수도 없다"는 구절이다. 명분을 지키기 위해 모든 걸 바쳐 정치를 했고, 명분을 지키기 위해 그는 국민들에게 연설하고, 말하고, 대화했다. 말은 곧 정치의 전부다. 그렇기에 '읽지도 쓰지도 못하는 상황'은 그에게 정치적 사망선고가 내려졌음을 의미한다. '읽지도 쓰지도 못하는 상황'은 그가 그토록 목숨보다 귀하게 지키려던 명분의 상실을 의미한다. 그래서 그의 유서는 슬프고 또 슬프다. 군군신신君君臣臣. 그는 가장 대통령다운 대통령이었다.

눈물겨운 결단이
필요할 때가 있다

자장이 정치에 대해 물었다. 공자가 대답했다. "벼슬에 머물 때
에는 나태하지 않고, 법을 집행할 때는 충심으로 해야 한다."

⊙ 《논어》〈안연〉편 중

디케Dike라는 여신을 아는가. 법정 영화에 자주 등장한다. 주인
공이 악의 유혹에 빠져 헤매다 마음을 다잡고 정의의 사도로 변
할 때, 꼭 쳐다보는 동상이다. 그리스 신화에 나오는 정의의 여신
으로 율법의 여신 테미스와 제우스 사이에서 태어난 딸이다. 디케
는 보통 오른손엔 칼을 왼손엔 저울을 들고 있다. 오른손의 칼은
추상같은 법 집행을 의미하고, 왼손의 저울은 법 집행에 필요한 균
형감과 공평함을 의미한다. 그리고 대개 눈을 헝겊으로 가리고 있
는데, 이는 주관성과 사사로움을 배제하고 공정하고 무사無私하게
판결을 내린다는 것을 상징한다.

1,800년 전, 정의의 여신 디케처럼 두 눈을 헝겊으로 질끈 동여
메고 공평무사公平無私하게 법 집행을 실행한 사람이 있었으니, 그

이름도 유명한 제갈량이다. 삼고초려 끝에 출사해 적벽대전을 거치며 촉나라의 최고 실세가 된 승상 제갈량. 그도 나이가 들어감에 따라 후사를 고민하게 된다. 우리가 흔히 알고 있는 제갈량의 수제자는 강유지만, 처음에는 마속이란 인물이 제갈량의 큰 신임을 받았다. 마가오상馬家五常이란 고사성어가 있다. 마씨 집안 형제 다섯이 있는데 모두 학식과 인품이 뛰어나 '형제자매가 예외 없이 모두 빼어난 경우'에 사용하는 말이다. 오상 가운데 마속의 자는 유상이고, 고사성어 백미白眉로 유명한 마량의 자는 계상이다.[1]

유비는 백제성에서 명을 다하면서, 제갈량에게 아들 유선을 부탁한다. 제갈량은 후주 유선에게 〈출사표〉를 올리고 북벌에 나서는데 마속 역시 참전하게 된다. 제갈량은 장안을 향해 승승장구하며 진격하던 중, 사마의의 출격으로 숨 고르기를 하게 된다.

제2차 세계대전에서 미국이 증명한 대로 동서고금을 막론하고 '전투는 보급이 전부'다. 보급이야말로 '승리의 여신'이 얼마나 아름다운지 정확히 안다. 가장 자주 보니까. 지략의 귀재 제갈량 역시 이를 모르지 않았다. 촉나라의 북벌에서 제일 중요한 보급 요충지는 가정街亭이었는데, 마속에게 이곳을 맡겼다. 제갈량의 신임을 알 수 있는 대목이다. 마속은 그저 단단히 요충지 길목을 지키라는 제갈량의 당부를 무시하고, 적장 장합을 가벼이 보다가 대패를 당한다. 가정을 빼앗긴 촉군은 한중에서 퇴각해야만 했다.

제갈량은 1차 북벌 실패의 가장 큰 이유인 마속의 패전을 벌하지 않을 수 없었다. 세상사에는 친소를 뛰어넘는 대세라는 것이 있다. 마속은 적어도 대세의 흐름은 무엇인지 정확히 알 정도로 영리했다. 제갈량이 아무리 자신을 아껴도, 북벌 패배의 책임은 피할 수는 없으리란 것을 직감했다. 마속은 자신의 운명을 체념하고 제갈량에게 편지를 한 통 보낸다.

> 승상께서는 저를 자식처럼 대해 주셨고, 저는 승상을 아버지처럼 대하였습니다. 곤鯀을 죽이고 우禹를 흥하게 한 뜻을 깊이 생각하시어, 평생의 사귐이 이로 인해 무너지지 않도록 하소서. 그렇다면 저는 비록 죽어서도 황천에서 여한이 없을 것입니다.

뛰어난 학문으로 일세를 풍미했던 마량의 동생답게 마속 역시 말과 글이 뛰어났다. 제갈량에게 신임을 얻게 된 이유도 그 때문이다. 칠종칠금七縱七擒이라는 고사성어로 유명한 맹획 토벌 당시에 '억지로 복속시키는 건 하책이요, 마음으로 복종케 하는 것이 상책입니다'라고 건의했던 것도 마속이었다. 결국 제갈량은 그의 책략대로 칠종칠금을 통해 남벌을 완성했다. 제갈량은 마량과도 의형제 같은 사이인데다가 마속의 뛰어난 재주를 무척이나 아꼈다. 그런 마속이기에 죽을 자리에서 떨리는 마음으로 쓰는 편지에서조차, 고전을 인용해 정밀하게 직조하는 정성을 보인다.

여기서 우는 '요, 순, 우, 탕, 문, 무, 주공'의 우다. 곤은 우 임금의 아버지인데, 치수治水를 담당했다. 하지만 치수에 실패해 우산羽山으로 쫓겨나 죽음을 맞이하게 되었다. 그런데 아이러니하게도 순임금은 곤의 아들 우를 등용해 치수를 다시 맡긴다. 곤의 희생은 필연이었다. 우는 아버지 곤에게서 전수받은 노하우를 한 층 발전시켜 아예 치수의 패러다임을 전복시킨다. 물을 막는 데 급급하지 않고 제대로 빠져나가게 물길을 터, 결국 치수의 기적을 이루어낸다. 이내 순 임금의 선위를 받고 중국의 통치자로 우뚝 선다. 곤과 우의 고사에 마속은 자신의 죽음을 비유한 것이다. 자신이 비록 군법에 따라 죽지만 이 죽음은 북벌의 밑거름이 될 것이라고 의미를 부여하는 셈이다. 참으로 자기애가 넘치는 인물이다. 오죽하면 유비가 죽으며 "마속은 말이 앞서니 절대 중용하지 마시오. 승상!"이라고 제갈량에게 유지遺志를 남겼을까.

마속의 처형을 흔히 법치의 강조 혹은 공평무사의 실천으로 평가한다. 하지만 당대의 정황을 살펴보면 그게 전부는 아니다. 당시 촉에는 유비의 죽음 이후 여러 파벌이 등장했다. 적벽대전 이후 형주에서부터 따라 들어온 형주파, 익주목 유장의 수하에서 유비에게 귀의한 유장파, 원래부터 익주에서 나고 자란 향토파. 각 파벌들이 도끼눈을 뜨고 서로가 서로를 견제하는 모양새였다. 형주파인 제갈량은 유비의 죽음 이후 강력한 권한을 발휘해 촉나라를 이끌었다. 마속의 패전 이후 다른 파벌들은 마속에 대한 처분이 어떻게 이루어질지 눈에 불을 켜고 지켜보았다. 위나라에 비해 인재가 턱없이 부족한 촉나라의 사정상 마속을 살려야 한다는 의견도 많았지만, 결국 제갈량은 상앙의 법치주의를 받아들여 결단을 내리게 된다. 이 눈물겨운 결단이 바로, 그 유명한 읍참마속泣斬馬謖의 유래다.

서초동에 가면 대법원 건물이 위풍당당한 위세를 자랑하며 서 있다. 지나면서 힐끗 쳐다보기만 해도 위압감이 느껴진다. '내 기필코 대법관이 될 거야'라는 야망에 가득 찬 청년도 있겠지만, 그곳에 들어가보지 못한 자신의 소시민적 삶에 만족하는 사람도 있을 것이다. 나는 '저기 드나들 일 없는 내 인생'에 감사한다. 하지만 나 같은 장삼이사조차도 꼭 한 번은 대법원 건물 안으로 들어가볼 필요가 있다. 그곳의 디케는 뭔가 좀 다르다는 이야기를 풍문으로 전해 들었기 때문이다. '밤 12시 종이 댕댕댕 치면 칼을 들고 내려와 나쁜 놈들 목을 뎅강 쳐서, 새벽마다 당번 경비원이 놀래 동상 칼에 묻은 피를 닦는다' 따위의 괴담은 물론 아니다. 이 괴담은 애당초 성립할 수 없다. 서초동 대법원의 디케는 오른손엔 저울을 왼손엔 책을 들고 있기 때문이다. 이것만 해도 독특하다 싶은데 정말 유래를 찾아보기 힘들게도 '두 눈을 시퍼렇게 뜨고' 있다. 헝겊으로 가리거나 눈을 감고 있기는커녕 영화 〈슈렉〉의 장화 신은 고양이처럼 또랑또랑 맑은 눈을 빛내며 우뚝 서 있다.

서초동 정의의 여신상을 사진으로 보면서, 나는 꼭 실물을 영접하고 싶은 유혹에 시달리고 있다. 왜냐? 지난 수십 년간 대법원이 보여준 양상이 꼭 이 디케상과 같아서다. 추상같이 법도를 지키겠다는 칼도 쥐고 있지 않은데다가, 공평무사의 의미로 눈을 가리고 있지도 않다. 늘 행정부의 눈치를 보고, 재벌의 기침 소리에 귀 기울이는 등 좌고우면하며 판결을 하는 대한민국 사법부의 민낯을 여실히 보여주는 것 같아, 꼭 한 번 디케상을 내 두 눈으로 직접 보고 싶다.

특히나 최근 양승태 대법원장 시절의 법원은 어찌나 서초동 디케의 모습과 합일되던지, 숨이 턱턱 막힐 지경이다. 최상급심 대법원에서 나온 판례란 그저 판결이 아니라 일종의 입법 활동이다. 판례로 법을 공부하는 영미법 체계의 미국은 물론이고, 대륙법 체계의 우리나라조차 대법원 판결은 중요하다. 기존의 대법원 판결을 뒤집으려면 대법원장을 비롯한 모든 대법관이 모여 판결을 해야 한다. 이를 대법원 전원합의체 판결이라 칭한다. 그런 신성한 대법원 판결에서 좌고우면의 추태를 지켜봐야만 했던 것이다.

눈물을 머금고 아끼는 부하의 목을 치는 제갈량의 법치주의가 서초동에서는 '왜 국민들 눈물 뽑는 판결을 내리는' 사이비 법원으로 변질되었는지 정말 궁금하다. 국민들이 마지막으로 억울함을 호소해야 하는 최후의 보루 사법부의 수장이 행정수반의 비위나 맞추는 판결을 조작하고 지시했다는 참담한 뉴스를 듣는다면, 제갈량은 억울해서 마속의 떨어진 목을 다시 붙이고 싶어질 게다.

---

1 두 형제의 자를 보기만 해도 우리는 마량이 마속의 바로 손위 형이란 걸 알 수 있다. 백중숙계伯仲叔季란 말이 있다. 맏이, 중간, 셋째, 막내란 의미다. 다섯 형제라 백중숙계를 다 쓰고도 유幼를 더해 유상이란 자를 마속에게 붙인 것이다. 짐작컨대, 마량과 마속 형들은 백상, 중상, 숙상이란 자를 썼을 가능성이 높다. 중국 고전에 나오는 이름을 보면 호적 등본을 굳이 떼보지 않아도 형제 관계가 어떻게 되며 그 가운데 몇 째인지 알 수 있다.

일례로《삼국지》에 등장하는 손책의 자가 백부이고 강유의 자는 백약인데 모두 장남이다. 관포지교의 관중 역시 원래 이름은 관이오이고 자가 '중'이어서 관중이라 불리는데 역시나 차남이다. 사마중달이라 불리는 사마의 역시 차남이고, 손권의 자는 중모인데 차남이다. 사마부의 자는 숙달인데 삼남이다. 하우위의 자는 계권인데 사남이다. 다만, 한 고조 유방의 자는 계인데 유방은 삼남이다. 유방은 삼형제인 관계로 숙을 건너뛰고 백, 중, 계로 자를 지었다. '백중숙계유' 마가오상을 연상하면 중국 고전에 나오는 자를 보고 형제 중 몇 째인지 정도는 짐작할 수 있을 것이다.

어쩐지 고전이 읽고 싶더라니

언제까지
구직활동을 해야 하나

공자께서 말씀했다. "3년 동안 학문을 익히고도, 관직에 나아가
지 않는 사람은 찾아보기 힘들다."

⊙ 《논어》 〈태백〉편 중

현행 근로기준법상 정년퇴직은 60세다. 말이 그렇다는 거다.
1997년 IMF 구제금융 이후, '바삭바삭 마른 모래밭에 구운 밤
닷 되를 심어 그 밤에 싹이 나야' 가능한 게 대한민국 60세 정년
퇴직이다. 삼성맨이니, 현대맨이니, 대우맨이니, 하는 호칭 따위는
이제 사어死語가 되어버렸다. 1989년 대법원 판례 이래로 육체노
동자의 정년 산출 기준은 한결같이 60세였다. 그러다 30년 만에
대법원 전원합의체 판결로 65세까지 연장되었고, 그 이후 대법원
에서는 65세를 육체노동자의 정년 기준으로 삼아 각종 판결을
내리고 있다.

하지만 60세 정년이나 65세까지 육체노동을 인정하는 것 모두,
서초동을 들락거리며 소장訴狀에 지장을 묻히는 수고로움을 감당

할 때에나 가능한 일이다. 대부분의 장삼이사는 꿈조차 꾸지 않는다. 오직 절망만 안겨주는 희망퇴직이 기다리고 있고, 치욕만 안겨주는 명예퇴직이 아가리를 벌리고 사무실 끝에서 대기하고 있는 현실 때문이다.

대부분의 모임이 그러하듯 동창 모임에서도 맨 정신에는 진실이란 녀석이 삽질을 맹렬히 하여 땅을 파고 들어간다. 대개 지하 3층까지 파고들기 일쑤다. 새벽녘이 되어 안주 삼던 을지로 골뱅이가 다시 바다로 헤엄쳐 나가거나, 뜯어 먹던 치킨에 날개가 돋아 훠이훠이 낙원상가를 향해 날아갈 때 즈음, 진실이란 놈은 스멀스멀 기어 나온다. "우리 팀에 새파란 팀장이 부임했다! 이거 나가라는 거지?" 초고추장에 버무려진 골뱅이가 입으로 꿀떡꿀떡 넘어가던 초저녁에는 분명 "요즘은 팀장 해봐야 힘만 들어. 성과 안 나면 위에서 쪼이지, 밑에 애들은 말도 안 들어 처먹어요"라는 외침을 들은 것만 같은데 말이다.

"백세까지 산다는데 자격증이라도 하나 따놓을걸…"이란 후회가 여기저기서 터져 나온다. 재무설계사AFPK 자격시험을 본다는 둥, 부동산공인중개사 자격증을 따려고 인터넷 강의를 매일 저녁 듣는다는 둥, 그야말로 발버둥이 장난 아니다. '나도 새벽같이 일어나 중국어 강의라도 들어야 하나…' 불안감이 엄습한다.

공자는 우리가 머릿속에 상상하는 것처럼 고결하고 구름 위에 올라 붕붕 떠다니는 유형의 성인聖人이 결단코 아니었다. 지극히 실리적이며 현실적인 인간이었다. 공자가 그토록 열심히 학문을 닦았던 가장 큰 이유이자 유일한 이유는, 관리로 임용되기 위함이었다.

제나라 경공이 말한다. "나도 늙었나 봅니다. 당신을 등용할 수 없소."

⊙ 《논어》〈미자〉편 중

늙어서 기용할 수 없다는 제후의 핑계. 이걸 우리는 어떻게 해석해야 할까? 춘추전국시대의 독특한 특성 첫 번째는 천자도 힘이 약하면 제후에게 휘둘리고, 제후도 권력을 제대로 유지하지 못하면 대부에게 상투를 잡히며, 대부도 빙충맞게 굴다가는 식객들에게 뒤통수 맞는 약육강식의 정글이라는 점이다. 두 번째로 꼽는 춘추전국시대의 독특한 형질은 뭘까? 오늘날 우리가 생각하는 국가의 개념이 매우 희박하다는 점이다. 국가란 첫째 명확한 경계가 있고, 둘째 자의로 쉽사리 바꾸거나, 셋째 원한다고 떠날 수 있는 존재가 아니다. 한마디로 국가는 강력한 구속력을 지닌다. 하지만 이 개념은 불과 19세기, 독일이 통일되고 이탈리아가 통일되던 그 무렵 필요에 의해 억지로 강요된 개념이다. 거칠게 말하자면, 민족주의와 국가 개념이 강력히 결속하여 만들어낸 허상이다.

노골적인 완력이 권력의 순위와 향방을 좌우하는 세계. 나라라고 불리기는 하지만 명확한 구분이 없고 자유로이 왕래할 있는 세계. 이게 바로 춘추전국시대의 본질이다. 미국의 50여 개 주 혹은 셍겐 조약 이후의 유럽연합EU을 떠올린다면 이해가 쉬울 듯하다.

국가조차 내가 선택할 수 있다는 사실은 중요한 의미를 지닌다. 국가에 대한 무한한 경외도 없고, 체제에 대한 무한 충성을 강요받지도 않는다. 사상의 발전에 이보다 더 완벽한 환경은 존재할 수 없다.

공자 역시 노나라에서 출발해 제나라, 위나라, 송나라, 정나라, 채나라 등을 거쳐 68세가 되어서야 노나라로 다시 돌아왔다. 이 나라에서 사상을 펼치다 마음에 안 들면 옆 나라로 가고, 저 나라에서 관리로 임용되려고 애쓰다가 실패하면 다른 나라로 가면 된다. 그야말로 박찬욱 감독의 그 유명한 가훈처럼 '아님 말고!'를 철저하게 실천한 셈이다.

전국시대 연나라 문후의 책사 소진은 강력한 진秦나라에 대항하기 위해 조, 한 ,위, 제, 초, 연, 여섯 나라를 돌며 유세를 하고 다녔다. 여섯 나라의 제후들을 모두 설득해냈고, 그 결과 합종책合從策이 탄생하게 된다. 소진은 여섯 나라의 재상 인수印綬를 주렁주렁 차고 한 시대를 주름잡았다. 어떻게 연나라의 재상이 동시에 조나라의 재상이 되며, 다시 초나라의 재상이 된단 말인가? 일본의 외무상이면서 동시에 한국의 외무장관을 겸하고 다시 인도네시아의 국무장관직도 겸한다면, 이게 말이 되는 소리냐고 웃을 것이다. 그 불가능해 보이는 일이 가능했던 시기가 바로 춘추전국시대다.

연횡책連橫策의 장의는 한술 더 뜬다. 귀곡 선생에게 배운 뛰어난 변설로 진 혜왕의 신임을 얻고 재상이 된다. 합종책에 부담을 느낀 진나라는 강대국 제나라와 초나라를 이간하려 한다. 장의는

어쩐지 고전이 읽고 싶더라니

진나라의 재상직을 버린 척, 초나라에 입성해 초 회왕懷王에게 한 바탕 유세를 늘어놓는다. "대왕께서는 먼저 제나라와 외교를 단절하십시오. 그러면 진나라가 상商, 어於 일대 600리 땅을 초나라에 바치고, 진의 공주를 대왕의 부인이나 소실로 맞이하게 할 수 있습니다. 진나라와 초나라는 사돈을 맺게 되고 두 나라는 영원히 사이좋게 지낼 수 있습니다. 그리하면 북쪽에 있는 제나라의 힘은 약화되고, 초나라는 진나라의 도움을 받을 수 있으니 이보다 더 좋은 방책이 없는 줄로 압니다."

초 회왕은 어리석게도 이 방책이 좋다며 장의를 초나라의 재상으로 삼는다. 초나라가 제나라와 단교를 선포하자, 제나라는 격분하여 진나라와 화친을 맺는다. 한편 돌아가는 상황도 모른 채, 초 회왕은 600리 땅을 인도받을 요량으로 장의를 진나라에 사신으로 보낸다. 하지만 이미 제나라와 초나라 사이를 이간하는 데 성공한 장의는 안면몰수하고 자신과 동행하던 초나라 사신 일행을 쫓아낸다. 완벽하게 기만당한 초 회왕은 대군을 이끌고 진나라를 공격하지만 진과 제의 연합군에게 대패하고 만다. 결과적으로 상, 어 일대 600리 땅은커녕 오히려 한중 지방 영토를 잃게 된다. 이후 장의는 한나라, 조나라, 연나라를 잇달아 방문해 세 치 혀로 합종책을 깨뜨린다. 전국시대를 화려하게 수놓은 합종책과 연횡책. 전혀 다른 방향으로 치달았던 두 외교 정책은 공통적으로 춘추전국시대가 얼마나 역동적이며 자유분방한 사회였는지를 한눈에 보여준다.

우리는 흔히 춘추전국시대라 뭉뚱그려 말하지만, 엄밀히 말하면 동주東周와 함께 시작된 춘추시대와 진晉의 분국으로 시작된 전국시대로 나뉜다. 춘추에서 전국으로 변모하는 분기점이 되는 사건이야말로 당시 시대상을 정확히 보여준다. 춘추시대 진晉나라는 춘추오패 중 하나인 진 문공文公[1]을 배출할 정도로 강국이었다. 그러다 진 헌공 이후에 제후의 영향력이 줄어들면서 대부들의 세가 급속하게 강해졌다. 지知씨, 한韓씨, 위魏씨, 조趙씨, 네 가문의 힘이 특히 강성했다. 그 가운데에서도 지씨 가문의 힘이 유독 강했지만, 한씨, 위씨, 조씨, 세 가문이 힘을 합쳐 지씨 가문을 제거했다. 결국 진나라는 한씨, 위씨, 조씨, 세 가문의 실질적 통치하에 놓이게 되었다가, 각자 제후국으로 독립하게 된다. 그것이 바로 한韓나라, 위魏나라, 조趙나라다.

주나라 천자의 힘이 약해지자 여러 제후국이 우후죽순 일어나듯, 제후의 힘이 약해지자 대부들이 각자의 나라를 만들어 독립한 셈이다. 제후들은 그동안 주 왕실을 형식적으로나마 받들었다. 하지만 한, 위, 조, 세 제후들은 주 왕실의 허락도 없이 나라를 만들어버렸고, 삼베바지 방귀 새듯 주 왕실의 권위는 시나브로 사라져갔다. 이 시기 이후 형식적으로나마 떠받들던 주 왕실의 권위가 땅에 떨어지니, 후대의 사가史家들은 이를 전국시대라 불렀다.

아직 갈라지기 전, 진晉나라의 그늘 아래 있을 당시 조趙씨 가문의 수장 조간자趙簡子는 가신 필힐佛肸의 반란으로 인해 하극상을 당했다. 필힐은 중모에서 반란을 일으키고는 바로 공자를 초빙했다. 공자는 이때 초빙에 응하려 했다. 당연히 강직한 성품의 자로는 반대의사를 표시했다. 그동안 공자가 말한 인의예지는 다 팽개치고 가신이 대부를 치는 하극상에 왜 끼어들려고 하느냐는 항변이었다. 공자는 자로의 항변을 뒤로 하고 필힐의 초빙에 응해 찾아간다. 공자는 채나라처럼 제후국이라고 칭하기에도 조금 민망할 정도로 작은 나라를 찾아다니며 벼슬살이를 하려고 했고, 심지어 가신이 반란을 일으켰는데도 등용되려 안간힘을 다했다. 공자는 자신을 파는 데 결코 소극적이거나 부끄러워하지 않았다. 오죽하면 "만약 누군가 나를 등용해 나라를 다스리게 한다면 1년만 하더라도 좋을 것이고, 3년이면 성과가 있을 것이다"라는 말까지 스스럼없이 했을까!

한때 공자의 제자는 3,000명에 이른 적이 있다. 그 가운데 70명 정도만이 공자의 학문적 성취를 어렴풋이나마 맛보았고, 나머지는 사실상 공자를 따라다니다 벼슬살이를 하려고 어중이떠중이 모인 자들이었다. 당시 유행하던 객경客卿이란 제도가 이를 설명해 준다. 제후국 중 한 나라에 가서 유세를 잘 펼치고 객경으로 임명되면 그 제자들이 모두 입각을 하게 된다. 한마디로 스승님을 따르는 제자라기보다는 '우리 당 대표가 대통령이 되면 나도 장관 한자리 해먹겠구나!'라는 마음으로 당내 보스를 따르는 정치인이라고 보는 편이 맞다.

공자의 제자 가운데 거상巨商이자 치부致富에 능한 자공이 있었다. 자공이 물심양면 지원을 하긴 했지만, 공자와 제자 무리들은 기본적으로 3,000 제자의 등록금을 살림 밑천으로 삼아 교단을 꾸려나갔다. 그러니 공자 입장에서는 제자들의 압박이 꽤나 피곤하고 부담스러웠을 것이다. 벼슬에 목메는 제자들에게 학비만 받고 어디라도 취직시켜주지 못하면 그야말로 '먹튀'가 되는 난감한 상황.

공자의 위상은 중국 역사상 최고의 사상가로 자리매김되어 있지만, 사실 공자가 활약하던 당시에는 변변치 못했다. 오죽하면 제자들의 반발을 사면서까지 하극상으로 집권한 가신의 초청에도 응하려 하고, 진陳나라나 채蔡나라처럼 작은 나라까지 기웃거렸을까. 쓰린 속을 부여잡고 새벽부터 일어나 냉수를 들이킨다. 공자님도 그렇게 열심히 구직 활동을 하셨는데, 우리도 달려야지. 별수 있나!

1 제 환공에 이어 두 번째 패자가 된 진晉나라 문공은 대기만성의 전형이다. 진 헌공과 적족의 여인 호희狐姬 사이에 태어난 문공은 어릴 때부터 건장한 체격을 갖춘 호걸이었다. 게다가 그는 인재를 알아보고 발탁해내는 탁월한 리더십도 갖추고 있었다. 하지만 헌공의 총애를 받고 있던 계모 여희는 자신의 아들 해제를 후계자로 삼기 위해 온갖 모략을 쥐어짜낸다. 문공의 형이자 태자인 신생에게 부친인 '헌공 독살'의 모함을 뒤집어씌워, 결국 자결하게 만든다. 이를 곁에서 지켜보던 문공은 생명의 위협을 느끼고 망명길에 오른다.

왕조의 운명은 얄궂게도 베갯머리송사로 판가름 나는 경우가 많다. 동서고금을 막론하고 그러하다. 저 멀리 춘추전국시대부터 가까이는 조선왕조 시절에도 그랬다. 선조는 나이 쉰에 열여덟 살의 인목왕후를 정비로 맞았는데, 선조가 인목왕후 소생 왕자로 후사後嗣를 교체하려는 의도를 명백히 보였을 때 광해군이 그러했듯, 문공은 두려움에 사로잡힌다. 물론

태조의 왕비인 신덕왕후가 막내 방석을 세자로 책봉하려 하자 칼을 들어 자신의 운명을 개척한 태종 이방원 같은 왕자도 있었지만, 실력을 갖추지 못했던 문공은 속수무책으로 당할 수밖에 없었다. 결론은 왕경칙이《남제서》에 밝힌 '단공 삼십육책 중 도망치는 것이 상책'이란 말처럼, 그저 달아날 수밖에 없었다.

보통 새로 맞이한 젊은 계비의 위협에 몸을 빼쳐 달아나는 왕자의 모습을 상상하자면, 혈기 방장한 스무 살 청년이 머릿속에 떠오를 것이다. 하지만 망명길에 오른 문공의 나이 이미 마흔셋이었다. 왕자라는 호칭도 민망한 나이다. 게다가 당시 평균 수명을 감안하자면, 더욱 그렇다. 문공이 망명하고 다섯 해가 지나자 아버지 헌공이 사망하고 여희는 계략대로 친아들 해제를 보위에 올린다. 이에 분노한 이극이 쿠데타를 일으켜 해제를 몰아내고, 문공을 임금으로 모시고자 사신을 보낸다. 그러나 문공은 겁을 먹고 선뜻 귀국하지 않는다. 차선책으로 문공의 동생 이오가 왕위에 오르니, 그가 진나라 혜공이다. 혜공은 자신보다 왕위 계승 순위가 높은 문공을 죽이려 자객을 보낸다. 이에 위협을 느낀 문공은 더 멀리 제나라까지 망명을 떠나게 된다.

망명길은 그야말로 고난의 행군이었다. 제나라로 가는 와중에 오록이란 지방을 지나게 되는데 식량이 떨어졌다. 농민에게 음식을 구걸하자, 그릇에 흙을 담아 내왔다. 문공이 격노하자 충신 조최가 간언하며 말린다. "흙을 얻는다는 건, 곧 이 땅을 취한다는 뜻이니 부디 참으십시오." 이렇듯 신산한 고생을 반복하던 문공이지만, 그에게는 불굴의 충신 개자추 介子推가 있었다. 충격적인 내용이라 과연 진실인지 의문이 가는 기록이지만, 개자추는 기아飢餓에 빠진 문공을 위해 자신의 허벅지를 베어 먹였다고 한다.

천신만고 끝에 도착한 제나라에서는 환공이 정권을 잡고 있었다. 환공은 일개 망명객에 불과한 문공을 보고, 뭐가 그리 예뻤는지 큰 재산을 주고 부마로 삼았다. 문공은 안락한 생활에 안주하게 된다. 자신의 뿌리인 진나라는 까마득히 잊고 그저 하루하루 술에 취해 살아가다가 도리어 아내의 핀잔을 듣게 된다. "대체 언제까지 여기서 이러고 계실 겁니까? 서방님의 큰 꿈은 대체 어디로 갔나요?"

문공은 그럼에도 불구하고 움직이지 않았다. 그러자 아내는 호언과 함께 일을 꾸민다. 문공이 대취하여 정신을 잃자, 그 틈을 타 마차에 싣고 제나라를 떠난다. 도중에 술이 깬 문공이 격노하여 호언을 죽이려 하자, 호언은 씩씩하게 답한다. "저를 죽여 공자의 대업이 이루어진다면 큰 영광입니다." 문공이 다그친다. "대업이 실패하게 되면, 내 너를 죽여 고기를 씹어 먹을 것이다." 호언이 대꾸한다. "대업이 이루어지지 않는다면 제 몸은 죽어 썩어 문드러질 터, 드실 수는 없을 겁니다." 개자추 허벅지를 한번 먹더니 버릇이 들었나, 충심을 다 바치는 신하에게 이 따위 망발을 지껄인다. 참으로 뻔뻔한 문공이다.

문공의 캐릭터를 분석해보자. 우선 소심하다. 왕으로 추대한다는 전갈을 받고도 의심하고 죽을까 봐 두려워 귀국하지 않는다. 게다가 충신 개자추, 호언을 대하는 태도를 보라. 뻔뻔함이 '만렙'이다. 그런데도 인복은 많은지 주변에 훌륭한 인재가 차고 넘친다. 하도 답답한 짓을 많이 해, 오히려 곁에 있는 부인이 여장부답게 일을 처리한다.

자! 이쯤에서 독자들에게 묻고 싶다. 누군가 머릿속에 떠오르는 인물이 없는가. 그렇다. 바로 한 고조 유방이 연상되는 캐릭터다. 사마천은 《사기》에서 유방을 이렇게 평한다. "매일같이 집 안에 틀어박혀 놀기만을 좋아한다. 입으로만 호언장담하고 오직 술과 여자만 매우 밝혔다." 사마천은 한나라의 녹을 받는 신하다. 그런 사마천이 이 정도로 기록했다면, 실제 유방의 캐릭터는 얼마나 심각했을지 짐작이 간다.

진 문공이 바로 이런 캐릭터다. 개자추를 대하는 그의 태도를 보면, 기가 막힐 지경이다. 자신의 허벅지를 베어 살려놓은 공자가 진나라의 왕좌를 차지하게 되니, 개자추 입장에서는 얼마나 가슴 뛰는 일인가. 논공행상을 바라는 게 인지상정이다. 그런데 안타깝게도 문공은 개자추를 까맣게 잊는다. 무려 19년 동안이나 온갖 고생을 다하며 문공의 망명 생활을 도운 개자추는 그 얼마나 상심했을까. 하지만 그는 원망치 않고 조용히 문공을 떠나 노모를 모시고 산으로 숨어든다.

호언, 호모, 조최, 선진 등 개자추를 제외한 넷은 서로 공을 다투며 상을 받으니, 사람들이 이를 일컬어 탐천지공食天之功이라 했다. 얼마나 논공 행상으로 다툼이 심하고 목소리가 높았는지 알 수 있는 대목이다. 뒤늦게 문공은 개자추의 진정한 충심을 깨닫고 상을 주려고 불렀지만, 개자추는 오지 않는다. 문공은 개자추가 숨어든 산에 불을 지르면 밖으로 나올 줄 알고, 면산綿山에 불을 놓는다. 하지만 개자추는 끝내 산을 나오지 않고, 죽음을 택한다. 문공은 그제야 자신의 행동을 뉘우치고 꺼이꺼이 목 놓아 운다. 문공은 '개자추가 타 죽은 그날만큼은 불을 쓰지 말라'고 명해 개자추의 넋을 위로하니, 바로 오늘날 한식寒食의 유래다.

노오오오력자와
노심자

농가의 대표적 사상가 허행은 "군주도 농사를 지어야 한다"고 주창한다. "일하지 않는 자여 먹지도 마라! 자본가여 먹지도 마라!" 80~90년대 대학가 시위에 나가면 최루탄 냄새와 더불어 들려오던 민중가요의 한 대목이다. 원래 기독교 경전인 〈데살로니가후서〉 3장에 등장하는 표현인데, 공산주의에서 차용한 것이다. 회해선사懷海禪師의 가르침인 일일부작—日不作 일일불식—日不食[1]과 상통한다.

군주도 농사를 지어야 한다는 건 경대부도 농사를 짓고 대부도 농사를 지어야 한다는 말이다. 한마디로 먹고자 하는 자는 땀을 흘려야 한다는 공산주의 사상이 짙게 배어 있다. 레닌은 1917년 《국가와 혁명》에서 이 구절 '일하지 않는 자여 먹지도 마라!'를 공산주의의 원칙으로 천명한다. 노동자들의 노동만이 사회 이윤의 원천이라고 주창한 마르크스 사상이기도 하다.

사마천은 《사기》에서 유가儒家, 묵가墨家, 명가名家, 법가法家, 도가道家, 음양가陰陽家를 제자백가로 분류한다. 반고班固는 《한서漢書》

〈예문지藝文志〉에서 《사기》의 육가에 종횡가縱橫家, 농가農家, 잡가雜家, 세 가지를 더해 구류九流라고 칭하고, 소설가小說家까지 포함해서 구류십가九流十家라고 분류한다. 반고는 소설가를 다소 변방으로 취급하고 있다. 경계선에 선 소설가를 분석한다면, 제자백가의 특성을 더욱 명징하게 이해할 수 있을 것이다.

《한서》에 따르면 소설가는 패관稗官에서 발생했다. 패관이 무엇인가. 거리에 떠돌아다니는 이야기를 모아 기록하는 직책이니, 민간의 풍속이나 정책에 대한 반응을 살피는 일이다. 지금으로 말하자면, 갤럽이나 리얼미터 같은 여론조사기관이라고 보면 된다. 패관의 기항 가담에는 분명 한계가 있었다. 정책 실행에 대한 의견을 수렴하기는 하되, 실제 정치의 영역에서 발언권이 있었던 것은 아니다. 그런 의미에서 반고는 소설가를 굳이 한 층위 아래로 격하시킨 게 아닌가 싶다.

반고가 추가한 세 가지 중 종횡가는 소진, 장의의 예에서 볼 수 있듯 외교 분야에서 혁혁한 공적을 세웠다. 일시적으로나마 유가나 법가, 묵가보다 더욱 강력하게 정국을 뒤흔들었다. 농가나 잡가의 경우는 청동기에서 철기로 변화하는 과정에서, 비약적으로 발전한 농업 혁명과 관련된 실용적인 학파다. 반고는 농가나 잡가의 도움 없이는 유가, 묵가, 법가, 도가 등 여타 제자백가 사상의 도약은 불가능하다고 여긴 듯하다. 그래서 사마천이 탈락시킨 영역들을 추가한 것이다. 반고는 사상 이전에 토대의 발전에도 주목했다. 반고가 농가를 그저 농사 기술의 집대성쯤으로 여겼다면 제자백가의 하나로 꼽았을까? 농가 학설은 맹자가 관심을 둘 정도로 고

차원적 담론이었다.

맹자께서 물었다. "허자는 반드시 곡식을 직접 파종하고 난 연후에 음식을 먹나요?" 진상陳相[2]이 답했다. "그렇습니다." 맹자께서 물었다. "허자는 반드시 베를 직접 짠 연후에 옷을 입습니까?" 진상이 말했다. "아닙니다. 그러나 거친 베옷을 입습니다." 맹자께서 물었다. "허자는 관을 쓰나요?" 진상이 말했다. "관을 씁니다." 맹자께서 물었다. "어떤 관인가요?" 진상이 답했다. "그냥 흰관입니다." 맹자께서 물었다. "스스로 그 관을 짜나요?" 진상이 대답했다. "아닙니다. 곡식으로 그 관을 바꿉니다." 맹자께서 묻는다. "허자는 왜 스스로 관을 짜지 않습니까?" 진상이 대답했다. "농사일에 방해가 되어 그렇습니다." 맹자께서 물었다. "허자는 솥과 시루로 밥을 짓습니까? 철제 농기구로 밭을 갑니까?" 진상이 대답했다. "그렇습니다." 맹자께서 물었다. "직접 그 솥과 농기구를 만듭니까?" 진상이 대답했다. "아닙니다. 농사지은 곡식으로 그것들과 바꿉니다."

⊙ 《맹자》〈등문공〉편 중

임금조차 농사를 지어 먹어야 한다는 허행의 사상이 일견 그럴듯해 보이지만, 논리적 허점이 있다는 걸 산파술로 지적하는 장면이다. 계속해서 맹자의 신랄한 비판이 이어진다.

맹자께서 말씀했다. "대인의 일이 따로 있고, 소인의 일이 따로 있습니다. 또한 한 사람의 몸에는 백 가지 일을 다 할 수 있는 소질이 갖추어져 있기도 합니다. 그렇다고 해서 반드시 스스로 농사짓고 스스로 만들고 난 연후에만 그것을 이용하도록 한다면, 이는 천하의 백성을 길바닥으로 내모는 것입니다. 그래서 어떤 사람은 마음으로 고생하고, 어떤 사람은 힘으로 고생합니다. 마음으로 고생하는 사람은 다른 사람을 다스리고, 힘으로 고생하는 사람은 다른 사람에게서 다스림을 당한다고 합니다. 다른 사람에게 다스림을 당하는 사람은 사람들을 먹여 살리고, 다른 사람을 다스리는 사람은 다른 사람에게 얻어먹게 되는 것이 천하 공통의 옳은 의리입니다."

⊙ 《맹자》〈등문공〉편 중

맹자는 일찍이 노심자勞心者와 노력자勞力者로 사회 계층을 대분했다. 맹자가 지닌 계급의식의 한계를 단적으로 보여주는 대목이다. 하지만 긍정적 측면도 있다. 분업과 교역의 중요성을 강조했다는 점이다. 주희에게 경도되었던 조선의 성리학자들은 주희가 그토록 존경해 마지않았던 맹자의 이런 사고방식은 왜 배우지 못했을까. 《맹자》〈등문공〉편을 제대로 읽은 사대부가 조선 땅에 차고 넘쳤을 터인데, 왜 조선은 쇄국 정책으로 망국의 길을 걸어야만 했을까.

위대한 농민 사상가 전우익 선생은 일찍이 신영복 선생에 대해 신선한 인물평을 했다. "난 신영복 선생이 글 쓰고 강의하는 게 대단해 보이지 않아요. 아직도 손수 빨래하고 일하는 게 대단해 보이는 거지…" 그의 역저 《혼자만 잘 살믄 무슨 재민겨》에서는 땀의 가치를 이렇게 표현한다. "오늘날 일이 크게 둘로 양분되어 정신노동, 육체노동으로 나누어졌는데 이것도 빨리 어우러져야 합니다. 가장 이상적인 것은 역시 경독耕讀의 일체화라고 여겨요. 참된 경耕은 독讀을 필요로 하며, 독讀도 경耕을 통해서 심화되고 제구실도 할 수 있겠지요. 방에 틀어박혀 책상 붙들고 앉아서 천하명문이 나온다면 천하는 무색해질 것입니다." 결국 노력자와 노심자의 합일이야말로 이상적인 노동의 형태라는 역설力說이다.

노력과 노심의 혼연일체 합일을 보여준 인물이 우리 인류사에 있었다. 매사추세츠주 콩코드 근처 월든 호수에 살았던 헨리 데이비드 소로가 바로 그 주인공이다. 오두막집을 짓고 콩을 심고, 포도를 따고, 장작을 패며 자급자족을 위해 땀 흘렸다. 그리고 나머지 시간에는 독서와 사색으로 정신적 풍요를 누렸다.

소로의 경지와 어깨를 나란히 하며 한 자연인 개체로서 노심과 노력의 합일을 이루기란 여간 어려운 일이 아니다. 다만, 나는 사회적 규모에서의 합일은 가능하다고 생각한다. 내가 일하는 방송국만 해도 피디, 작가, 엔지니어, 진행자만 있는 게 아니다. 스튜디오와 화장실을 깨끗이 청소하는 동료. 우리의 허기를 달래주기 위해 새벽부터 나와 밥을 짓는 동료. 방송국의 안전을 위해 밤낮없이 경비 업무를 맡는 동료. 수많은 동료들의 힘으로 〈최화정의 파워타임〉이 매일 정오 방송을 타는 것이다.

땀 흘리는 동료들의 노고를 생각하며 내가 아내와 아이에게 했

어쩐지 고전이 읽고 싶더라니

던 말이 있다. "방송국을 비롯해 우리 사회에는 노력자와 노심자가 있어. 노력자와 노심자가 갈리는 건 어쩔 수 없이 받아들이지만, 적어도 그 급여는 비슷해야 한다고 생각해. 그게 선진국인 것 같아." 노력자와 노심자 사이의 수입이 균등해질 때, 사회적 규모에서 '노력과 노심의 합일'이 이루어지는 것이다.

———————————————————————————————

1 당나라의 고승 백장百丈 회해선사는 90세의 노구를 이끌고 낮에는 밭을 갈고 밤에는 수행에 정진했다. 이를 안타깝게 여긴 제자들이 농기구를 감추었다. 그러자 회해선사는 하루 종일 방 안에 틀어박혀 식사도 하지 않았다. 제자들이 그 이유를 여쭙자 "하루 일하지 않았으니, 하루 먹지 않는다"라고 답했다.
2 본디 유가를 공부하다가, 유가를 버리고 농가의 학설을 추종했다.

사이비를 경계하라

공자가 말씀했다. "군자는 자신의 말이 자신의 행동을 넘어서는 것을 부끄러워해야 한다."

⊙ 《논어》〈헌문〉편 중

조선 중기 이후, 성리학자들은 상소를 통해 자신의 뜻을 펼쳤다. 상소 가운데 특히 효험이 좋은 상소는 사직상소辭職上疏였다. 우리네 직장인들이 품에 넣고 다니지만 흰 봉투가 너덜너덜 해지도록 차마 꺼내지는 못하는 바로 그 사직서를 턱! 턱! 던지며 정치를 했다. 이황, 이이, 송시열, 당대의 내로라하는 석학들은 사직서를 통해 자신의 주장을 관철시켰다. 일단 상소를 올리고, 받아들여지지 않을 것 같으면 바로 사직상소를 올린다. 조선 중후기에는 성리학의 영향으로 도학道學적인 측면이 강화되어 있었던 터라, 벼슬을 초개草芥처럼 여기고 낙향해 학문에 정진하는 게 일종의 '스웨그'였다.

사직서를 통한 정치는 꽤나 유효했다. 유서를 통해 억울함을 주장하면 사람들은 대부분 신뢰한다. 목숨을 버리면서까지 뭔가를 주장한다면 믿어주게 되는 게 인지상정이다. 사직상소도 비슷한 메커니즘으로 작동한다. 사대부들이 벼슬을 버리면서까지 뭔가를 주장한다면, 믿을 만한 주장이라는 신뢰를 얻기 쉽다. 게다가 청렴이란 이미지는 덤으로 주어진다.

송시열은 사직상소 정치의 대가였다. 1633년, 생원시에 장원급제하고 최명길의 추천을 받아 경릉참봉이 되었지만, 이내 사직한다. 그리고 이듬해 다시 봉림대군의 스승이 되어 컴백한다. 인조가 병자호란을 맞아 남한산성에 숨어 있다 삼전도의 치욕을 당하자, 역시나 송시열은 사직하고 다시 낙향한다. 봉림대군이 효종으로 등극하자, 옛 스승 송시열을 찾았다. 송시열은 10년간의 낙향을 접고, 세자시강원진선을 거쳐 집의가 된다. 송시열은 인조반정에 관여하지 않았던 서인西人, 다시 말해 청서파淸西派였다. 인조반정에 참여한 서인인 공서파功西派의 김자점이 영의정에 오르자, 그는 다시 사직했다. 그러다 김자점이 파직되면서 송시열은 다시 관직에 들어섰다가, 또 사임한다. 이후 송시열은 여기에 이루 열거하기도 힘들 정도로 수없이 임용과 사임을 반복하게 된다.

송시열에 비할 바는 아니지만, 이황 역시 사직서 꽤나 올린 인물이다. 은퇴와 출사를 반복하는 이황과 조정 사이의 '밀당'은 70세에 그가 생을 마감하는 순간까지 계속되었다. 특히 명종은 이황을 등용하려고 온갖 노력을 다했다. "어진 이를 불러도 오지 않음을 탄식한다!"라는 시제로 신하들에게 시를 짓게 했고, 화공을 시켜 이황이 은거하는 도산陶山을 그림으로 그리게 했다. 실

로 눈물겨운 노력이요, 손발이 오그라드는 아양이다. 이황은 명
종의 뒤를 이은 선조에게도 부름을 받는다. 선조가 즉위한 해인
1568년, 68세의 원로 이황은 경연經筵에서 열일곱 살 어린 임금에
게 이런 가르침을 전한다.

"건괘의 상구는 지위가 지나치게 높아진 것입니다. 그러므로 귀
하지만 지위가 없고, 높지만 백성이 없어, 항룡에겐 후회가 있다
고 하는 것입니다. 만약 임금이 숭고함을 자처해 어진 이를 홀대
하고 자신만 성인인 척하거나 자신만 지혜롭다고 생각하여 세상
을 마음대로 주무르려고 하고 아랫사람에게 자신을 낮추려는
의지가 없다면 재앙을 맞게 될 것입니다. 임금께서 이 점을 아신
다면 큰 허물은 없으실 겁니다."

이황은《주역周易》을 임금들에게 자주 강독했는데, 특히 항룡유
회亢龍有悔는 자주 강조했던 말이다.

지금부터 항룡유회의 의미를 모르고 까불던 철부지 시절의 이
야기를 들려드릴 터이니, 책망은 아주 조금만 해주시길 바란다. 이
렇게 얘기하니 마치 내가 항룡이라도 된 듯 오해하실 것 같아 첨
언하겠다. 그냥 이무기, 아니 미꾸라지였던 시절의 이야기다.
　텔레비전 프로듀서 시절 처음으로 배정된 곳은 〈한밤의 TV연
예〉라는 연예정보 프로그램이었다. 일주일에 10번씩 야외촬영을
나갔다. 하루도 못 쉬고 매일매일 촬영하는 것은 물론이요, 하루

두 번 촬영도 일상다반사였다. 신입사원 일 년 동안 나는 정우성, 이병헌, 이정재, 전지현, 송혜교, 이효리만 만나고 다녔다. 지금으로부터 20년 전, 연예정보 프로그램은 소멸 직전 초신성처럼 마지막 불꽃을 태우고 있었다. 야외 촬영을 나가면 특급 스타들도 성심을 다해 인터뷰에 응해주던, 그야말로 신농씨와 복희씨가 노닥거리던 전설 같은 시절이었다.

기껏해야 2분 45초짜리 VCR을 제작하기 위해 김희선을 붙들고 테이프를 갈아가면서 인터뷰를 해댔다. 30분짜리 베타 테이프 두 권은 돌려야, 나의 팬심이 충족되었다. 〈무사〉를 홍보하러 나온 정우성에게 〈비트〉며 〈태양은 없다〉 따위를 들먹이며 인터뷰를 해댔다. 정우성은 〈비트〉에 관한 내 질문이 3분짜리 VCR에 절대 담길 수 없다는 걸 다 알면서도, 성심성의껏 답해줬다.

송혜교와 겸상을 하고 정우성과 맞담배를 피우니, (쿨럭, 말이 그렇다는 거다. 나는 평생 비흡연자다. 정우성 배우 역시 흡연자인지 나는 모른다. 좀 넘어가자. 아! 송혜교와 겸상은 해봤다. 그래 봐야 광고 촬영장 구석에 늘어놓은 군만두를 마주 보고 씹은 게 전부지만 말이다.) 내가 마치 뭐라도 된 것 같은 착각에 빠졌다. 우리말은 접두어가 참 맛나다. 그 가운데 가장 맛깔난 접두어가 '시'인데, 건방 앞에 붙으면 찰떡이다. 이게 어디서 시건방을 떨어! 그랬다. 시건방은 당시 내 멘탈과 가장 싱크로율이 높은 단어였다. 우리 제작진은 생방송이 끝나면 진행자, 리포터들과 종종 회식을 갖곤 했다. 그날도 시건방 막내가 시건방을 떨며 시건방지게 소맥을 벌컥벌컥 들이켜고 있는데, 맞은편에서 날카로운 한마디가 날아왔다. "거 참 새파

랗게 어린놈이 아주 건방져!" 그때는 아직 제임스 카메론이 〈아바타〉를 선보이기 한참 전이었지만, 그 리포터 형에겐 내가 아바타로 보였나 보다.

돌아보자면 참 낯이 뜨거워진다. 그래도 낯뜨거운 내 시건방 덕에 얻은 교훈이 하나 있다면 이해심이다. 요즘 나는 까마득한 후배 피디들을 보면서, 웬만한 일에는 고깝지가 않다. 한창 시건방 떨 나이란 걸 알고 있기 때문이다. '선무당이 사람 잡는다'고 뭘 제대로 모를 때 꼭 사고를 친다. 제대로 알면 오히려 겸손해지는 게 인간이다. 어떤 분야건 알면 알수록 내가 아는 게 빙산의 일각이란 걸 깨닫게 되기 때문이다.

> 공자가 말씀했다. "유由[1]야! 자네에게 어떤 것을 안다는 것에 대해 말해주겠다. 아는 것을 안다고 하고 모르는 것을 모른다고 하는 것, 이것이 진정으로 아는 것이다."
>
> ⊙ 《논어》〈위정〉편 중

자로와 공자의 첫 만남은 실로 드라마틱하다. 공자가 제자들을 모아놓고 강의를 하고 있었다. 이때, 자로가 가죽 옷에 긴 칼을 차고 등장한다. 공자의 명성을 듣고는 그의 태도가 위선적이라 여기고 깽판을 치러 온 것이다. 자로가 공자를 때리려고 하자, 공자는 도리어 예를 다해 맞이한다. 공자가 자로에게 묻는다. "그대는 무엇을 좋아하는가?" 자로가 답한다. "나는 긴 칼을 좋아하오." 공자가 다시 묻는다. "그것을 물은 게 아니오. 칼 쓰는 재주에 학문을 더하면 누구도 그대를 이기지 못할 것이오." 자로가 묻는다. "대나무는 절로 곧아 훌륭한 무기가 되는 법. 굳이 학문을 배워야 하는 이유가 무엇이오?" 공자가 답한다. "그건 그렇다. 하지만 화살 한쪽에 깃을 달고 다른 쪽에 촉을 박으면 더욱 훌륭하지 않겠는가?" 자로는 공자의 말에 감화되어 제자가 되길 청했다. 그 후, 자로는 공자와 동고동락하며 가장 헌신적이고 열정적인 추종자가 된다. 때로 잘난 척하다가 공자에게 참된 앎이란 무엇인지 꾸지람을 듣기도 했지만, 자로는 공자의 사랑을 많이 받았다.

자로는 말년에 위나라에서 벼슬을 살았는데, 자신이 모시는 공회가 반란을 일으켰다. 이미 전세가 공회 일당에게 기울었음에도 불구하고, 반란을 철회하라고 충간하다가 공격받게 된다. 반란군의 칼에 맞아 갓이 삐뚤어지자 "보라! 군자는 죽더라도 갓을 벗지 않는다!"라고 외치며 의연하게 죽음을 맞았다. 공자는 나라에 반란이 일어났다는 소식을 접하고는 자로가 무사하지 못할 것을 알고 시름에 빠졌다. 아니나 다를까 자로는 죽어, 그 시신이 염장되어 공자에게 보내졌다. 시신을 염장해 젓갈로 만든 것은 사형보다 더한 치욕을 주기 위함이다. 《삼국지연의》에서 장수들이 일합을 겨루기 전 주둥이로 싸울 때, '씹어 먹겠다'는 등 '젓갈을 담가버리겠다'는 등 떠드는 게 결코 허풍이 아닌 것이다. 시신을 염장하는 잔혹한 관습이 분명 실재했다.

아무튼 염장된 자로의 시신을 보고 놀라고 참담해진 공자는 그 이후로 아예 젓갈을 입에 대지도 않았다. 공자가 제자의 죽음에 비통함을 보인 것은 안회의 죽음과 자로의 죽음, 두 번뿐이다. 안회는 워낙 요절했기에 비탄이 클 수밖에 없다. 그러니 가장 크게 슬퍼한 건 자로의 죽음이다. 공자는 자로의 죽음을 두고 이렇게 탄식한다. "아! 하늘이 나를 끊어버리시는구나. 하늘이 나를 끊어버리시는구나."

비록 첫 만남은 '드잡이질'로 시작했지만, 마지막은 누구보다 아끼는 사이로 마무리한 두 인물, 공자와 자로. 나도 그 리포터 형을 다시 만나 술 한잔 기울이고 싶다. 그리고 시건방은 벗어버린 지 오래인 내 모습을 보여주고 싶다.

매일같이 촬영을 나가던 텔레비전과 달리, 라디오 피디의 하루 일과는 어떨까? 〈최화정의 파워타임〉 담당 피디라고 말하면, 대부분의 사람들은 내 일이 12시에 시작해 2시에 끝나는 줄 안다. 동창회라도 나가면 "나머지 시간에는 뭐해?"라고 해맑게 묻는 친구들이 많다. 그럴 때면 '프로야구 선수들은 저녁 6시 30분까지 운동장에 모이냐?'라고 되묻고 싶다. 프로야구 선수는 보통 12시부터 나와 스트레칭을 하고, 타격 연습, 수비 연습, 투구 연습을 한다. 그리고 6시 30분부터 시합을 뛰는 것이다. 라디오 피디들의 일상도 비슷하다. 생방송이 시작하기 전 큐시트를 짜고, 생방송을 마친 후에는 녹음도 해야 하고, 녹음까지 마친 후에는 다음 방송을 위해 섭외를 해야 한다. 사무실 책상에 앉아 있노라면 가장 자주 만나는 사람이 가수 매니저들이다. 하루에도 수십 장의 신보 CD를 받는다. 사나흘만 치우지 않고 받는 대로 쌓아두면 다보탑은 금세요, 자칫하면 분황사지석탑이 된다.

대부분의 매니저들은 CD와 함께 '출연 청탁'이란 녀석을 데리고 온다. 일주일에 고정 게스트 빼면 들고 나는 자리라고는 하나 아니면 둘. 그러니 언제 월정사 팔각구층석탑을 다 소화한단 말인가. 얼굴로야 웃으며 "예, 꼭 들어볼게요. 연락드릴게요"라고 매니저들을 돌려보내지만, 그 CD를 다 듣다가는 귀에서 진물이 나올지도 모르고, 그 출연을 다 받자면 하루 열일곱 시간씩 방송을 해도 부족할 것이다. 매니저들도 다 안다. 시러베장단에 호박국 끓여 먹듯, 그냥 서로 웃으며 흰소리 하는 게 우리 일과 중 하나다.

반대로 우리 프로듀서들도 그냥 노느니 기왓장 깬다고 뻔히 안 되는 줄 알면서 흰소리나 듣자고 섭외 전화를 거는 경우도 많다. 드라마 〈별에서 온 그대〉가 종영한 후 김수현 매니저에게 전화를 건다거나, 〈밥 잘 사주는 예쁜 누나〉의 주제곡 카를라 브루니의 스탠 바이 유어 맨stand by your man을 흥얼거리며 정해인 매니저에게 전화하는 경우가 그렇다. 가물에 콩 나듯 아니, 공자가 벼슬하듯 정말 가끔 섭외에 성공하는 경우가 있기 때문이다. 예컨대 〈도깨비〉의 공유나 〈스카이 캐슬〉의 염정아에게 섭외 전화를 했다고 해보자. 보통 매니저들의 반응은 한결같다. "아, 최화정의 파워타임이요? 좋죠. 나가야죠. 그런데 지금 밀린 광고 촬영 중이니까, 광고 다 찍고 연락드리겠습니다.""지금은 너무 정신이 없네요. 정신 좀 차리고 연락드릴게요." 이런 친절한 응대가 대부분이다. 하지만 광고 촬영은 영원히 계속되고, 매니저는 좀처럼 정신이 안 차려지나 보다. 가끔 까칠한 매니저들도 더러 있다. "저희는 라디오 출연 안 합니다." 단호하고 확고한 거절. 그런데 프로그램 제작자의 입장에선 이게 낫다. 백배 천배 낫다. 희망고문으로 14년간 주유 방랑한 공자가 되기보다는, 진흙 밭에 구르는 장자가 낫다.

신입 사원 시절, 각 분야의 선배들이 찾아와 강의를 하고 갔다. 지금도 기억에 남는 강의는 한 드라마국 선배의 강의였다. 우리 모두가 알고 있는 국민배우들을 들먹이며 "아이고. 여배우들 기싸움이 장난 아니야. 덕분에 중간에서 새우등 많이 터졌다"라고 '푸념 반 자랑 반' 당시를 회고하는 너스레가 인상 깊었다. 그 선배의 말 중에, 아직도 기억에 남아 있는 것은 '까스'란 단어였다. "방송국 프로듀서 중에는 소위 까스가 있는 피디가 있고, 까스가 없는 피디가 있어!" 까스가 뭐냐? 한마디로 잘 처먹고, 화끈하게 잘 밀어준다는 뜻이다. 오해 마시라! 88올림픽 마스코트 호돌이가 담배 피우던 시절 얘기다.

방송국 피디 뇌물 수수 사건이 심심찮게 터지던 그 당시 '까스 있는 피디'는 방송국에서 어떤 취급을 받았을까. 그들에겐 이중적인 시선이 꽂혔다. 뭔가 좀 지저분하지만, 일은 되게끔 만든다! 매니저들은 무리수를 두는 피디의 섭외에 열과 성을 다해 임했다. 소위 '주고받을 게' 있기 때문이다. 알 카포네의 왼쪽 흉터가 스카페이스로 불리며 두려움을 자아내는 것처럼, 까스는 경원시되면서도 아이러니하게 인정받았다. 하지만 결론적으로, 그 선배의 요지는 "더 이상 까스 있는 피디는 방송국에서 살아남기 힘들다"는 얘기였다. 소위 잘나가려고 기획사와 지나치게 밀착하는 무리수를 두다가는, 너희들도 곧 앨커트래즈의 멋진 경관을 구경하게 되리라는 경고도 남겼다.

그러나 20년이 지난 요즘도 방송국 피디들은 여전히 매니저들과 '밥도 먹고, 마! 술도 마시고, 마!' 하고 있다. 다만, 달라진 점이 있다면 내 돈으로 '밥도 먹고, 마! 술도 마시고, 마!' 한다는 점이다. 김영란법의 시행이 분기점이긴 했지만, 그 이전에도 이미 전세는 역전된 지 오래다. 요즘은 그야말로 블루스타 하나 켤 부탁 '까스'도 없는 시대다. 피디 초년병 시절 친구들과의 술자리에만 나가면 "야! 잘난 친구 덕에 우리도 핑클이랑 술 한잔 먹어보는 거냐!"는 열흘 삶은 호박에 이도 안 들어갈 헛소리를 핑핑 해대던 녀석들이 있었다. 20년 세월 동안 세상은 더 많이 투명해졌다. 아직 완벽하게 맑아진 건 아니지만, 이제는 소위 까스 그득한 사이비似而非 피디를 찾아보기란 쉽지 않다. 사이비, '비슷하지만 아니다!'란 뜻이다.

만자²가 말했다. "한마을이 모두 성실한 사람으로 칭하면 어디에 간들 역시 성실한 사람이 되지 않겠습니까. 그런데도 공자님께서 그러한 자를 '덕德의 적敵'으로 여기시는 것은 왜 그렇습니까?" 맹자가 답했다. "그 사람은 비난하려 해도 비난할 것이 없고, 찌르려 해도 찌를 구석이 없다. 세속에 동조하여 더러운 세상에 잘 살아간다. 평소 행실은 충성과 믿음에 비슷하고, 행동은 청렴하고 결백한 것과 비슷하다. 그래서 마을 사람이 모두 그를 기쁘게 맞이하고, 그 역시 자신을 옳다고 여긴다. 그러나 요순의 길에 들어설 수 없다. 그리하여 '덕의 적'이라 부르는 것이다." 공자께서 말씀했다. "비슷하나 아닌 것을 나는 미워한다. 가라지를 미워하는 것은, 벼와 비슷하게 생겨 벼의 싹을 해칠까 해서 그런 것이다. 아첨을 미워하는 것은, 그것이 의로움을 어지럽힐까 두려워 그렇다. 말 잘하는 입을 미워하는 것은, 그 말솜씨가 믿음을 해칠 수 있기 때문이다. 정나라의 음악을 싫어하는 것은, 정나라 음악이 아악에 나쁜 영향을 미칠까 봐 그렇다. 중간색인 자주색을 싫어하는 것은, 원색인 붉은색의 순수함을 해칠까 봐 그렇다. 향원鄕原을 싫어하는 것은, 그 향원이 덕을 어지럽힐까 봐 두렵기 때문이다." 군자는 흐트러진 도리를 되돌려 바르게 할 뿐이다. 정도를 바로 세우면 곧 백성들이 흥히게 된다. 백싱들이 흥하면 곧 사특함은 사라진다.

⊙ 《맹자》〈진심〉편 중

만장이 의아해하는 지점을 맹자가 해소해주는 대목이다. 주자는 《논어집주》에서 향원을 '마을에서 삼가고 성실한 자를 의미한다'고 풀이한다. 원原을 원愿과 같게 본 것이고, 근원을 뜻하는 원源과도 당시에는 뜻이 통했다. 다각도로 추리해보자면, 결국 마을에서 중심이 되어 행동하고 성격은 진국인 사람을 의미하는 듯싶다. 만장의 궁금증에 일견 수긍이 간다. 왜 공자는 그런 자를 덕의 적이라고 비난했을까. 얼핏 생각하면 마을이 잘 돌아가는 데, 꼭 필요한 인물이 아니던가. 요즘으로 치자면 오지랖 넓은 마을 이장 같은 느낌인데, 공자가 그토록 백안시한 이유는 뭘까.

한마디로 향원이 '사이비'라서 싫어한 것이다. 그럴싸하지만 근원을 캐보면 영 아니라서 미워하는 것이다. 야당이든 여당이든 상대당은 차라리 상대하기 쉽지만, 당 안에서 활동하는 '내부 총질러'가 더 무섭다. 아예 대놓고 '나 잡초요'하는 피는 뽑아내기 쉽지만 벼와 비슷하면 어려워진다. 정나라의 음악, 정풍鄭風이 워낙 음란하다고는 하나 음악이 나빠 봐야 얼마나 나쁘겠는가. 하지만 올곧은 아악을 몰아내는 힘이 있긴 하다. 그래서 공자는 비슷하지만 다른 사이비를 유독 미워한 것이다. 아예 대놓고 망나니짓을 하면, 마을 사람들도 몰아내든 처벌을 하든 궁극적인 해결을 할 수 있다. 하지만 사이비는 누군가에는 신망을 얻고 있어서 막상 마을을 위해 처단하기도 쉽지 않다.

까스 있는 피디가 나쁜 가장 큰 이유는 얼핏 성과를 내면서 훌륭한 피디로 오해받기 십상이기 때문이다. 평판이 워낙 나빠야 차라리 배제를 하게 되는데 얼추, 곧잘, 꽤 일을 잘하면, 오히려 더 큰 폐해를 끼치는 피디가 될 수 있다. 돌이켜보건대, 그 선배는 아마도 이걸 경계한 게 아닐까 싶다. 20년이 지난 지금, 나는 어떤 피디가 되어 있을까? 분명한 건 적어도 까스 있는 피디는 아니란 점이다. 공자로부터 방송국 프로듀서 가운데 '덕의 적'이란 비판은 면했다. 휴! 그나마 다행이다.

1 자로의 이름인 중유를 이른다.
2 만자는 맹자의 제자 만장을 이른다.

'예'의 핵심은 경청

공자는 끊임없이 돌아가려 했다. 아니, 돌아가려 발버둥 쳤다. 그 목적지는 문왕文王, 무왕武王, 주공周公 시절의 주나라였다. 공자가 유독 천착한 것은 주나라의 예법이다. 공자는 주례周禮에 죽고, 주례에 살았다. 야합으로 태어난 공자는 끊임없이 아버지를 찾았다. 야합이 모계 사회의 전통 위에 세워진 풍습이지만, 야합으로 태어난 공자는 가부장의 세계인 주례로 편입하려고 피나는 노력을 다했다. 어머니가 돌아가시자 기어코 한참 전 돌아가신 아버지의 묘를 찾아 합장했다. 벽창우처럼 저돌적인 행동 덕에, 공자는 주나라의 예법을 다시 일으켜 세운 르네상스맨이란 명성을 얻게 된다. 공자가 주창한 예禮를 두고, 대부분의 사람들은 지나치게 격식에 얽매여 옴짝달싹 못 하는 유교의 폐단을 머릿속에 떠올린다. 대표적인 예가 조선시대 예송논쟁이요, 또한 부모의 3년상이다.

재아가 여쭈었다. "3년상은 기간이 너무 깁니다. 군자가 3년 동안 예를 닦지 않으면 예는 반드시 무너질 겁니다. 3년 동안 음악을 팽개친다면 음악도 반드시 무너질 겁니다. 묵은 곡식이 없어지면 새 곡식이 올라오는 기간, 그리고 불씨 얻을 나무를 다시 바꾸는 기간으로는 1년이면 충분합니다." 공자가 말씀했다. "쌀밥을 먹고 비단옷을 입는 것이 너에게 편안하느냐?" 재아가 답했다. "편안합니다." 공자가 말씀했다. "네가 편안하면 그렇게 하거라. 군자는 상을 치르는 기간에 기름진 것을 먹어도 맛을 모르고 음악을 들어도 즐거움을 모른다. 집에 있어도 편치 않다. 그래서 그렇게 하지 않는 것이다. 지금 너는 편안하다고 하니 그렇게 하거라." 재아가 나가자 공자가 말씀했다. "그대는 인하지 못하구나. 자식은 태어나서 3년이 지나야 부모의 품을 벗어난다. 3년상은 천하에 통용되는 상례이다. 그대도 부모로부터 3년 동안 사랑을 받았을까?"

⊙ 《논어》〈양화〉편 중

3년상은 현대를 살고 있는 우리들 누가 봐도 과하다. 하지만 공자가 주장한 3년상의 실체를 보면, 무조건적으로 격식만 따지는 꼰대 짓거리로 폄훼하기에는 억울한 지점이 분명 있다. 부모의 품에서 벗어나 아장아장 걸으며 혼자 있기까지 걸리는 시간이 3년이니, 적어도 그만큼은 부모의 죽음을 애도해야 한다는 지극히 합리적인 주장이다. 공자 사상의 근본에 깔린 '기브 앤 테이크give & take' 정신이 여기서도 빛난다.

공자는 우리가 흔히 생각하듯, 무조건적인 사랑을 베푸는 인물이 아니다. 받은 만큼 주어야 한다는 철저한 이해타산과 합리성을 무기로 대부분의 사안을 처리했다. 공자와 그 제자들이 주공의 묘를 방문했을 당시, 공자의 합리성은 눈부시게 빛난다.

> 공자께서 태묘에 들어가서는 매사를 물어보셨다. 어떤 이가 말했다. "누가 추 땅의 아들이 예를 안다고 말했는가? 태묘에 들어가서는 모든 일을 묻더라." 공자께서 이 말을 듣고 말씀했다. "이렇게 하는 것이 예다."
>
> ⊙ 《논어》〈팔일〉편 중

태묘는 주나라 주공의 묘다. 주공은 노나라 땅을 봉토로 받았다. 주공 단이 노나라의 시조인 셈이다. 공자는 그토록 앙망해 마지않던 주공의 묘를 방문하게 되었다. 공자의 제자들은 당연히 자신의 스승인 공자가 주례에 통달했으니 알아서 척척 제사를 지낼 것이라 예상했다. 그런데 이게 어찌된 영문인가! 공자는 태묘에 들어서자마자 태묘 관리인에게 이것저것 상세히 묻는다. 내가 어릴 적에 큰댁에서 제사를 지낼 때면 어른들이 논쟁을 벌이곤 했다. '사과는 어디에 둬야 하는지? 혹은 언제 국을 물리는지?'와 같이 사소한 문제를, 마치 비핵화를 위한 북미 정상회담 하듯 자못 진지하게 논의하곤 했다.

공자 역시 태묘 관리인에게 술은 어떻게 올리는지? 절은 몇 번을 하는지? 따위의 세세한 예법을 물었다. 제자들은 주례의 지존인 공자가 왜 묘지기에게 저렇게 공손히 묻는지 의아했을 터, 항변하듯 따지는 제자들에게 공자는 일갈했다. "남의 영역에 찾아왔으면 그에게 묻는 것, 이것이 바로 예다." 로마에 가면 로마법을 따르라는 진리를 말한 것이다. 이것은 예의 핵심이 결국 경청傾聽에 있다는 점을 뜻한다. 뻑적지근하게 격식을 차리는 것이 예가 아니요, 내가 아는 걸 무조건 주장하는 것이 예가 아님을 웅변하는 일화다.

공자에게는 제자가 많았고, 제자들과의 문답을 통해 학문을 완성시켰다고 해도 과언이 아니다. 수많은 제자 가운데 우리에게 각인된 제자로는 안회, 자로, 자공, 이렇게 셋이 가장 유명하다. 안회는 모두가 인정하는 공자의 수제자다. 학문과 인품 모두 최고로 꼽힌다. 자로는 충직하고 용맹스런 제자다. 공자에게 스스럼없이 대들기도 하고 불평을 대놓고 늘어놓기도 하는 제자다. 자공은 소위 말해서 가장 잘나가는 제자다. 언변이 출중했고, 치부에 능해 많은 재물을 모았다. 정치적 수완도 뛰어나 노나라와 위나라의 재상을 지내기도 했다. 여기서 우리는 비상한 머리로 '화려한 언변을 자랑하는' 제자 자공에게 공자가 '말보다 실천'이라고 강조한 일화를 기억해야 한다.

《논어》를 읽다 보면, 제자들의 질문에 대한 공자의 대답이 늘 일정하지 않음을 발견하게 된다. 놀랍게도 일관성 없이 모순된 답변을 하는 경우가 왕왕 있다. 《논어》에서 다뤄지는 문답이 수십 년간 이뤄진 점을 고려한다면, 그 사이 공자의 생각이 바뀌었다고 말할 수도 있다. 하지만 그보다는 공자의 답변이 질문을 한 제자의 상황에 따라 융통성 있게 제시됐다고 보는 편이 더 정확하다.

예컨대, '인간은 하루에 밥을 얼마나 먹어야 하느냐?'는 질문에 깡마른 제자에겐 다섯 끼를 챙기라고 답하고 통통한 제자에겐 두 끼면 족하다고 답하는 게, 공자의 답변 방식이다. 그러니 《논어》를 보다가 '왜 여기선 이렇게 답하고 저기선 저렇게 답하느냐?'고 비판할 필요는 없다. 문답이 이루어진 상황과 전체 맥락을 함께 이해해야 한다. 공자는 철저히 맞춤형 지도편달을 한 것이다.

> 자공이 묻는다. "가난하면서도 아첨하지 않고, 부유하면서도 교만하지 않으면 어떻습니까?"
> 공자가 답한다. "괜찮다. 다만, 가난하되 즐거움으로 삼고 부유하면서도 예를 좋아하는 것보다는 못하다."
>
> ⊙ 《논어》〈학이〉편 중

자공 딴에는 본인이 부유하지만 교만하지 않음을 스승에게 칭찬받고 싶은 마음에 저런 질문을 던졌을 게다. 하지만 스승의 눈에는 제자의 마음이 훤히 보인다. "그래. 잘했다!"라고 칭찬해줄 수도 있지만, 공자는 채찍을 더한다. "나쁘진 않네. 괜찮네可"라는 최소한의 리액션을 해주고 한술 더 떠서 '더 노력하라'고 등을 떠민다. 여기서 가可는 현대 중국어 커이可以라고 봐야 한다. 그저 괜찮은 정도. 혹은 수우미양가의 '가可' 개념으로 보면 된다. 초등학교 시절 성적표에서 빼어나고, 우수하고, 아름답고, 양호한 상태를 넘어서는 단계가 바로 '가' 아니던가. 공자의 소소한 리액션에 자공이 받아치는 장면인 다음 구절에서 우리가 너무도 잘 알고 있는

어쩐지 고전이 읽고 싶더라니

절차탁마切磋琢磨가 등장한다.

> 자공이 이어 묻는다. "《시경》에서 '칼로 끊듯이切, 줄로 갈듯이磋, 정으로 쪼듯이琢, 숫돌로 윤을 내듯이磨'라고 한 것이 이것을 말하는 것입니까?" 공자가 답한다. "사야. 비로소 너와 더불어 《시경》을 논할 수 있겠구나. 지나간 것을 알려주었더니 다가올 일을 아는구나!"
>
> ⦿ 《논어》〈학이〉편 중

머리가 비상하고 언변이 수려한 제자이기에 말을 앞세우지 말고 실천 먼저 하라는 가르침을 내린 것이요, 정세를 잘 알고 치부를 잘한 제자이기에 부유하면서도 예의를 갈고닦으라는 일침을 날린 것이다.

얼마 전, 박주민 의원과 인터뷰를 나눌 기회가 있었다. 세상 똑똑한 의원이자 동시에 따뜻함을 간직한 정치인이었다. 여러 정치인들과 심도 있게 대화를 나눠봤지만, 그 정치인의 지역구로 이사 가고 싶은 마음이 든 정치인은 난생 처음이었다. 그 이유는 아마도 두 시간 넘는 긴 시간 동안 그가 보여준 경청하는 자세 덕분인 것 같다. 이슈마다 정확한 분석과 대안을 제시하면서도, 얼치기 인터뷰어의 질문과 의견을 경청하고, 또 경청했다.

자기 자랑을 밥 먹듯 편안하게 할 것. 자기 얘기만 할 것. 자기만 얘기할 것. 이상 세 가지는 정치인과 슈퍼스타의 공통점이다. 박주민 의원은 정치인으로서 자질이 많이 부족했다. 슈퍼스타가 될 가능성도 없어 보인다. 다만, 그의 경청하는 자세는 감동적이었다. 아마 박주민 의원은 정치인도 슈퍼스타도 아닌 국민을 위해 열정을 다 바쳐 이리 뛰고 저리 뛴 일꾼으로 기억될 것이다.

> 공자께서 말씀했다. "천명天命을 알지 못하면 군자가 될 수 없고, 예禮를 알지 못하면 세상에서 존립할 수 없고, 말言을 알지 못하면 사람을 알 수 없다."
>
> ⊙ 《논어》〈요왈〉편 중

여기서의 '말言을 알지 못하면'은 얼마나 말을 잘하느냐는 의미가 아니다. 달변보다는 눌변을 끊임없이 강조했던 공자의 사상을 고려한다면, 말 잘하는 법보다는 말 잘 듣는 법, 즉 경청의 자세를 역설한 것이라고 봐야 한다. 말하는 것은 결국 커뮤니케이션을 위한 것이다. 일방적 소통은 결국 막힐 수밖에 없다. 위정자라면 모름지기 잘 들을 줄 알아야 한다. 하지만 그런 정치인이 몇이나 될런지 미지수다. 《사기》〈골계열전〉에 보면 주위 신하의 말을 경청하는 초 장왕의 일화가 나온다. 여의도 정치인들에게 반드시 들려주고 싶은 고사다.

> 초 장왕은 말馬을 특히나 아끼고 좋아했다. 사람도 먹기 힘든 대추와 육포를 먹이로 주고, 비단옷을 입혀주고, 잠도 침대에서 자게 했다. 그러다 그만 말馬이 말馬이 아니게 되어 비만으로 죽고

말았다. 초 장왕은 관을 잘 짜서 대부大夫의 예로 장사 지내게 명했다. 신하들이 과하다고 반대하자 장왕은 "감히 말馬을 가지고 말語하는 자는 참하겠노라"라고 엄포를 놓았다. 키가 8척이며 변설과 풍자에 능한 악공 우맹이 이 이야기를 듣고는 조정에 뛰어와 통곡했다. 장왕이 연유를 묻자, 우맹은 이렇게 답한다. "말馬은 대왕께서 아끼시는 영물이온데 이 막강한 초나라에서 뭔들 구하지 못하겠습니까? 대부의 예로 장사 지내는 것은 너무 야박하옵니다. 임금의 예로 장사 지내야 합니다." 장왕이 그 상세한 방도를 묻자, 우맹이 답한다. "폐하, 옥을 다듬어 관의 속널을 만들고 무늬 가래나무로 바깥널을 만드십시오. 단풍나무, 느릅나무, 녹나무로는 횡대를 만드시면 됩니다. 군사를 동원하여 큰 무덤을 파게 하시고 노약자로 하여금 흙을 져 나르게 하십시오. 제나라와 조나라의 조문단을 앞에 세우시고 한나라와 위나라의 조문단을 뒤에 세우십시오. 사당을 세워 소, 양, 돼지를 한 마리씩 바치는 최고의 제사를 지내고 만 호의 읍으로써 받들게 하소서. 제후들이 이 모습을 보고 듣게 된다면, 누구나 대왕께서 말을 사람보다 귀하게 여긴다는 것을 확실히 깨닫게 될 것입니다." 우맹의 말을 듣고는 장왕은 장탄식을 한다. "내 죄가 이토록 크구나!" 반성하고는 평범하게 말을 장사 지내라 명하고 이 일을 비밀에 부쳤다.

질 때 지더라도
내용 있게 져야 한다

유학의 유儒는 무엇인가? 사람人이, 머리를 풀어 헤치고而, 비雨 오기를 기원하는 형상이다. 춘추전국시대에 기우제 지내는 사람은 과연 어떤 인물인가? 중국 역사의 시발점인 삼황오제시대와 하, 은, 주 시대를 통틀어 요순에 버금간다는 평가를 받는 왕이 바로, 하나라 우禹 임금이다. 심지어 묵자는 우가 요순보다 낫다는 평가를 하며 가장 이상적인 통치자로 꼽았다. 우 임금이 이렇듯 높게 평가받는 이유는 다름 아닌 치수治水에 성공했기 때문이다. 신화의 시대를 넘어, 실질적으로 중국 역사상 최초의 왕조인 하나라는 우의 치수와 함께 시작된다. 어찌 보면 당시의 치수는 국가 정치와 정책 수행의 전부라고 해도 과언이 아니었다.

세계 4대 문명 중 하나인 황하 문명의 탄생 이후, 뱀처럼 요동치며 백성들을 괴롭히던 황하의 물줄기를 휘어잡는 역사役使가 국가를 탄생케 했다. 우禹를 파자하면 '뱀을 손으로 휘어잡는 형상'이다. 우 임금은 아버지 곤의 실패를 거울삼았다. 황하를 억지스레 막느라 노력하기보다는 도리어 물길을 터주었다. 난마처럼 얽힌 지류가 지금의 황하가 될 수 있었던 것은 우 임금의 업적이다.

농사를 업으로 삼는 나라에서 치수보다 중요한 게 또 있을까? 하남성 소둔에서 발견된 갑골문을 살펴보자. 갑골문의 대가 시라카와 시즈카의 해석에 따르면, 유가儒家는 시체를 처리하는 장례와 기우제를 담당하는 집단에서 시작됐다. 갑골문이 나온 은나라 시절의 기우제는 오늘날 우리가 상상하는 굿판이 아니었다. 알록달록한 색동저고리, 딸랑이는 방울소리, 마을 사람들을 현혹시키는 무당의 잔재주, 이것이 전부가 아니란 말이다. 당시 기우제는 사실상 가장 중차대한 정치 행위이자 고도의 통치 행위였다. 비가 오지 않으면 농사를 망치고, 농사를 망치면 굶어 죽는 것이다. 그러니 기우제를 지내다 비가 안 오면 목숨까지 내놓아야 하는 게, 기우제를 지내는 무당의 임무였다.

앞서 말했듯이 유儒에서 이而는 머리가 흐트러진 모양을 상징한다. 비가 안 오는 절체절명의 상황에서 머리를 산발하고 얼굴엔 핏기조차 없이 까칠한 모습으로 간절히 기원하는 모습을 상상해보라. 그야말로 죽기 아니면 살기다. 비가 안 오면 목숨을 내놔야 한다. 오늘날 정부 부처로 치환해 생각해보자면, 유가는 흔히들 오해하는 것처럼 교육부나 문화체육관광부에 해당하는 것이 아니라, 재정경제부나 법무부에 가깝다. 국가의 근간이 되는 규범과 먹거리를 책임지는, 핵심 중의 핵심 부서라고 보면 된다.

그러니 유가의 시조인 공자가 무슨 수를 써서라도 관리로 임용되어 백성들의 민생을 해결하고자 노력했던 것이다. 헤겔은 말한다. "이성적인 것이 현실적인 것이고, 현실적인 것이 이성적인 것이다." 북송의 정호, 정이 형제와 남송의 주희에 이르러 유학이 형이 상학적 수준으로 격상되었지만, 원래 유학은 땅에 발붙인 실용적인 학문이었다.

공자께서는 향당에 계실 때는 공손하게, 마치 말을 못하는 사람 같이 말씀하셨다. 함께 서 있는 자에게 읍을 하실 때에는 마주 잡은 양손을 왼쪽으로 돌리고 오른쪽 사람에게 읍을 하실 때에는 오른쪽으로 돌리셨는데 읍을 하실 때마다 옷깃이 앞뒤로 펄럭이게 하셨다. 궁궐 문을 들어가실 때에는 삼가고 공손하게 처신하며 마치 궁궐의 문이 자신을 받아들일 수 없는 것처럼 행동하셨다. 군자는 감색과 검붉은 천으로 옷깃을 장식하지 않고, 붉은색과 자주색으로 일상복을 만들지 않는다. 밥은 잘 찧은 쌀이라야 싫어하지 않으셨고, 회는 가늘게 썬 것이어야 꺼리지 않으셨다. 사 온 술과 저잣거리의 육포는 드시지 않았다. 나라에서 제사를 지내고 받은 고기는 밤을 넘기지 않고 드셨다. 그 외에 제사 지낸 고기는 사흘 안에 드셨고 사흘을 넘긴 고기는 드시지 않았다. 사람을 다른 나라에 전송할 적에는 두 번 절하고 보내셨다. 계강자가 약 선물을 보내자 공자께서 "제가 아직 제대로 알지 못하오니 감히 맛보지 못하겠습니다"라고 말씀했다. 수레에 오르면 반드시 바르게 서서 손잡이 끈을 잡으셨다.

⊙ 《논어》〈향당〉편 중

《논어》 가운데에서도 유독 현실적이고 실용적인 내용만으로 가득 찬 챕터가 〈향당〉편이다. 말하는 방법, 손님 접대하는 방법, 궁에 입궐할 때의 예절, 패션 센스에 맞게 옷 입는 법. 음식과 술과 고기를 가려 먹는 방법과 유통기한을 챙기는 법, 손님 전송하는 예법, 약을 선물 받았을 때의 대처법. 정말이지 미주알고주알 온갖 세밀한 처신의 방법이 나열되어 있다.

이게 정말 유학의 고전 《논어》인지 '현대생활백서' 같은 자기계발서인지 도통 구분이 안 간다. 공자가 2,500여 년이 지난 지금까지 인구에 회자되고 있는 건 철학적 정합성과 정치精緻함 때문만은 아니다. 오히려 《논어》에서 사람살이의 구린내와 세상살이의 고단함이 묻어나기 때문이다.

20여 년 전, 《공자가 죽어야 나라가 산다》는 도발적인 제목을 달고 나타난 베스트셀러가 있었다. 저자는 어마어마한 인세와 명성을 얻은 대신에, 유림으로부터 촉발된 지난한 법정 다툼을 감내해야 했다. 이 책의 목차를 보고 있자면, 소제목들이 꽤나 자극적이다. '죽은 박정희가 다스리는 나라.' '유교의 유효기간은 끝났다.' '공자는 왜 거짓말을 했나.'

물론 유교의 유효기간은 끝난 지 오래다. 하지만 저자의 논박에는 다소 억지스런 느낌이 묻어난다. 비유컨대, 아리스토텔레스가 민주정보다는 귀족정을 선호했다면서 그의 사상을 천하의 궤변으로 몰아세우는 것과 비슷하다. 세종대왕이 노비제도를 옹호했기에 훈민정음 창제도 결코 칭송받을 수 없다는 논리와도 맥이 닿는다. 당연히 수천 년 전 사상을 지금의 상황에 직접적으로 대입하면 문제점투성이일 터. 버릴 것은 버리고 그 핵심을 받아들여야 하는데 뼈대는 무시하고 말단지엽에서 생트집을 잡는 형국이다. 제사 지낸 고기는 사흘 안에 먹었다는 공자에게 냉동실에 넣어 석 달 열흘을 두고 먹어도 된다고 하면서 '당신이 틀렸소'라고 말하는 셈이다. 억지스레 공자를 천하의 꼰대로 폄훼하기엔 《논어》에 반박할 수 있는 근거들이 차고 넘친다.

> 자공이 물었다. "공문자를 일컬어 왜 '문文'이라고 칭합니까?" 공자께서 대답하셨다. "그는 영민하고 학문을 사랑했다. 아랫사람에게 묻는 것을 부끄러워하지 않았다. 그래서 그를 '문文'이라 칭하는 것이다."
>
> ⊙ 《논어》〈공야장〉편 중

아랫사람에게 묻는 것을 부끄러워하지 않았다는, 그 유명한 불치하문不恥下問이 등장하는 구절이다. 문文이라는 시호는 문신에게 내리는 최상급의 시호다. 특히 숭문 사상이 강조된 조선 왕조 시절에는 더욱 그랬다. 예컨대, 당대 최고의 사림이자 막후 실력자 우암 송시열의 시호가 문정文正이고, 임진왜란 중 문신 가운데 가장 큰 공을 세운 서애 유성룡의 시호가 문충文忠이며, 조선 성리학의 집대성인 율곡 이이의 시호는 문성文成이다. 위의 《논어》구절은 공문자에게 이런 최상급의 시호가 내려지는 게 마땅한 일인지 자공이 강력하게 의문을 제시하는 장면이다.

공문자는 여러모로 문제적 인물이다. 자기 딸을 유력한 집안의 자제와 결혼시키려 신랑감을 점찍었는데, 알고 보니 유부남이었다. 보통 이런 상황에서 포기하는 게 정상이지만 공문자는 기어이 그 유부남을 이혼시키고 자신의 딸과 혼인을 맺게 만든다. 또한 사사로운 일에 군사를 일으키려 한 적도 있어서 공자와 충돌한 적도 있다. 아무래도 이런 인물에게 문文이란 시호는 과분해 보인다. 하지만 공자는 학문을 사랑하며 아랫사람에게 묻는 것을 부끄럽게 여기기 않는 공문자의 장점이 그 모든 단점을 뒤덮을 수 있다고 여겼다. 공자는 모르는 게 있으면 아랫사람에게 묻는 것을 옳다고 여겼고, 모르는 분야는 모른다고 아예 선을 그었다.

> 공자께서는 괴이한 일, 위세를 부리는 일, 어지럽히는 일, 귀신에 관한 일에 대해서는 말씀하지 않으셨다.
>
> ⊙ 《논어》〈술이〉편 중

> 공자가 말씀했다. "세 사람이 길을 가면 반드시 나의 스승이 있다. 그 가운데 좋은 점을 가려 그 점을 따르고 그 가운데 좋지 아니한 점은 가려서 고친다."
>
> ⊙ 《논어》〈술이〉편 중

이른바 괴력난신怪力亂神에 관해서는 아예 입을 다물었다는 뜻이다. 또한 스승으로서 본인의 권위를 아예 팽개치고 누구나 스승이 될 수 있음을 스스로 천명한 것이다. 3,000명이 넘는 제자들을 거느리며 교단을 꾸려가는 사람으로서 이렇게 모르는 분야는 모른다고 시원하게 말하고 누구나 스승이 될 수 있다는 점을 명쾌하게 설파한다는 것은, 분명 쉬운 일이 아니다. 하지만 공자는 합리주의자로서의 면모를 여실히 보여줬다.

이렇게 져줘야 할 때, 죽어야 할 때를 알아야 진정 제대로 살 수 있다. 프로야구 페넌트레이스에서 우승하려면 '지는 경기를 잘 져야 한다'고 입을 모아 얘기한다. 우승팀이라고 144경기 모두 전승할 수는 없으니, 지는 경기가 생기게 마련이다. 질 때 지더라도 내용 있게 져야 하고, 후유증 없이 져야 한다. 살아가는 데에는 이기는 법만 중요한 게 아니다. 잘 지는 법도 그에 못지않게 중요하다.

인간이란
그리 단순한 존재가 아니다

여기 《중용》의 저자에게 직접 물어보자. 그의 이름은 자사子思다. 공자의 손자로, 공자의 애제자인 증자를 스승으로 삼았고, 맹자가 그의 제자 문하에서 배웠다. 유가儒家에서는 그야말로 핵인싸 가운데 핵인싸다. 그러니 주자가 공자, 증자, 자사, 맹자로 이어지는 학통을 전통으로 삼았고, 《예기》 49편 중 하나인 제31편 〈중용〉편을 분책해 《중용》으로 만들어 사서의 반열에 올려놓은 것이다. 《중용》은 그 1장에서 도道가 무엇인지 먼저 밝히고 시작한다.

하늘의 명, 천명天命을 성性이라 한다.
성性을 따르는 것을 도道라고 한다.
도道를 닦는 것을 교教라 한다.
도道는 잠시 떠나는 것도 불가하다.
떠날 수 있다면 도道가 아니다.

책장을 넘기자마자 무시무시한 내용이 쏟아져 내린다. 천명天命,

性性, 도道, 교教. 키워드 가운데 하나만 제대로 다루어도 책 한 권이 모자란다. 하지만 절대 걱정 마시라. 수박 껍데기 정도만 핥을 터이니, 편안한 마음으로 따라오시길 바란다.

> 공도자가 말했다. "고자告子가 말하기를 '성性에는 선함善도 없고 선하지 않음不善도 없다'고 했습니다. 누군가 말하기를 '성性은 선을 행할 수도 있고, 불선을 행할 수도 있다. 이 때문에 문왕과 무왕이 일어나면 백성은 선을 좋아하고, 유왕과 려왕이 일어나면 백성은 포악함을 좋아한다'고 했습니다. 누군가 말하기를 '본성은 선하기도 하고, 선하지 않기도 하다. 이러한 이유로 요 임금이 다스려도 상과 같은 자가 생기고, 고수가 아버지인데도 순 임금 같은 성군이 탄생하기도 한다. 폭군 주왕을 조카로 두고 왕으로 섬겨도 미자계와 왕자 비간 같은 어진이도 있었다'고 했습니다. 그런데 지금 선생님께서는 인간의 본성이 선하다고 하시는데, 그럼 저 사람들의 주장은 모두 틀린 겁니까?"
>
> ⊙ 《맹자》〈고자〉편 중

맹자의 제자인 공도자가 고자의 주장을 통해 맹자의 성선설을 비판하고 있다. 인간의 본성인 성性이란 것이 고정불변의 정해진 것이 아니라, 상황에 따라 변화할 수 있음을 말한다. 성군이 나오면 성군을 따르고, 폭군이 나오면 폭군을 따르는 게 백성들의 마음이란 것. 또한 우매하고 사악한 아버지 밑에서도 훌륭한 인물이 나오기도 한다는 걸, 예시를 통해 보여준다.

고수瞽瞍는 순 임금의 아버지다. 순 임금은 일찍이 어머니를 여의고 새어머니 밑에서 자라고 있었는데 상이라는 배다른 동생이 있었다. 순 임금의 아버지 고수는 상과 공모해 순을 죽이려 시도한다. 지붕을 고치라고 한 다음 사다리를 치우고 불을 지른다. 우물을 파라고 시키고는 우물을 덮어 생매장시키려고도 한다. 이런 천인공노할 짓을 당하고도 순 임금은 여전히 효도를 다한다. 그런가 하면 비간은 폭군 주왕의 숙부인데 충직한 간언을 하자, 주왕이 노하며 '성인聖人은 심장에 구멍이 일곱 개라 들었다'고 말하면서 비간을 죽이고는 이내 심장을 꺼내 확인했다. 그러니 인간의 본성이 선하다고 못 박은 맹자의 주장은 틀리다며 공도자가 딴죽을 걸고 있는 셈이다. 이에 대해 맹자가 답하는데, 이 부분이 바로 그 유명한 사단에 관한 설명이다.

> 맹자가 말했다孟子曰. "그런데 그 마음을 놓고 보면, 선을 행하는 것이 가능하다乃若其情 則可以爲善矣. 그래서 본성이 선이라고 말하는 것이다乃所謂善也. 무릇 선하지 않음을 행하는 것은 그 마음 본연이 저지르는 죄가 아니다若夫爲不善 非才之罪也. 불쌍한 자를 측은히 여기는 마음은 모든 사람이 공통적으로 지니고 있다惻隱之心 人皆有之. 악을 부끄러워하고 미워하는 마음 역시 사람들 모두 지니고 있다羞惡之心 人皆有之. 타인을 공경하는 마음도 모든 사람이 가지고 있다恭敬之心 人皆有之. 옳고 그름을 가리고자 하는 마음 역시 모든 사람이 가지고 있다是非之心 人皆有之. 측은지심은 인이다惻隱之心 仁也. 수오지심은 의다羞惡之心 義也.

공경지심은 예다恭敬之心 禮也. 시비지심은 지다是非之心 智也. 인
의예지는 밖에서 들어와 나를 바꾸는 것이 아니고仁義禮智 非由
外鑠我也, 본래 내 자신이 지니고 있지만 그 사실을 생각하고 있
지 못할 뿐이다我固有之也 弗思耳矣.

⊙ 《맹자》〈고자〉편 중

《맹자》〈공손추〉편에서는 우리가 흔히 알고 있는 사양지심辭讓
之心이 공경지심을 대신해 등장한다. 학창 시절 국민윤리 시간에
선생님이 침을 튀기며 중요하다고 설명하던 기억이 아직도 생생
하다. 물론 당시에는 '저게 뭐 그리 중요하다고 저렇게 난리를 칠
까?'란 생각에 아무 생각 없이 칠판에 적힌 사단을 공책에 옮겨
적었다. 선생님은 인仁의 단초가 측은지심이라고 설명했다. 측은
지심, 수오지심, 사양지심, 시비지심, 이 네 실마리가 결국 인의예
지 사덕四德으로 이어진다는 말이다. "우물에 빠지려 하는 아이를
보면 어떤 마음이 들어? 구해주고 싶지? 그게 측은지심이야." 선
생님의 설명에 고개가 끄덕여지긴 했지만, 그렇다고 뭔가 쿵! 가슴
에 울림이 남지도 않았다. 데이비드 흄이《인성론》에서 밝히듯 모
든 도덕 감정의 기본이 되는 것이 동정심임을 인정하더라도, 그리
절실하게 와닿지는 않았다.

사단을 보다 입체적으로, 보다 구체적으로 이해하려면 칠정七情
과의 관계 속에서 살펴봐야 한다. 사단은 기본적으로 성性, 다시
말해 인간의 본성에 관한 이론이다.《예기》〈예운〉편은 일곱 가
지 대표적인 인간 본성을 거론한다. 우리가 흔히 듣던 희喜, 노怒,

애哀, 구懼, 애愛, 오惡, 욕欲, 이른바 칠정이다. 기쁨, 노여움, 슬픔, 두려움, 사랑, 미움, 욕망. 사단과 칠정에 대한 본격적인 연구가 시작되고 이론적 분석을 하기 시작한 것은 송나라에 이르러서다. 사단은 윤리적 덕목이다. 반면, 칠정은 인간의 감정에 속하는 영역이다.

성리학性理學. 성性과 리理를 한 도마 위에 놓고 요리한 주희. 그는 '본능과 이성' '이론과 실재' '현상과 당위'처럼 양립할 수 없어 보이는 가치를 분석해내려는 야심 찬 시도를 했다. 이 시도는 우리가 신봉하는 도덕률과 실제 사이에서 벌어지는 괴리에 대한 분석이고 탐구이다. '공자 왈, 맹자 왈' 입에서는 주옥같은 말씀이 흘러넘치지만, 그로부터 1,000여 년이 훌쩍 지난 송나라 사회 역시 부조리함으로 가득 차 있었다. 그 모습을 보고 주희는 나름의 답을 구해낸 것이다. 이것이 오늘날 우리가 성리학 혹은 주자학이라 부르는 학문이다.

성리학에서는 마음이 사물에 감촉되지 않은 상태를 성性이라고 한다. 반면, 마음이 사물에 감촉된 상태를 정情이라 한다. 다시 말해, 마음의 미발未發이 성이요, 마음의 이발已發이 정이다. 결국 뿌리는 하나라는 주장이다. 주희는 사단을 이지발理之發로, 칠정을 기지발氣之發로 구분하기도 했지만, 깊이 있게 양자의 관계에 천착하지는 않았다.

성리학을 주자학이라고도 하지만 흔히 도학道學이라고도 부른다. 주희가 천착한 유교는 당연하게도 선진先秦시대 원초原初유학이 아니다. 한대漢代의 훈고학, 당대唐代의 사장詞章학은 물론이요,

도교와 불교까지도 두루 섭렵한 유학 체계가 송나라 당시 유행하던 유학이었다. 주희는 유교의 정통이 무너졌다고 판단했고, 유학의 도통연원道統淵源을 바로 세우려고 부단히 노력했다. 주희가 정리한《사서집주》가운데《대학장구》의 서문을 보면 주희의 고민과 추구하는 바가 여실히 드러난다.

《대학》이란 책은 옛날 태학에서 사람을 가르치던 법이다. 대개 하늘로부터 백성을 내릴 때에는 인의예지仁義禮智의 성性을 부여하지 않는 경우가 없다. 하지만 그 기질의 타고남은 한결같을 수는 없다. 이러한 이유로 인해, 그 본성이 소유한 바를 알아 완전하게 만드는 것을 모두 다 이룰 수 없는 것이다. 한 사람이라도 총명하고 슬기로워 능히 그 본성을 다하는 자가 나온다면, 하늘은 반드시 그에게 명하여 만백성의 군주와 스승이 되게 한다. 그로 하여금 다스리게 하고 가르치게 하여 백성의 본성을 회복케 만든다. 이는 복희, 신농, 황제, 요, 순이 하늘의 뜻을 잇고 법도를 세운 것이다. 사도의 직책과 전악의 벼슬을 이런 이유로 설치한 것이다.

이해를 돕기 위해 최대한 의역을 했지만, 여전히 난해하다. 더욱 쉽게 풀어보자. 인의예지라는 성을 우리 모두는 타고 태어난다. 하지만 그 본성을 온전히 발현시키는 자는 드물다. 어쩌다 한두 명이라도 그 본성을 완전하게 발아했다면, 하늘은 그에게 직책과 벼슬을 주어 통치자로 만든다. 그 통치자는 백성들에게 내재된, 그러나 아직 발현되지 않은 인의예지 본성을 온전하게 드러낼 수 있게 돕는다.

여기서 등장하는 인의예지, 다시 말해서 측은지심, 수오지심, 사양지심, 시비지심, 즉 사단 그리고《예기》에 등장하는 희, 노, 애, 구, 애, 오, 욕, 이른바 칠정, 이 두 기둥을 둘러싼 해석은 조선 지성사에서도 치열했다. 뉴욕에 '가본 사람'과 '안 가본 사람'이 싸우면 안 가본 사람이 이긴다는 우스개가 있다. 자유의 여신상이 뭘 들고 있는지 묻는다면, 안 가본 사람이 더 정확하게 '오른손에는 횃불을 왼손에는 독립선언서를 들고 있지요'라고 또렷또렷 답할 것이다. 정작 뉴요커는 오른손과 왼손에 뭘 쥐고 있는지 헷갈릴 터. 이것이 이른바 변방 콤플렉스를 보여주는 단적인 예다.

변방이 도리어 정통에 더 가깝고 원리주의에 근접해 있는 경우는 역사 속에서 쉽게 찾아볼 수 있다. 주자학 혹은 성리학이 조선 시대 내내 주류의 학통을 이었기 때문에 주희가 생존하던 시절 송나라에서도 크게 인정받았다고 착각하지만, 정작 주희는 위학僞學이란 비난을 거세게 받고 온갖 박해에 시달려야 했다. 주희가 완성한《논어》《맹자》《대학》《중용》의《사서집주》가 원나라 때 과거 시험의 텍스트로 채택되면서 지금의 위상을 얻게 되었다는 사실은 실로 아이러니하다.

리理와 기氣의 관계 설정 혹은 양자의 역학 관계를 극단까지 몰고 간 학자들은 도리어 조선에 많았다. 리와 기를 가져다 얇게 조각 내 유리판 사이에 끼운 다음 메틸렌블루 용액을 넣고 염색해 만든 프레파라트를 현미경 아래 두고 세밀하게 관찰한 건, 도리어 조선의 성리학자들이었단 말이다.

퇴계 이황과 고봉 기대승이 주고받은 편지를 통해서 리와 기의 역학 관계를 살펴보자. 지금으로 치자면, 퇴계는 이미 국립대학교 총장 정도의 위상을 지니고 있었다. 그런데 말하자면 퇴계가 논문을 발표하자, 시간 강사인 기대승이 정면으로 반박하는 논문을 발표한 일이 있었다. 퇴계는 무려 스물일곱 살이나 어린 후학의 기개를 높이 샀다. 치열하게 서신을 주고받으면서 서로의 생각을 나누고 가다듬었다. 1559년부터 1566년까지 무려 8년간 이어진 이 사칠논변은 조선 지성사에서 유래를 찾기 힘들 정도로 드라마틱하다.

퇴계와 고봉의 학문적 성과를 그저 변방 콤플렉스가 빚어낸 괴물이라고 생각하면 안 된다. 퇴계나 고봉, 율곡의 성취는 어찌 보면 중국 본토의 그것을 뛰어넘는 측면이 있다. 양계초[1]는 심지어 "만약 신해혁명이 성공하지 못해 망명객이 되어야 했다면, 한국으로 가서 조선의 유학을 연구하고 싶다"고 했다. 특히 양계초는 퇴계의 《성학십도聖學十圖》에 큰 관심을 보였다.

이황의 성리학은 한마디로 리理를 보다 우위에 두고 중시하는 이기이원론理氣二元論적 주리론을 표방한다. 이 우주에서 모든 존재의 생성과 소멸을 주재하는 근원으로 리를 규정하고, 현상 세계인 기氣를 생성시키는 것도 결국 리라는 입장이다. 주자의 이해와는 달리, 퇴계는 '리의 위상이 기의 위상보다 한결 위에 있다'고 파악한다. 조선 중기의 학자 정지운은 주자의 문집 《성리대전性理大全》을 보고 《천명도설天命圖說》이란 책을 지었다. 책을 완성한 후, 당대의 석학으로 추앙받던 퇴계에게 서문을 부탁했다. 정지운이 《천명도설》에서 '사단발어리四端發於理 칠정발어기七情發於氣'라고 했는데, 퇴계가 '사단이지발四端理之發 칠정기지발七情氣之發'이라고 수정했다. 이렇게 고쳐 쓴 사실이 당대 지성사에 퍼지면서, 그 유명한 사칠논쟁이 시작됐다.

정지운은 수동문의 형태를 취했는데, 대학자답게 퇴계는 이를 능동문으로 고친다. '사단은 리에서 발하고 칠정은 기에서 발한다'는 것을 '사단은 리가 발동한 것이요, 칠정은 기가 발동한 것이다'로 고친 셈. 퇴계는 정지운처럼 피해가지 않고, '리와 기'를 주어로 놓고 정면 승부를 벌인 것이다. 이걸 본 기대승은 명쾌한 주장에 더욱 명쾌하게 반박한다.

기대승은 사단과 칠정에 모두 '리와 기'가 관계를 맺고 있다고 본다. '사단은 리, 칠정은 기'란 도식을 반대하는 것이다. 결론적으로 말하자면, 이황은 까마득한 후학의 충고를 받아들여 '리발이기수지理發而氣隨之 기발이리승지氣發而理乘之, 즉 사단은 리가 발동하여 기가 따르고 칠정은 기가 발동해 리가 올라탄다'는 말로 학설을 고치고 논쟁을 아름답게 마무리한다. 논리가 궁박해지니 살짝 꼬리를 내린 느낌인데, 그냥 후퇴하기는 자존심 상하니까 마이클 잭슨 문워크 댄스로 물러나는 모양새다.

그렇다면 사칠논쟁의 한 축인 사단의 단은 무슨 뜻일까? 단端은 시작이란 뜻이 있고, 실마리란 뜻도 있다. '단을 어떻게 해석하느냐'가 곧 사단칠정 논쟁의 핵심이다. 학계의 다수론은 실마리로 해석한다. 사단을 네 개의 실마리로 상정했을 때, '사단을 궁구해

보면 인간의 본성을 찾아낼 수 있다'는 해석이 나온다.

조선의 대학자들이 그토록 격쟁을 벌이던 '리와 기'의 개념은 여전히 우리 언어생활에 남아 있다. '사람이 참 조리 있게 말 잘하네' 혹은 '기도 안 찬다' '기가 막혀' 등에 등장하는 '(조)리와 기'가 바로 그것. 리理는 본디 '옥에 난 무늬'를 의미하다가, '법칙을 총괄하는 원리'란 뜻으로 확장되었다. 그러다 성리학이 태동한 송나라에 이르러 도덕적 원리ㅏ 법칙 혹은 규범으로서 자리 잡게 되었다.

'리'의 개념이 확대된 데에는 화씨지벽和氏之璧 고사를 살펴볼 필요가 있다. 화씨지벽이란 문자 그대로 화씨의 구슬이란 뜻인데, 중국 역사상 가장 요란한 스토리텔링을 품고 있는 보석이다. 춘추시대 변화卞和라는 자가 산에서 옥덩어리 원석을 캐, 초楚 여왕厲王에게 바쳤다. 옥돌 장인에게 감정을 시켜보니, 평범한 돌이라는 답이 돌아왔다. 변화는 왕을 기망했다는 죄로 왼 다리가 잘렸다. 무왕武王이 즉위하자 변화는 다시 옥돌을 진상했다. 역시나 평범한 돌덩어리라는 감정에 이번에는 오른 다리마저 잘렸다. 문왕文王이 새로이 왕좌에 오르자, 변화는 옥돌을 산으로 가지고 올라가 사흘 밤낮으로 식음을 전폐하고 서럽게 울었다. 문왕이 물었다. "다리가 잘린 형벌을 당한 사람이 천하에 가득한데, 그대는 왜 그토록 서럽게 우는가?" 변화가 답했다. "두 다리가 잘린 것이 서러워 우는 게 아닙니다. 올바른 사람이 사기꾼의 더러운 이름을 얻어 슬퍼하는 겁니다." 이에 문왕이 장인에게 옥돌을 가공하게 하고, 화씨지벽이라 불렀다.

명장 염파의 승리 덕분에 조趙나라 혜문왕惠文王은 화씨지벽을 손에 얻는다. 진秦 소양왕昭襄王이 이 소식을 듣고는 구슬이 탐나, 진나라 성 열다섯 개와 맞바꾸자고 제안한다. 구슬이 아깝기도 하거니와 열다섯 성을 실제로 양도받을지도 모르는 상황이라 단박에 거절하고 싶었지만, 강대국 진나라의 제안을 거절했다가는 전쟁을 맞닥뜨려야 하니, 혜문왕은 그야말로 진퇴양난이었다. 이때 나타난 해결사가 있었으니, 명재상의 아이콘 인상여藺相如다.

인상여는 화씨지벽을 가지고 소양왕을 찾아간다. 구슬을 바치자 소양왕은 잔치를 열어 대신과 미희들에게 자랑하기 시작했다. 열다섯 성을 양도하려는 뜻이 전혀 없다고 판단한 인상여는 갑자기 이렇게 말한다. "실은 그 벽옥에는 작은 하자瑕疵가 있사옵니다. 제가 알려드리겠습니다." 구슬을 받아든 인상여는 기둥을 등지고 이렇게 외친다. "조나라 왕은 닷새간 목욕재계하고 예를 다해 벽옥을 바쳤는데, 진나라는 벽옥을 받자마자 미희에게 보이며 신과 조나라를 희롱하였고, 약속한 성을 양도하려는 의지도 전혀 보이지 않으니 신은 벽옥을 기둥에 깨고 자결하겠나이다."

소양왕은 구슬이 다칠까 두려워 지도를 펼쳐 성을 주겠노라 약속했다. 하지만 인상여는 '조나라 혜문왕이 그러했듯이 닷새간 목욕재계한 후에 받으시오'라고 말하며 시간을 벌고, 부하를 통해 구슬을 조나라로 돌려보냈다. 그러고는 진노한 소양왕에게 죄를 청한다. "대왕을 속인 신의 죄는 솥에 삶아져야 마땅할 것이나, 진나라 역시 그동안 신의를 저버리고 약속을 지키지 않았습니다. 성을 먼저 조나라에 넘기시면 벽옥을 바치겠나이다." 속임수로 벽옥만 취하려던 소양왕은 인상여의 충심과 기지에 감복해 조나라로 사신단을 무사히 돌려보내게 되니, 이를 두고 완벽귀조完璧歸趙라 일컫는다. 우리가 흔히 쓰는 말, 완벽完璧의 출전이다.

오늘날의 관점으로 화씨지벽 고사를 살펴보면, '당시 왕들이 옥구슬 덩어리에 환장했거나 보석 페티시가 있었나? 왜 저렇게 집착해?'라고 생각할 수 있다. 하지만 그 깊은 속내를 들여다보면 오해가 풀릴 것이다. 구슬에 새겨진 무늬에서 통치의 정당성을 확보하고, 법규의 사상적 기반을 찾으려 했던 것이다. 초 장왕이 솥² 하나에 집착하고, 장사태수 손견이 발견한 옥새³ 하나를 두고 원소, 원술, 조조 등 군벌들이 피를 튀기며 매달렸던 것과 일맥상통한다. 그러니 수많은 성과 영토를 주고서라도 화씨지벽을 손에 쥐려 한 것이다.

리理를 파자해보면, 옥玉에 난 잔금里을 뜻한다. 기氣를 파자해보자. 기炁다. '불화 변灬'이 보인다. 나무를 쌓아놓고 불을 지르는 형상이다. 왜 불을 지르느냐? 하늘에 제사를 지내려고 나무를 쌓고 불을 지르는 모양새를 형상화한 것이다. 하늘과 맞닿은 모양새로, 하늘의 뜻을 받들어 모시는 것이 기라고 할 수 있다. 반면 리의 어원이 된 옥은 땅에서 나온다. 땅의 중심에서 올라와 단단해진 규범을 의미한다. 결국 '리와 기'는 땅과 하늘의 뜻을 받드는 모양새다.

성리학을 꽃피웠던 송나라 이전에는, 기가 중심이고 리가 부수적이었다. 하늘의 뜻이 먼저란 것이다. 성리학이 발달하면서 점차로 기와 리가 함께 연구되다가 결국에는 리가 우선이 되었다. 현상을 설명하는 데는 기가 중심이요, 도덕규범과 법칙을 설명하는 데

어쩐지 고전이 읽고 싶더라니

는 리가 우선이 된다. 현상이 우선이란 세계관에서 당위가 우선이란 세계관으로 변모된 모습이다. 벤담의 공리주의가 칸트의 정언명령으로 대체된 것과 궤를 같이한다.

현대인들이 '도덕 따위는 개나 줘버려! 내 눈앞에 이득이 최고야!'라고 외친다고 해서 근대 이전의 모든 인류가 '규범에 죽고, 규범에 산다!'고 생각해선 큰 오산이다. 선진시대에서 한, 당을 거치면서도 여전히 인류는 현상을 더 중시했다. 송나라 시대 강남의 발전으로 인해 항산恒産이 생기고 나서야, 비로소 규범을 더 중시하는 사회로 변모하기 시작했다.

현대를 살아가는 우리가 근접 봉건시대인 조선시대를 기준으로 상정하면서, 전근대 이전에는 늘 남존여비가 사회적 규범이었다고 착각하는 것과 비슷하다. 신라시대에는 여왕도 존재했고, 고려시대에는 여성의 지위가 훨씬 높았다. 고려시대에는 결혼을 하면 일정 기간 처가살이를 했고, 여성의 재혼도 허용되었다. 조선을 기준으로 여권이 유사 이래 늘 우상향 곡선을 그리며 신장되었다고 착각하면, 오산이란 말이다.

다시 사칠논쟁으로 돌아가자. 이황은 사단과 칠정을 별개로 보았다. 주희는《주자어류朱子語類》에서 "사단은 리의 발동이고 칠정은 기의 발동이다"라고 했다. 하지만 이어서 바로 "희로애락애오욕은 인의와 비슷하다"고 했다. 그래서 앞서 밝혔듯이 주자는 '리기에 대해' 그리고 '사단칠정에 대해' 명쾌한 답을 내리지 않았다고 말한 것이다.

측은, 수오, 사양, 시비. 사단은 어디에서 발동해 나온 것입니까? '인의예지'라는 본성에서 발동해 나온 겁니다. 희, 노, 애, 구, 애, 오, 욕. 일곱 가지 감정은 어디에서 발동해 나온 겁니까? 칠정은 바깥 사물이 우리 몸의 감각 기관을 통해 들어와 마음을 움직이는 것입니다. 즉, 마음이 바깥 대상에 다가가서 나오는 감정이란 말입니다.

옛날에 맹자가 사단은 마음에서 발동해 나온 것이라고 말한 것을 보면 마음이란 분명 리와 기 둘을 합한 것입니다. 그런데 맹자가 주목한 것은 '리와 기' 가운데 '리'입니다. 왜냐하면, '인의예지'의 본성은 마음속에서 순수한 채로 있는데, 사단이 순수한 본성이 있다는 것을 보여주는 실마리이기 때문입니다.

칠정의 발현에 대해 주희도 칠정에는 본래 당연한 도덕적 원칙이 있다고 말한 것을 보면 칠정에도 리가 없는 것은 아닙니다. 하지만 주희가 주목한 지점은 기입니다. 왜냐하면, 바깥 사물이 들어와 쉽게 먼저 감동을 주는 것은 우리 몸의 감각 기관을 이루는 기인데 칠정이 이런 과정을 보여주는 싹이기 때문입니다.

그렇다면 마음속에 있는 순수한 리가 발현하자마자 기와 섞인 것도 있고, 또는 바깥 사물에 감동받은 기가 발현할 때 리로 변한 것도 있습니다. 그런데 어찌해 발현되어 나온 근원을 무시하고 결과만 보고 리와 기 모두 본래 마음속에 있는 본체라고 둘

어쩐지 고전이 읽고 싶더라니

을 구분하지 않으십니까?

⊙ 《퇴계집》〈답기명언〉편 중

기대승은 이렇듯 '리와 기'를 딱 잘라 나누려는 이황의 생각에 반론을 제기한다. 기쁜 상황에서 기뻐하고喜 슬픈 상황에서 슬퍼하는 게哀, 과연 '옳고 그름을 가리는 마음是非'보다 무조건 열등하다고 폄훼할 수 있을까? 우물에 빠지려 하는 아이가 불쌍해 구하려는 마음이惻隱 '사랑하고愛 미워하고惡 두려워하는懼 마음'보다 무조건 우월하다고 말할 수 있을까? 인간이란 그리 간단한 존재가 아니다. 이황은 인간을 지나치게 평면적으로 봤고, 완전무결한 이상적 존재로 상정했다. 기대승은 리와 기가 그렇게 손쉽게 나뉠 수 있는 관계가 아니라고 주장한다. 《퇴계집》〈답기명언〉편에서 기대승의 주장을 살펴보자.

자사는 이른바 온전한 것을(칠정) 말했고 맹자는 사단을 정에서 골라내었습니다. 사람의 마음이 아직 발동하지 않으면 본성이라 말하고 이미 발동했으면 정이라고 말하니, 본성은 선하지 않음이 없고 정은 선악이 있습니다. 이것은 진실로 그러한 이치입니다. 그런데 비록 사단과 칠정을 구분하더라도 칠정 밖에 사단이 있다는 것은 아닙니다. 지금 선생께서는 '만약 사단은 리에서 나왔기 때문에 무조건 선하고 칠정은 기에서 나왔기 때문에 선악이 모두 있다'고 주장하십니다. 이것은 리와 기를 쪼개어 둘로 구분한 것이기 때문에 칠정은 본성에서 나오지 않고 사단은 기를 타지 않는다고 해석할 수도 있습니다. 이렇게 보면 선생의 말씀에는 잘못이 있습니다. 그래서 후학인 저로서는 의문을 갖지 않을 수 없습니다.

기대승은 사단이 칠정의 부분집합이라고 설명한다. 그리고 둘의 관계, 즉 사단과 칠정의 위상은 동등하다고 봤다. 이황은 수년간의 논쟁을 거치며 결국 기대승의 주장을 받아들여 자신의 논리를 수정하기에 이른다. 이황이 '기에 대한 리의 우위'를 주장하는 것은 조선의 건국 과정과 무관치 않다. 기를 중시하는 불교의 고려 왕조를 배척하고, 리를 중시하는 유교의 조선을 건국한다는 논리적 근거가 '리의 우위'에서 나오기 때문이다. 기대승의 반론과 이황이 이를 받아들인 점은 그래서 놀라운 학문적 발전이다. 동시에 다른 측면에서 보자면, 조선 왕조가 이미 기틀을 공고히 하고 있기 때문에 '고려를 무너뜨리고 조선을 세울 수밖에 없다'는 성리학적 '리' 우월론을 강제하지 않아도 되는 여유로운 상황이 된 것이다. 아무튼 이황도 기대승의 의견을 받아들이고, 기대승도 이황의 논리를 인정하면서 사단칠정논쟁은 일단락이 된다.

다 꺼진 불씨에 제대로 바람을 불어 살린 인물이 바로 율곡 이이다. 이황과 이이. 이 천원권 vs 오천원권 모델은 제대로 한판 붙게 된다. 이이는 이황과 기대승 간의 논쟁을 배고픈 살쾡이처럼 가늘게 눈을 뜨고 지켜보다가 논쟁이 일단락되는 순간 나서서 이황을 살포시 즈려밟는다. 《율곡전서》〈논심성정〉편에서 이이가 이황을 어떻게 잘근잘근 조지는지 살펴보자.

내가 강릉에 있을 때, 기대승이 이황과 사단칠정을 논한 편지를 보았다. 이황은 '사단은 리에서 발하고, 칠정은 기에서 발한다'고 했다. 기대승은 '사단과 칠정은 본디 둘이 아니다. 칠정 가운데 리가 발동한 것이 사단일 뿐이다'라고 말했다. 왕복한 글이 만여 자가 되도록 서로 합치하지 않았다. 기대승의 주장이 바로 나의 뜻에 합치한다. 대개 본성에는 인의예지신이 있고, 감정에는 희, 로, 애, 락, 애, 오, 욕이 있을 뿐이다. 인의예지신 오성 이외에 다른 성이 없고, 칠정 이외에 다른 정이 없다. 칠정 가운데 인욕이 섞이지 않고 순수하게 천리에서 나온 것이 사단이다.

현상과 규범. 실존과 당위. 어느 쪽에 무게를 두느냐? 이건 단순한 문제가 아니다. 세계관이 걸린 어마어마한 이슈다. 식민주의 사관을 가진 학자들은 조선이 당쟁 때문에 망했다고 비판한다. 필자처럼 80년대에 학창 시절을 보낸 세대는 흔히 듣던 말이다. 호소이 하지메 같은 자는 심지어 "조선인의 혈액에는 특이한 검푸른 피가 섞여 있어 당파 싸움이 끊이질 않는다"는 망발을 입에 담기도 했다. 하지만 조선의 당쟁사에는 우선 대화와 평화가 있다. 아무리 의견이 달라도 말을 통해, 서신을 통해 서로의 의견을 나눈다. 일본이야말로 뜻이 맞지 않는다고 긴 칼을 휘둘러 피를 보던 나라였다. 더욱 중요한 것은 당쟁은 식민주의 사관에서 말하는 것처럼 '단순히 권력 쟁탈을 위해 싸운 게' 아니라는 점이다. 가치관과 세계관이 다르기에 핏대를 세워가며 의견을 나눈 것이다.

일견 말장난 같아 보이는 사칠논변이 어째서 '세계관의 차이'라는 것일까? '리와 기'가 둘인지 하나인지가 왜 그토록 중요한 것일까? 철저한 계급 사회인 조선에는 신분과 관련된 법인 종모법從母法이 있었다. 세계관의 차이는 같은 종모법을 다르게 해석했다. 종모법이란 한마디로 '양반과 노비가 부모인 경우 혹은 양인과 노비가 부모인 경우 어머니의 신분을 따른다'는 의미다. 아버지가 양반이고 어머니가 노비인 경우는 왕왕 있지만, 반대의 경우는 없었다. 그런 상황에서 종모법은 더 낮은 신분인 어머니의 계급으로 강등되는 결과를 초래했다. 동시에 기존의 남존여비 사상을 더욱 공고히 하는 부작용을 낳았다.

사단과 칠정을 어떻게 보느냐는 입장 차이가 결국 종모법에 대한 견해 차이로 수렴하게 된다. 주리론의 이황 입장에서는 반상의 질서가 명확하니 오직 신분의 경계를 철저히 하는 것이 중요하다. 그러니 이치적으로 볼 때 당연하게도 종모법을 찬성할 수밖에 없다. 반대로 세상만사 이치만 따져서 해결이 안 된다고 바라본 주기론의 이이 입장에서는 인정할 수 없었다. 양반인 아버지와 노비인 어머니 사이에 태어나도 얼마든지 훌륭한 교육을 받으면 나라의 인재로 활용할 수 있는데, 무조건 노비로 삼는 종모법이야말로 나라의 발전을 부여잡는 족쇄라고 판단했다. 홍길동 같은 인재를 발굴하자는 게 이이의 주기론이요, '아버지를 아버지라 부르지도 말라'는 것이 이황의 주리론인 것이다.

누구나 들어는 봤지만, 제대로 아는 사람은 없다는 '성리학' '사단칠정' '주리론과 주기론'도 철학의 고전이다. 가끔은 꾹 참고 고전을 한번 들여다보는 것도 삶에 윤택함을 더한다.

어쩐지 고전이 읽고 싶더라니

1 중국 근대 사상가이자 개혁가, 교육가, 사학자. 신문화운동을 이끌고 오사운동을 지지했다. '걸어 다니는 백과사전'이란 별명답게 동양, 서양 학문에 두루 밝았다.

2 부국강병을 이룬 초나라 장왕은 장강을 넘어 낙수가에 진을 치고 열병식을 가진다. 장차 천하를 제패하겠다는 야망을 드러낸 것이다. 그러자 허울만 종주국이던 주周나라는 사신을 파견해 초나라를 달래려 한다. 초 장왕은 종주국의 상징물인 솥에 대해 묻는다. "구정九鼎을 한번 보고 싶소. 그 무게가 얼마나 되는지 궁금하오." 대놓고 천하의 주인자리를 내놓으라는 불손한 언사에, 사신으로 온 왕손王孫 만滿이 답한다. "나라의 권위는 덕에 있는 것이지, 솥의 무게에 있는 것이 아닙니다. 덕행이 이루어지면 솥은 아무리 작아도 움직일 수 없고, 세상이 혼란하고 간사한 무리가 들끓게 되면 구정은 아무리 커도 가벼이 옮길 수 있습니다."

3 타도 동탁을 기치로 모인 토벌군의 일원이던 장사태수 손견은 폐허가 된 낙양에서 옥새를 발견하게 된다. 이를 원술에게 바치자, 원술은 황제가 되겠다는 야망에 사로잡혀 스스로 제위에 오르니 국명을 중仲이라 하였다. 진수의 정사 《삼국지》에 주석을 단 배송지는 이렇게 평한다. "티끌만 한 공적도 없이 황제를 칭하니 의로운 자들이 분기탱천했다. 사치와 향락으로 망했다는 표현으로는 그 큰 죄악을 드러내기에 부족하다."

2부

나를 세우다

살피다
성

파자하면, 작은 것少까지 자세히 본다目는 뜻.
살피다, 반성하다라는 의미도 있지만 중국 고대 중앙정부를 뜻하기도 한다.

누구의 힘으로
역사는 움직이는가

춘추전국시대는 BC 770년 주나라가 호경(장안, 지금의 섬서성 서안시 부근)에서 낙읍(낙양, 지금의 하남성 낙양시 부근)으로 옮긴 후부터, BC 221년 진시황이 중국을 통일한 시점까지를 이른다. 여기서 기원전을 뜻하는 BC는 누구나 아는 대로 'Before Christ'의 약자다. 하지만 기원후를 의미하는 AD는 그 뜻이야 삼척동자도 알지만 어원은 잘 모른다. AD는 라틴어 Anno Domini의 약자로, '주님의 해year'라는 뜻이다. 영어로 굳이 옮기자면 'in the year of the lord' 정도가 되지 않을까.

기원전을 뜻하는 이 BC를 독특하게 해석한 한 정치인이 있어서 들으며 무릎을 탁! 쳤던 기억이다. 노회찬 의원이 한 방송에 나와 우리는 모두 'BC를 경험하고 지나온 세대'라는 표현을 했다. 워낙 언변이 뛰어나 소진이나 장의를 상대해도 손색이 없으리라 생각해오던 정치인이었다. 촌철살인 비유는 특히나 압권이라, 어떤 설명이 뒤따를지 귀를 기울였다. "여기서 우리가 지나온 BC는 Before Christ가 아니고 Before Candle입니다. 우리는 촛불 이전과 이후로 나뉘는 것이지요."

과연 언어의 연금술사 노회찬 의원다운 찰진 드립에 따귀를 맞는 듯 얼얼했다. 예수의 탄생이 서양 사회에 끼친 영향은 지대하다. 그에 버금갈 정도로 우리 사회는 촛불 혁명의 영향을 받았다. 촛불 혁명은 역사상 유례가 없는 비폭력 시위를 바탕으로 성공한 혁명이다. 대한민국 사회는 여러 분야에서 극적으로 변모했다. 촛불을 기준으로 우리 사회는 더 수평적이고, 더 민주적이고, 더 탈권위적으로 바뀌었다. 신묘하게도 이 혁명은 독점적 물리력을 지닌 국가의 폭력성과 도덕 사이에서 작동하는 전형적인 역학 관계를 탈피했다.

장 자크 루소는 "정치와 모럴을 분리해서 생각하는 사람은 이 둘 모두에 대해 아무것도 모르는 사람이다"라고 단언했다. 루소가 촛불 혁명을 엄동설한에 벌벌 떨며 지켜봤다면 뭐라 말했을까. 이 기묘한 다이내믹은 어디에 근원을 두고 있는지 궁금하다는 의문을 제기했을 것이다.

공자조차 정치가 윤리적 이상이란 궤도에서 이탈했음을 말로 고백했다. 공자는 자신이 목 놓아 외치는 주나라 문왕의 이상이 현실 정치에서는 그저 유니콘처럼 여겨지는 답답한 실상을 기원전, 즉 예수님이 오시기 500여 년 전부터 크게 탄식했다.

공자께서 말씀했다. "봉황새는 오지 않고, 황하에서도 상서로운 그림이 나오지 않으니 나는 끝났구나!"

⊙ 《논어》〈자한〉편 중

《논어》에서 찾아보기 드문 강렬한 한탄이다. 여기서 봉황의 의미는 무엇인가. 순임금 때 봉황이 날아와 춤을 추었다는 기록이 있고, 주나라 문왕 때에는 영조靈鳥가 와서 울었다는 기록이 있다. 복희씨 때에는 용마龍馬가 상서로운 그림을 짊어지고 등장했다. 공자 시절에 이미 요순의 태평성세와 복희씨 시절의 아름다운 정치는 흔적도 없이 사라졌다는 개탄이다. '나는 끝났도다!'라는 한탄에는 요순과 주 문왕의 다스림을 자신의 이상으로 삼아 정진했다는 스스로에 대한 자부심이 드러난다.

초나라 미치광이 접여가 공자가 있는 곳을 지나가다가 말했다. "봉황이여, 봉황이여, 어찌 그토록 덕이 쇠하였는가. 지나간 것은 간언할 수 없고, 다가올 것은 오히려 좇을 수 없네. 그만두시게! 그만두시게! 오늘날 정치를 따르는 것은 위태롭다네." 공자는 수레에서 내려 접여와 말을 섞으려 했다. 그러나 접여는 종종걸음으로 공자를 피했다. 그래서 그와 말을 나눌 수 없었다.
⊙ 《논어》〈미자〉편 중

접여는 초나라 시골에 숨어 살던 선비였다. 초 소왕 재위 당시 정치가 혼란스러워지자 머리를 풀고 얼굴에 옻칠을 하여 미친 척했다. 하지만 접여는 국가의 폭력성과 윤리의 역학 관계를 파악하고 있던 진정한 능력자였다. 공자가 진채지액을 거치고 초나라에 도착했을 때, 접여와 만나게 된다. 예나 지금이나 가장 크고 무시무시한 물리력은 국가가 관장하는 폭력이다. 맹자가 패도 정치를 버리고 왕도 정치를 행하라고 주창하듯, 국가 폭력과 윤리의 관계 설정이야말로 유가의 핵심 연구 과제다.

막스 베버 역시 물리력과 윤리의 관계에 대해 집착적으로 고찰했다.《직업으로서의 정치》에서 막스 베버는 이렇게 말한다. "정치는 모든 폭력성에 잠복해 있는 악마적인 힘과 관계를 맺는 것이다. 범우주적인 인간에 대한 사랑과 자비를 역설한 위대한 대가들은 폭력이라는 정치적 수단을 가지고 일한 적이 없다. 자신의 영혼과 타인의 영혼을 구제하려는 사람은 이것을 정치라는 방법으로 달성하려 해서는 안 된다. 정치는 전혀 다른 과업을 가지고 있다. 정치의 과업은 폭력이라는 수단을 통해서만 완수될 수 있다."

맹자에 관점에서 보자면 국가는 철저히 '의義를 실천'해야 한다. 그런데 의를 행하기 위해 국가는 피치 못할 최소한의 폭력은 사용할 수 있다. 그렇지만 그 강제력 역시 폭력은 폭력이다. 패도 정치와 왕도 정치로 나눈 맹자의 관점에서 보건대, 국가의 폭력을 최소한만 심지어 정당성을 확보한 채 행사한다면, 그것이 곧 왕도 정치가 된다. 국가의 강제력, 물리력에 정당성이 조금이라도 훼손되거나, 최소한의 법칙을 넘어서 과도하게 행사될 때 그것은 곧 패도 정치가 된다.

에스키모에게는 눈에 관한 표현이 스무 가지가 넘는다. 그만큼 눈에 묻혀 살고 눈을 이용하면서 살 수밖에 없기 때문이다. 마찬가지로 춘추전국시대에는 무엇에 관한 표현이 이토록 다양할까? 바로 전쟁이다. 당시 전쟁에 관한 표현만 해도, 십여 개가 족히 넘는다. 패敗, 패적敗積, 전戰, 극克, 취取, 벌伐, 침侵, 습襲, 급及, 회會…

때로는 전쟁의 양상에 따라, 때로는 전쟁의 명분에 따라 각기 지칭하는 용어가 세밀하게 갈린다. 그만큼 전쟁이 많았고, 전쟁으로 인해 피 흘리고 신음하는 백성들이 많았다는 방증이기도 하다. 《맹자》〈공손추〉편에서는 맹자의 전쟁관이 여실히 드러난다. 전쟁은 국가 물리력 간의 충돌이다. 전쟁은 결국 '국가라는 관념'과 따로 떼어 놓고 생각할 수 없다. 국國은 결국 '창을 든 백성들이 성안에 들어앉아 있는' 모양새가 아니던가. 전쟁과 국가의 관계, 그리고 국가 통치 원리에 대해 맹자는 다음과 같이 정리한다.

맹자가 말씀했다. "천시天時는 지리地利만 못하고, 지리는 인화人和만 못하다. 사방 삼 리의 내성과 사방 칠 리의 외성을 포위하고 공격해도 이기지 못할 경우가 있다. 대체로 포위하고 긴 시간 공격하다 보면 반드시 천시가 유리해지는 시기를 맞는다. 그런데도 이기지 못하는 이유는 천시가 땅의 유리함을 이기지 못하기 때문이다. 성곽이 높지 않은 것도 아니요, 해자가 깊지 않은 것도 아니다. 병기와 갑옷이 견고하고 날카롭지 않은 것도 아니고, 쌀과 조 같은 군량이 부족한 것도 아니다. 그러할진대 땅을 버리고 달아나는 경우는 지리가 인화보다 못함을 증명하는 것이다. 그러므로 말한다. 백성이 사는 영역은 나라의 국경선으로 그 이동을 막을 수 없다. 나라를 굳건히 지키기 위해서는 험준한 산과 계곡만 있다고 되는 것이 아니다. 천하에 위세를 떨치는 것은 병기와 갑옷이 뛰어나다고 이루어지는 것이 아니다. 도를 얻어 실천하려는 자는 사람들이 그를 돕는다. 도를 잃고 방탕하고 포악해진 자는 도와주는 사람들이 줄어든다. 도를 잃어 도움이 적어지다 보면 마지막에는 그 피붙이마저 그를 배반하게 된다. 도를 실천해 그 정도가 지극해지면 천하의 사람들이 그를 돕고 그의 정치에 순종하게 된다. 천하의 사람들이 순종하는 군주가 자신의 피붙이에게도 배신당하는 군주를 공격하게 되면 싸우지 않아도 된다. 굳이 싸우게 된다 해도 반드시 승리한다.

맹자는 전쟁의 기술적인 우열을 먼저 짚어주고 있다. 《손자병법》에서는 법法, 장將, 지地, 천天, 도道, 다섯 가지를 전쟁 승리의 요건으로 꼽는다. 법은 법제를 의미하고, 장은 장수를 의미한다. 땅과 하늘은 맹자의 순서와는 반대다. 손자는 지리보다 천시를 더 중시한다. 하지만 결정적으로 마지막은 역시나 도를 내세운다. 《손자병법》에서 말하는 도가 바로 맹자가 말하는 인화의 다른 이름이다. 튼튼한 성곽, 군량미, 병기 등 전쟁에서 가장 중요하다고 꼽는 요건들 모두 맹자에게는 부차적 요소일 뿐이다. 결국 중요한 것은 인화, 즉 도의 완성이다.

이 〈공손추〉편에서 맹자의 사상 가운데 혁신적인 국가관이 고스란히 드러난다. '백성이 사는 영역은 나라의 국경선으로 그 이동을 막을 수 없다.' 역성혁명易姓革命을 언급하는 《맹자》 〈양혜왕〉편과 더불어 《맹자》에서 가장 혁명적인 내용이다. '백성들에게 국가는 의무요, 복종의 대상이다. 백성이 국가를 선택할 수는 없다. 오직 주어진 국가에 충성하는 것만이 백성의 지극한 도리다.' 이것이

어쩐지 고전이 읽고 싶더라니

우리가 일반적으로 생각하는 유가 사상의 국가관이다. 그런데 맹자는 놀랍게도 백성이 국가를 선택할 수 있다는 경천동지驚天動地할 내용을 피력하고 있다. 창칼을 앞세워 침략 전쟁에만 몰두하고 백성의 안위는 안중에도 없는 군주들에게 일갈하는 장면이기도 하다. 그야말로 《맹자》에서 가슴 뛰게 만드는 명장면 중 하나다. 비록 한 줄이지만, 국가와 백성의 관계 그리고 군주와 백성에 대한 관계를 정리한 기막힌 구절이다.

춘추전국시대는 독특하고 기묘한 시절이었다. 후대의 관념에 따라 '백성들이 국가에 충성을 다하고 국가에 목을 맸을 것'이라고 추측한다면, 명백한 착각이다. 각자도생各自圖生. 그 넓은 영토에서 각자 적당한 곳에 깃발 꽂고 잘 살면 그만이었다. '천하天下'의 개념을 상기하자. 당시 중국은 '하나의 나라'라기보다는 하나의 세상이었다. 맹자는 그 천하에 깃발을 내걸고 있는 국가의 실존적 의미를 되새김질하고는, 멋진 결론을 내린다. 국경은 존재하되 백성이 국경에 얽매일 필요가 없다는 것이다. 이게 바로 민본주의의 현실적인 방안이다. 영토, 국가의 지도자, 이데올로기, 국가 그 자체, 이 모든 것보다 결국 백성이 중요하다는 결론이다. '뭣이 중헌디? 백성이 중허지!'

1789년 7월 14일, 파리 시민은 바스티유 감옥을 습격한다. 이른바 프랑스 대혁명의 시작이다. 혁명의 이론적 토대를 제공한 계몽주의 학자들이 여럿 있었다. 그 가운데 가장 큰 뿌리는 장 자크 루소다. 그의 《사회계약론》은 절대 왕정의 부작용으로 신음하던 프랑스 시민들에게 불의에 맞설 수 있는 힘을 주었다. 루소의 '자연으로 돌아가라!'는 역사상 가장 큰 오해를 불러일으킨 명언이다. 이 명언의 의미는 산으로 들어가 '나는 자연인이다'를 촬영하란 말이 아니다. 하늘로부터 부여받은 생명과 자유의 권리, 즉 천부인권天賦人權을 각종 제약 때문에 구속받고 있다면, 그 상태에서 벗어나 자유와 생명권을 타고 태어난 그 시점으로 돌아가란 말이다. 《사회계약론》에서 루소는 "인간은 태어날 때는 자유로웠는데 노예가 되어 있다"고 말한다. 맹자는 이미 나리의 국경 따위가 인간의 자유를 억압할 수 없다고 루소보다 2,000여 년 앞서 천명한 것이다. 놀랍지 않은가.

'역사는 전진한다' 혹은 '역사는 발전한다'는 명제는 명백히 옳다. 하지만 거시적으로 봤을 때 그렇다는 것이지 미시적으로 들여다보면 엄연히 착시가 존재한다. 역사는 정비례로 발전하지 않았다. 때론 나락으로 떨어지기도 하고, 때론 급상승하기도 했다. 멀리서 보면 우상향 곡선을 그리지만, 가까이에서 보면 요철이 심하다. 국민의 권리는 거의 신장하지 않은 채, 왕권을 강화하는 시스템만 더욱 세밀하고, 정교하고, 악랄해졌다. 우리나라로 말하자면 조선시대, 유럽으로 치환하자면 중세봉건시대가 신라시대나 로마시대보다 모든 분야에 걸쳐 우월하다고 말할 수 없다.[1] 어떤 면에서 보자면, 지배 이데올로기의 정교한 압박이 국민들을 짓누르던 암흑의 시기였다. 춘추전국시대나 그리스시대의 철학이 동서양 문명의 근간을 이룬 것은 오히려 그 당시가 더 자유로웠기 때문이다.

절이 싫으면 중이 떠나듯, 나라가 싫으면 떠나면 되는 것이 춘추전국시대의 본질이다. 특히나 호경에서 낙읍으로 수도를 옮긴 시점부터, 다시 말해 동주東周의 시작부터 춘추전국의 속성이 여실히 드러나게 된다. 주 왕실은 허약해지자, 제후들에게 무시를 당했다. 제후도 실권이 없으면, 대부한테 업신여김당했다. 진晉이 갈라져 조趙, 한韓, 위魏가 된 것이 바로 그 적나라한 예시다. 대부 역시 힘이 없으면 식객들에게 무시당한다. 어찌 보면 철저한 실력 위주의 사회요, 약육강식이 지배하는 무시무시한 사회다.

하지만 백성이 국가도 버릴 수 있다는 이 '달콤살벌함'이야말로 사상과 철학이 무럭무럭 자라나기에 더할 나위 없이 완벽한 토양이 되었다. 이미 만들어진 틀에 갇히지 않고, 그 어떤 제약에도 무릎 꿇지 않기에 동양 철학은 제자백가에서 시작되었고 제자백가에서 완성되었다. 조금 과장해 말하자면, 그 이후 2,300여 년간 우리는 제자백가 사상에 주석을 달고 다시 그 주석에 주석을 달며 살아온 것이다.

백가쟁명百家爭鳴. 춘추전국시대는 온갖 학설과 사상이 다투어 울부짖던 시기였다. 제나라의 수도 임치에는 13개의 성문이 있었는데, 그 가운데 하나가 직문稷門이다. 여러 나라에서 온 학자들이 직문 앞에 모였고, '내 사상이 옳다'고 소리 높여 토론을 벌였다. 양 혜왕과 더불어 《맹자》에 가장 빈번하게 등장하는 제나라 선왕은 직문에서 벌어지는 이 자유토론을 열정적으로 장려했고, 이들은 '직문학파'라 불리게 된다.

그로부터 2,300여 년이 지난 1956년, 마오쩌둥은 공산당원

1,000만 명을 확보하고, '이대로만 간다면, 중국은 세계 최강 공산대국으로 성장할 것'이라는 핑크빛 전망에 빠지게 된다. 하지만 '내 땅'이란 관념이 사라진 신세계에서 농업생산력은 현저히 급감했다. 위기의식에 빠진 마오쩌둥이 들고 나온 게 바로 백화제방百花齊放 백가쟁명百家爭鳴 운동이다. '공산당 무한 찬양 정책'에 대한 철저한 반성이 낳은 결과물이다. 공산당 이념에도 비판할 것이 있으면 마음껏 비판하라는 명령을 내리면서, 춘추전국시대 백가쟁명을 소환한 것이다.

그러나 사실상 공산당 일당 독재 체제 아래에서 당을 비판한다는 건, 결코 쉬운 일이 아니었다. 오죽하면 마오쩌둥이 언자무죄言者無罪란 슬로건을 만들어 내걸었을까. '무슨 말을 해도 죄가 되지 않는다'는 뜻으로 《시경》의 '말하는 이는 죄가 없으니言者無罪, 듣는 이가 경계로 삼으면 족하다聞者足戒'란 표현에서 인용한 표어다. 이른바 이 쌍백雙百운동은 힘을 받는 듯싶었으나, 불과 석 달 만에 철퇴를 맞게 된다. 공산당에 대한 신랄한 비판이 격렬하게 튀어나오자, 위기의식을 느낀 마오쩌둥은 태도를 돌변해 비판적 지식인을 탄압했다. 당시 반우파운동으로 숙청된 지식인이 무려 50만 명에 달한다.

반면, 춘추전국시대 직문학파의 학자들은 자신의 의견을 마음껏 피력했다. 케인스학파니, 시카고학파니 하며 구분 짓는 것과는 달리 직문학파는 공통된 사상을 추종하는 학파가 아니다. 직문에 모인 유가, 묵가, 도가, 법가 등 다양한 사상의 학자들을 통칭해 이르는 말이다. 제나라의 싱크탱크 역할을 위해 모인 사상가들은 자유롭게 연구하고, 주장하고, 토론하고, 건의하고, 비판했다. 춘추전국시대 내내, 시대의 공기는 직문학파 학자들이 벌이는 난상 토론처럼 자유로웠다.

중국, 영어로 CHINA의 기원이 된 중국 최초의 통일 왕조 진秦나라. 그리고 한자漢字라는 언어 명칭의 모태가 된 한漢나라. 진과 한은 사실상 한 몸으로 봐야 한다. 진이 밥상을 차리고 기진맥진한 상황에 한이 덥석 잘 받아먹었다. 그러므로 중국 최초의 통일 왕조 성립기는 평범함 백성 진승, 오광의 난으로 촉발되어 역시나 평범하기 그지없는 유방의 마무리로 결말을 맺는다고 봐도 무방하다. 춘추전국시대의 사상적 자유가 거름이 되어 진-한 제국이라는 꽃봉오리를 피운 셈이다.

결국 역사는 민중의 힘으로 돌아간다. 나라를 망하게 하는 것도, 다시 일으키는 것도, 대통령을 선출하는 일도, 대통령을 탄핵하는 일도 모두 국민의 손에서 이루어진다. 위정자들은 이 간단하고도 명징한 진실을 제발 잊지 말 것.

덧. 이 원고의 초고를 쓰고 퇴고를 하는 동안, 노회찬 의원이 세상을 떠났다. 촛불 이후, 더 민주적인 대한민국을 만들어놓고, 돌연 세상을 등졌다. 지금 우리의 정체성은 맹자가 울부짖던 '국민이 주인 되는' 세상을 회복했는데, 누구보다 이런 세상을 갈망하고 이런 세상을 만들기 위해 온몸을 던져 희생하던 정치인은 떠나버렸다. 춘추전국시대의 거름 위에서 진秦이란 뿌리가 내리고 한漢이란 꽃을 피워냈듯, 노회찬의 죽음은 더 나은 대한민국

을 꽃피우기 위한 거름이 될 것이다. 아니, 되어야만 한다. 그래야
만 고故 노회찬 의원의 죽음이 조금은 덜 원통할 것이요, 조금은
덜 한스러울 것이다.

〰〰〰〰〰〰〰〰〰〰〰〰〰〰〰〰〰〰〰〰〰〰

1 오늘을 사는 우리는 우리의 정체성을 바로 직전의 전근대 사회인 조선에
서 찾는다. 특히 조선 후기 성리학의 영향으로 이루어진 가치 체계를 마
치 반만년 동안 전해 내려온 우리 한민족 고유의 정서라고 착각하는 경우
가 많다. 남녀의 역학 관계도 그중 하나다. 남존여비란 그릇된 사상은 조
선 후기 확립된 것이다. 단군 할아버지 시절부터 이어져온 것처럼 착각하
면 안 된다. 당장 고려시대로만 거슬러 올라가도 여권이 훨씬 강했다. 직
역하면 '처가에 간다'는 의미의 '장가가다'라는 말이 '결혼하다'를 뜻하는
대표적 표현이었다.
조선 성리학의 대표 주자 이이가 나고, 자라고, 학문의 기초를 닦은 곳도
외가였다. 외가인 오죽헌에서 어머니인 사임당 신씨의 지도 아래 율곡은
조선을 대표하는 학자가 되었다. 조선 초기 및 중기까지도 여권이 무척이
나 발달되어 있었다는 증거다. 그러다 중기, 후기에 접어들면서 우리가
현재 생각하는 남녀 역학 관계가 정립되었다고 보면 맞다. 마찬가지 원리
로 우리는 명나라의 국가관이나 대명률에 근거한 '국가와 국민의 관계'에
천착하는 경향이 있다. 이 잣대로 춘추전국시대를 바라보면 영 맞아떨어
지는 게 없다. 역시나 중국의 정체성을 명나라의 잣대로만 해석하면 오류
가 발생할 수밖에 없다.

역사 인식이 중요한 이유

본래 글이 말보다 더 큰 무게를 갖게 된 가장 결정적인 이유는 '기록의 물리적인 어려움'에 기인한다. 한비자처럼 말을 지독하게 못해 기구한 운명에 처한 사람도 있으니 말이 중요한 듯싶다. 하지만 《사기》의 사마천,[1] 《자치통감》의 사마광, 〈적벽부〉의 소동파, 중국 역사의 수많은 영웅들이 결국 그들 자신의 붓끝에서 만들어졌음을 보자면 글이 중요한 듯싶기도 하다.

편리한 종이와 펜이 있고, 그보다 더 쉬운 컴퓨터와 자판이 있는 요즘에도 글을 쓰라고 하면 한숨부터 쉬는 사람들이 많다. "말은 편한데 글은 부담스러워요." 청산유수 달변가들도 글을 써보라 하면 어깨에 힘이 잔뜩 들어간다. 하물며 죽간에 글을 남기고 화선지에 먹을 갈아 기록하던 그 시절에는 얼마나 글이 힘들었을까.

두보는 그 힘든 글을 다섯 수레나 읽으라고 명한다. 두보의 칠언율시 〈제백학사모옥題栢學士茅屋〉[2]은 우리가 흔히 듣던 '남자는 모름지기 다섯 수레의 책을 읽어야 한다男兒須讀五車書'라는 표현의 출전이다. '하루라도 책을 읽지 않으면 입 안에 가시가 돋친다

一日不讀書 口中生荊棘'와 더불어 출판사 사장님이 가장 사랑하는 격언이다.

비록 당시의 책 한 권과 오늘날 책 한 권의 정보량에는 현격히 차이가 나지만, 그래도 다섯 수레의 책을 읽기란 쉽지 않은 일이었다. 요즘 인물들 가운데 그 요건을 충족한 인물을 머릿속에 떠올려본다. 김대중 대통령, 신영복 선생, 유시민 작가. 세 거목의 글을 읽고 말을 들어보면 '말이 글이요, 글이 말이다'란 격언이 실감 난다. 특히 유시민의 말과 글은 절정기 마이클 조던의 슛처럼 짜릿하면서 동시에 통렬하고, 심지어 레프 야신의 플레이처럼 묵직하기까지 하다. 그들의 저작을 읽고 있노라면 문득 그들의 메세지가 독자인 내게 얼마나 가까이 닿았을까 궁금해진 적이 많다.

제나라 환공이 대청마루에서 책을 읽고 있었다. 윤편輪扁이 마루 아래에서 수레를 깎고 있었다. 윤편이 망치와 끌을 내려놓고 대청 위를 쳐다보며 말했다. "감히 묻겠사옵니다. 대왕께서 읽고 계신 책은 무엇입니까?" 환공이 답했다. "성인聖人의 말씀이네." 윤편이 다시 물었다. "그 성인이 지금 살아 계시옵니까?" 환공이 답했다. "이미 돌아가셨다네." 윤편이 말했다. "그렇다면 대왕께서 읽고 계신 것은 옛 사람들의 찌꺼기군요." 환공이 노해 말했다. "과인이 책을 읽는데 수레바퀴나 만드는 놈이 감히 왈가왈부하는가! 나를 설득한다면 무사하겠지만, 나를 납득시키지 못하면 무사치 못하리라!" 윤편이 대답했다. "제 평소 경험을 바탕으로 말씀드리겠습니다. 수레바퀴를 너무 많이 깎으면 헐겁고, 너무 적게 깎으면 굴대가 들어가지 않습니다. 너무 많이 깎지도 너무 덜 깎지도 않는 것은, 손의 감각으로 터득해 마음으로 느낄 뿐입니다. 입으로는 말할 수가 없으니 바로 거기에 비결이 존재합니다. 저도 이 비결을 제 자식에게 설명해줄 수 없고, 제 자식도 저에게 이를 받을 수 없습니다. 이런 이유로 나이가 일흔이 되었지만 아직도 수레바퀴 깎는 일을 하고 있습니다. 옛 성인들도 마찬가지로 핵심적인 깨달음을 책에 남기지 못한 채 세상을 떠났을 것입니다. 그래서 대왕께서 읽고 계신 책들이 옛 성인의 찌꺼기라고 말씀드린 겁니다.

⊙ 《장자》〈천도〉편 중

윤편 이야기를 보면서 내 궁금증이 조금은 덜어졌다. 성인의 글과 말, 더 나아가 생각과의 관계까지 음미해볼 만한 이야기이기 때문이다. 방망이 깎는 노인, 아니 수레바퀴 깎는 노인의 말씀에 깨달음이 왔다. 우리네 장삼이사가 성인의 글을 백날 들여다본들, 깨달음을 얻지 못하는 경우가 대부분이다. 경전을 만날 읽어도 자신의 것으로 소화하는 치열한 과정이 결여된다면, 곧 술지게미만 맛보는 셈이 된다.

'본 피고인은 1985년 4월 1일 서울지방법원 남부지원에서…'로 시작하는 유시민의 항소이유서를 달달 외운들, 차가운 옥에 갇혀 볼펜을 쥐고 행여 오자가 날까 가슴 졸이며 한 자 한 자 정성껏 적어 내려간 유시민의 마음을 제대로 가늠할 수 있을까. 군사독재에 항거해 입신도 버리고 양명도 뒤로한 채, 어머니와 누이들의 눈물을 바라봐야만 했던 인간 유시민의 마음을 헤아릴 수 있을까. 200자 원고지 100장 분량의 글을 14시간 동안 써내려가는 유시민의 간절함을 어찌 알 수 있을까. 나는 그냥 유시민의 찌꺼기만 열심히 들여다본 것이다. 다만 윤편이 간과한 지점은 분명히 있다. 술지게미도 많이 먹으면 취한다는 사실. 대학 1학년, 무지하고 몽매한 중어중문학과 신입생 김훈종은 가슴을 절절히 울리는 항소이유서에서 유독 주周 유왕幽王에 대한 인용이 눈에 띄었다. "현재 학원가를 풍미하고 있는 전경 특히 경찰에 대한 불신과 적대감은 이와 같은 정권의 학원 탄압 및 권력층의 상습적인 거짓말이 초래한 유해한 결과들 중 한 가지에 불과합니다. (중략) 주 유왕이 미녀 포사를 즐겁게 하기 위해 거짓 봉화를 올린 일[3]은 중국 대륙 전체를 이후 500여 년에 걸친 대전란의 와중에 휩쓸리게 한 계기가 되었습니다."

볼펜 한 자루, 갱지 몇 장, 종이가 모자라 전체 초를 잡을 수도 없는 상황. 오직 머릿속에서 완벽하게 구조를 정리한 후, 갱지에 옮겨 적은 이 명문을 보며 복잡다단한 감정이 가슴속에 들끓었다. 유시민의 정의감에 자연스레 우러나는 존경의 마음. 학처럼 흰 수의와 대비되는 깡마르고 그을린 얼굴, 그 속에서 형형하게 빛나는 분노의 눈빛. 그리고 내 가슴속에 뒤늦게 찾아오는 애잔함과 죄책감. 난마처럼 뒤섞인 감정을 추스르다가 마지막에 가서 끝내 나는 질투심을 느꼈다. 스스로 깜냥도 안 된다는 걸 알면서도 억누를 수 없는 질투의 감정이 감히 솟구쳤다. 1985년 5월 27일의 류시민(당시, 항소이유서 말미에는 류시민으로 표기되어 있다)은 불과

어쩐지 고전이 읽고 싶더라니

스물여섯이었다. 나보다 겨우 여섯 해를 더 살고, 여섯 해를 더 먹고, 여섯 해를 더 읽은 인간 류시민은 참고자료 하나 없이 자신의 주장을 펴기 위해 '미색에 취해 나라를 시원하게 말아먹은 주 유왕'을 소환해냈다. 더군다나 그는 경제학 전공이었으니, 중어중문학과에 적을 둔 나로서는 열패감과 좌절감에 빠져 허우적댔다.

> 글은 말을 다 전할 수 없고, 말은 뜻을 다 전할 수 없다書不盡言
> 言不盡意.
> ⊙ 《주역》〈계사전〉 중

맹자는 "그러므로 시詩를 설명하는 사람은 글로써 말을 해치면 안 되고 말로써 뜻을 해쳐서도 안 된다"고 말한다. 마음으로 받아들여야 시를 온전히 얻게 된다는 의미다. 물론 여기서의 '시'는 우리가 머릿속에 떠올리는 서정시만을 뜻하는 게 아니라, 《시경》을 의미한다. 맹자가 설파하는 《시경》은 어떤 의미를 갖는가? 한마디로 《시경》은 역사다.

우리는 흔히 공자가 《춘추》를 통해 역사의 새로운 장을 열었다고 평가한다. 여기서 《춘추》가 '새롭다'는 건 비교 대상이 있을 터, 그 비교 대상이 바로 《시경》이다. 《시경》은 쉽게 말해 노래 모음이다. 그런데 우리가 어린 시절 접하던 포크송 대백과나 최신 인기가요300과 다른 점은, 사랑 노래 일색이 아니란 것이다. 물론 〈정풍〉〈위풍〉 등에서 보이는 남녀상열지사가 뜨겁긴 하지만, 그게 전부는 아니다. 때론 보편적인 사회상을 비춰주고, 때론 현실을 예리하게 찌르기도 한다. 밥 딜런이 노벨문학상을 받고, 켄드릭 라마가 퓰리처상을 수상하는 것과 궤를 함께한다고 볼 수 있다.

《시경》을 오늘날의 음악 분야로 치환하자면, 저항정신이 강렬한 포크송이나 힙합에 가깝다. 켄드릭 라마가 2017년, 〈DAMN〉앨범에서 보여준 아프리카계 미국인에 대한 통찰은 그 어떤 저널리즘이나 사회학 논문보다 날카롭게 벼려져 있다. 임진왜란의 참상을 가장 여실히 드러낸 유성룡의 《징비록懲毖錄》은 《시경》〈소비〉편 '여기징이비후환予其懲而毖後患'에서 '징과 비'를 따와 제목으로 삼았다. '내가 지난 잘못을 경계하여 뒷날의 근심을 방비한다'는 뜻이다. 실로 《시경》의 본령을 잘 파악한 인용이다. 맹자는 《시경》에서 《춘추》로 역사 기술 패러다임이 전환하고 있음을 이렇게 표현하고 있다.

맹자 말씀했다孟子曰. "왕의 자취가 사라지자 시가 없어졌다王者之迹熄而詩亡. 시가 사라진 연후에 《춘추》가 지어졌다詩亡然後春秋作. 진나라의 역사서 승, 초나라의 사서 도올, 노나라의 사서 춘추가 모두 한가지다晉之乘 楚之檮杌 魯之春秋 一也. 그 기록된 일은 곧 제나라 환공, 진나라 문공의 치적이다其事則齊桓 晉文. 그 문체는 곧 사관의 기록체였다其文則史." 공자가 말씀했다孔子曰. "그 사관 기록의 의로움을 내가 몰래 취해 《춘추》를 적었다其義則丘竊取之矣."

⊙ 《맹자》〈이루〉편 중

어쩐지 고전이 읽고 싶더라니

왕王, 시詩, 문文, 사史. 핵심 키워드에 주목하자. 왕자王者는 맹자가 늘 주장하는 '왕다운 왕'을 의미한다. 백성의 항산을 먼저 챙기고, 힘보다는 의를 앞세우는 왕이다. 그런데 주나라의 역사에서 왕다운 왕이 사라지고 혼군이 들어서게 되자 《시경》이 사라졌다는 뜻이다. 그리고 《시경》의 빈자리를 《춘추》가 대신한다고 적는다. 여기서의 문文은 역사를 기록하는 방식을 의미한다. 그리고 여기서의 사史는, 곧 오늘날의 춘추필법으로 상징되는 '사관이 왕의 눈치에 굴하지 않고 꿋꿋이 역사를 기술하는' 기세를 뜻한다. 누구나 아는 단순한 한자 시, 문, 사, 세 글자를 논하는 부분이지만 그 안에는 역사 인식과 역사 저술의 틀을 정의하는 깊은 내용이 들어 있는 것이다. '사史' 그 한 글자로 레오폴트 폰 랑케를 신랄하게 비판하고, 에드워드 핼릿 카를 높이고 있는 셈이다.

함구몽이 말했다. "순임금이 요임금을 신하로 삼지 않았다는 것은 제가 이미 말씀을 들어 알겠습니다. 《시경》에 '넓고 너른 하늘 아래 왕의 영토 아닌 것이 없고, 땅의 끝까지 왕의 신하가 아닌 사람이 없다'고 했습니다. 그런데 순임금이 이미 천자를 하고 있었습니다. 어찌 아버지 고수가 신하가 아닐 수 있는지 감히 질문 드려봅니다. 어찌 그럴까요?" 맹자가 답했다. "그 말은 시경에서 말하고자 하는 바가 아니다. 그 시는 왕이 일으킨 일에 수고가 너무 많아서 부모를 봉양할 수 없는 상황을 이르는 것이다. 이 시는 '하늘 아래 왕의 일이 아닌 것이 없겠지만, 왜 유독 나만 이렇게 힘들고 지쳐야 하는가!'라는 의미다. 그러므로 시를 해석

하는 사람은 글자 자구 하나하나에 매달려 문장의 뜻을 해쳐서
는 안 된다. 문장을 가지고 그 시의 전체 뜻을 해쳐서는 아니 된
다. 그 시의 의도를 파악해 그 뜻을 맞이해야만 진정한 시의 내
용을 얻을 수 있게 된다. 만약 자구대로만 본다면《시경》〈대아
운한〉편에 '주나라에는 살아남은 백성 한 명도 없네'라고 했는데
이 말을 곧이곧대로 받아들이면 주나라에 남은 백성이 하나도
없어야 할 것이다."

⊙ 《맹자》〈만장〉편 중

《시경》 해석론에 비추어, 맹자의 역사관을 제대로 보여주는 대
목이다. '자구字句 하나 문구文句 하나'에 편협하게 집착하여 온전
한 뜻을 해치는 해석에 대해 경계하고 있다. 사마천은 아마도 이런
맹자의 역사관에 깊은 영향을 받은 듯 보인다.《사기》의 저술에서
가장 주목할 만한 지점이 바로 〈태사공자서太史公自序〉다. 역사의
단순 나열에서 벗어나 자신의 해석, 즉 포폄襃貶이 적나라하게 드
러난다. 포폄이란 사안의 시시비비를 가려 잘한 것은 칭찬하고 나
무랄 것은 준열하게 꾸짖는 것을 말한다. 사마천은《맹자》를 읽다
가 양 혜왕과의 만남 중 '하필이면 이익을 말씀하십니까何必曰利!'
라고 준열하게 꾸짖는 부분에서 책을 덮고 탄식했다고 〈태사공자
서〉에 남긴다.《사기》에서 맹자에 대한 언급 분량이 비교적 다른
인물의 열전에 비해 적지만, 〈태사공자서〉만큼은 어떤 인물과 비
교해도 꿀리지 않을 정도로 강렬하다.

제후들을 만나 늘 바른말을 쏘아대던 불편한 지식인, 맹자. 그

　　　　　어쩐지 고전이 읽고 싶더라니

가 그렇게 행동할 수 있었던 원동력은 '역사에 남아 후세에 전해질 맹자의 모습'을 늘 가슴속에 담아두고 있었기 때문이다. 그렇기에 맹자는 당장의 안락과 눈앞의 이익에 초연할 수 있었다. 역사교육이 중요한 이유가 바로 여기에 있다. 역사를 단순한 암기과목 내지는 재미난 옛이야기로 치부하면 안 된다. 역사 인식이 오늘의 내 삶을 결정하고 내 태도를 바꿀 수 있기에, 역사 교육을 제대로 세우는 일은 지극히 현실적인 과제다. 그러므로 박근혜 정부 당시, 역사 과목에 국정 교과서만을 강제하려 했던 시도는 단순한 교과목 채택의 문제가 아닌 것이다.《한국전쟁의 기원》등을 집필한 시카고대학 석좌교수 브루스 커밍스는 "역사 교과서 국정화는 바보 같은 계획이다. 아베, 푸틴과 다를 바 없다"고 강도 높게 비판했다. 우리 삶과 철학을 송두리째 뒤흔들려 했던 치졸하지만 가공可恐할 만한 음모를 우리는 막아냈다. 다행히도 말이다.

<hr />

1 중국의 한 역사학자는 사마천을 숭앙해 이렇게 표현하다. "사마천의《사기》는 2,000년이 지난 지금도 위대한 유산으로 추앙받지만 누가 유철이란 이름을 기억하겠는가!" 유철은 한 무제의 이름이다. 이 논평은 뭔가 사마천의 한 서린 슬픔을 조금이나마 신원伸冤하는 느낌이다. 왜냐하면 한 무제가 사마천에게 궁형을 내린 인물이기 때문이다.

2 벽산의 학사가 은어 모양의 학사증서 불태우고
백마로 달려서 몸을 바위 속에 숨겼도다.
옛사람은 겨울 동안 독서에 몰두했다 하거늘

그대 젊은 나이에 이제 만여 권을 읽었도다.

채색 구름이 집에 가득 차서 둥글게 덮개를 엎어놓은 듯하고

가을 물이 섬돌에 넘쳐서 도랑으로 떨어지네.

부귀는 반드시 애써 노력함에서 얻어지나니

남아로서 모름지기 다섯 수레의 책을 읽어야 하느니라.

碧山學士焚銀魚

白馬却走身巖居

古人已用三冬足

年少今開萬卷餘

晴雲滿戶團傾蓋

秋水浮階溜決渠

富貴必從勤苦得

男兒須讀五車書

⊙ 두보 〈제백학사모옥〉

3 포사襃姒는 절세미인으로 유왕의 총애를 받았다. 하지만 이상하게도 포사는 웃지 않았다. 어느 날 비단 찢어지는 소리에 웃음을 터뜨린 포사를 보고, 유왕은 비단을 징발해 찢어대기 시작한다. 그리고 포사의 웃음을 더 많이 보기 위해, 유왕은 금단의 선을 넘게 된다. 적이 침범했을 때 올리는 봉화를 피워 제후들의 군사를 소집한 것이다. 유왕이 장난으로 봉화 올린 걸 알게 된 제후들이 허탈하고 황당한 마음으로 돌아가자, 그 모습을 보고 포사는 박장대소를 터뜨린다. 이후, 유왕은 태자와 왕후인 신후를 폐하고 포사의 아들을 태자로 삼는다. 그러자 분노에 찬 신후 세력이 견융과 결탁해 유왕을 공격해 들어온다. 유왕은 다급히 봉화를 올려 제후들에게 원군을 청하지만 또다시 유왕의 장난이라 생각하고, 그 어떤 제후도 달려오지 않는다. 유왕은 결국 죽음에 이르고, 주 왕실은 막을 내리게 된다.

어쩐지 고전이 읽고 싶더라니

성찰 없는 권력은
잔혹하다

대학 새내기 시절, 5·18 광주 민주화운동 특별법 제정을 위한
시위에 여러 번 참여했다. 이른바 김영삼 정부가 추진한 역사 바
로 세우기의 일환이었다. 이미 대학가는 박종철 열사와 이한열 열
사가 흘린 피의 세례 덕택에, 1980년 광주에서 벌어진 비극에 대
해 제대로 인지하고 있었다. 하지만 안타깝게도, 여전히 대부분의
기성세대는 '광주 사태'란 멸칭으로 당시 상황을 정의 내리고 있던
안타까운 시절이었다. 광주 민주화운동과 광주 사태 사이의 간극
은 바로 '살殺과 시弑' 사이의 거리만큼이나 멀다. 얼핏 비슷해 보
이는 살과 시, 두 한자 사이에는 어떤 역사적 함의가 담겨 있는가?

《춘추》는 흔히 공자의 저작물로 알려져 있다. 유교 경전의 으뜸
인 오경五經 가운데에서도 가장 대표적인 저작물이다. 춘추전국시
대라고 칭할 때 바로 그 춘추가 역사서 《춘추》에서 비롯되었다. 기
원전 722년부터 479년까지 노나라 12제후가 다스리던 시기의 역
사를 기록한 책이다. 은공 원년부터 애공 16년까지의 굵직한 사건

들을 연도순으로 기록했다. 중국 역사상 최초의 편년체編年體 역사 기록물이기도 하다. 헤로도토스의 저작 《역사》처럼 《춘추》라는 말 자체가 역사의 대명사가 되어버렸다. 우리가 알고 있는 청와대 '춘추관'도 바로 이 《춘추》에서 따온 명칭이다. 춘추필법春秋筆法은 엄정하고 공명정대한 역사 기록을 상징하는 표현이 되었다. '정론 직필하라'는 뜻으로 청와대 출입 기자들의 사무실을 춘추관이라 부르는 것이다.

《춘추》의 어원에 대한 설명은 다양하다. 춘하추동, 즉 일 년 사 계절을 기록하는 역사서인데 하동은 버리고 춘과 추를 따 《춘추》 가 되었다는 설명이 있다. 남북조시대의 좌전벽左傳癖 두예의 시각 으로, 역사 서술을 위해 어떤 식으로든 시간을 분할해야 하는데, 그 단위를 일 년으로 삼았다는 견해다.

《춘추》가 역사를 가리키는 일반명사라는 설도 있다. 당시 《춘 추》 말고도 《주춘추周春秋》《연춘추燕春秋》《송춘추宋春秋》 등의 역 사서가 존재했던 걸로 미루어, 《춘추》가 '역사'를 의미하는 명사로 사용되었다는 주장이다.

다소 특이한 견해도 있다. 상고시대에는 '봄과 여름에 상을 내리 고 가을과 겨울에 벌을 주었다'고 한다. 착한 자에게 상을 내리는 계절인 봄과 악인에게 벌을 내리는 계절인 가을을 합쳐 《춘추》라 일컫고, 곧 '상을 주고 벌을 내린다'는 의미로 해석한다. 공정하고 준엄한 심판과 춘추필법은 꽤나 잘 어울리는 조합이다.

이렇듯 어원에 대한 다양한 설이 존재하는 것만큼이나 혹은 그 보다 더 논쟁적인 부분은 《춘추》가 '과연 공자의 저작물이 맞느냐?'는 지점이다. 사마천의 《사기》에 '공자가 왜? 그리고 어떻게?' 《춘추》를 지었는지 여러 번 기술되어 있어 《춘추》가 공자의 저작이란 게 정설이긴 하다. 하지만 실증을 중시한 청나라 시대 고증학파는 일관된 체계가 없고 문체도 중구난방이라는 점 등을 들어, 공자의 저작이 아니라고 강변한다. 공자가 《춘추》를 직접 저술했다기보다는 공동 저작물인 《춘추》를 주요한 텍스트로 사용해 제자들에게 가르침을 주었다는 설이다.

한자 문화권 최초의 역사서이자 미스터리를 품고 있는 저작물 《춘추》는 그 명성에 걸맞게 주석서도 다양하다. 반고의 《한서》〈예문지〉에 따르면, 《춘추》에 관한 해설서는 무려 23종이나 된다. 그 가운데 삼대 주석서가 바로 《춘추좌씨전春秋左氏傳》《춘추공양전春秋公羊傳》《춘추곡량전春秋穀梁傳》이다.

《춘추공양전》과 《춘추곡량전》은 한漢대에 이미 오경박사五經博士[1] 가운데 하나로 채택되었다. 오경박사에 속한다는 말을 요즘 말로 풀이하자면, 《춘추공양전》과 《춘추곡량전》이 사법고시나 행정고시의 주요 시험과목에 포함되었다는 뜻이다. 벼슬살이를 하려는 예비관리들의 필독서가 된 것이다.

반면, 좌구명의 저작으로 알려진 《춘추좌씨전》은 한대에 《춘추공양전》이나 《춘추곡량전》만큼의 무게감을 갖지 못했다. 《춘추좌씨전》이 철저히 무시당한 이유는 놀랍게도, 세 해설서 가운데 유일하게 고문자로 기록되어 내려왔기 때문이다. 《춘추공양전》은 공자의 제자인 자하에게 배운 공양고公羊高가 구술로 전수했다. 《춘추곡량전》은 노나라 사람 곡량적穀梁赤이 구전으로 전하기 시작했다. 사람의 입에서 입으로 전해진 저작을 오히려 더 믿음직스럽게 여기고 문자로 전해진 저작을 우습게 알았던 것이다. 대체 왜 그랬을까?

구술 전승이 문자 전승을 압도했던 그 시절로 잠시 돌아가보자. 한대 지식인들에게는 공통된 믿음이 있었다. '분서갱유 이후, 제대로 된 저작이 남아 있을 리 없다'는 추론이 그것. 그런데 어느 날 갑자기 분서갱유 이전에 쓰인 《춘추좌씨전》이 등장했으니, 이 저작에 대해 신뢰를 갖지 못하는 것은 당연한 이치다. 조선시대 서당의 훈장님이 군사부일체 수준의 존경을 받을 수 있었던 가장 큰 이유는 당시 학생들이 요즘 학생들보다 유달리 인성이 좋아서가 아니다. 마땅한 자습서나 해설서가 없어서였다. 스승의 해석이 없이는 진도를 나갈 수 없는 상황이기에, 스승이 죽으라면 죽는 시늉이라도 해야 했다.

분서갱유는 역사상 일어났던 수많은 사건들이 그러하듯, 원래 의도와는 전혀 다른 결과를 잉태했다. 유학을 말살하려던 진시황의 강력한 의지는 도리어 한대에 이르러 유학에 대한 강렬한 갈증을 촉발했다. 의도치 않게 유학에 대해 '로미오와 줄리엣 효과'를 투사한 것이다. 후한後漢의 정현鄭玄과 같은 훈고학의 대가가 나타났고, 유학 열풍이 일어났다. 훈고학의 본질이란 결국 존재하지 않는 문서에 대한 그리움과 그에 대한 열띤 해석이다. 분서갱유는 결국 구두 전승된 《춘추공양전》과 《춘추곡량전》의 권위를 높이고, 문자 전승된 《춘추좌씨전》의 가치를 폄훼하는 아이러니한 결과를 낳았다.

유학儒學을 유교儒教의 경지로 만든 인물은 동중서董仲舒였다. 동서고금을 막론하고 어느 왕조든 영토를 통일한 이후에는, 통치 철학을 정비하고자 하는 강렬한 욕망을 느낀다. 법가를 밀어붙이다 결국 역풍을 맞은 이사와 진시황을 타산지석으로 삼았을까? 동중서와 한 무제는 연착륙을 선택한다. 유학을 제외한 다른 제자백가 학파를 파괴하는 대신, 유학을 관리 채용 시험의 교과서로 만들어버린 것이다. 동중서의 《춘추번로》는 기본적으로 《춘추공양전》과 궤를 함께한다. 동중서의 입김은 《춘추좌씨전》의 평가 절하에 단단히 한몫했다. 후세는 당시 상황을 '고문학파古文學派에 대한 금문학파今文學派의 승리'로 기록한다. 《춘추좌씨전》은 한漢나라 말기에 이르러서야 본래의 가치를 인정받기 시작했다. '좌전벽'이라 불리는 학자들도 여럿 등장했다.[2]

《춘추좌씨전》은 사관의 집안에서 탄생한 저작물로서 '역사 기술의 기준은 어떠해야 하는지'에 대한 명확한 기준을 제시하는 보물 같은 저작이다. 진정 사관의 소명이 무엇인지 일깨우는 일화가 하나 전해진다. 진晉나라에 영공이란 지독한 폭군이 있었다. '우루루루루! 우물 밑에 똥 누기, 다 된 밥에 흙 뿌리기, 애호박에 말뚝 박기' 하는 놀부의 악행은 차라리 귀여울 정도다. 가혹한 세금을 매겨 백성을 곤궁케 만드는 것은 기본이요, 궁전 높은 곳에 올라 돌팔매질을 해대면서 허둥지둥 피하는 백성들을 깔깔거리며 지켜보았다.

진 영공이 하루는 곰발바닥 요리가 맛없게 느껴지자, 요리사를 베었다. 죽인 것만 해도 끔찍한데, 요리사의 시신을 삼태기에 담아 그 아내에게 머리에 이고 궁궐을 지나가게 만들었다. 이 참담한 영공의 악행에 조돈이 충간을 거듭한다. 그러자 영공은 노여움에 조돈을 죽이려 하고, 이를 눈치챈 조돈은 국외로 망명길에 오른다. 그 즈음 조돈의 조카 조천이 군사를 이끌고 가서 폭군 영공을 죽였다. 조돈은 국경을 넘으려다, 그 소식을 듣고 다시 도성으로 돌아온다.

당시 진나라의 사관이었던 동호董狐는 일련의 사건을 보고 '조돈이 그 임금을 시해했다弑'고 기록한다. 조돈이 동호를 찾아가 항의했다. "내가 임금을 죽인 것이 아닙니다. 그러니 고쳐서 기록해 주시오." 그러자 동호가 이렇게 답한다. "당신은 나라의 신하 가운데 제일 높은 재상입니다. 망명하다 돌아와 임금을 죽인 자에게 벌을 내리지 않고 있으니, 결국 당신이 죽인 것이나 진배없지 않소!" 동호는 한 자도 고치지 않고 조돈도 더 이상 부탁하지 않았다. 이를 일컬어 동호직필董狐直筆이라 한다.

《춘추좌씨전》〈선공 2년〉편에서 공자는 이 사건을 이렇게 평가한다. "동호는 옛날의 훌륭한 사관이다." 공자가 동호를 극찬한 이유는 역사 기술에 있어서 편협한 사실에 집착하지 않고 전면적 진실에 접근했기 때문이다. 조돈이 실제 거사를 일으켜 영공을 죽인 것은 아니나, 당시 분위기상 조돈을 중심으로 폭군을 처단하겠다는 움직임이 현실화됐기에 동호는 그렇게 기술한 것이다. 조돈이 '그 임금을 죽였다고殺' 하지 않고, '그 임금을 시해했다고弑' 한 것은 단 한 글자 차이지만 동호의 가치판단을 명확히 담고 있다. '죽였다_殺'는 것은 폭군이기에 마땅히 처리했다는 의미이지만, '시해 했다_弑'는 것은 신하가 임금을 부당하게 죽여 권력을 찬탈했다는 뜻이다. 동호의 입장은 맹자의 역성혁명론과 부합하지는 않는다. 동호는 아무리 폭군이어도 신하가 임금을 죽여서는 안 된다는 사상을 피력한 셈이다. 그의 사상에 동의할 수는 없지만, 이미 전세가 뒤집어져 조돈의 세력이 정권을 거머쥔 마당에 굳이 '조돈이 그 임금을 시해했다'는 기록을 남기고 지킨 것은 사관으로서 지극히 훌륭한 자세였다. 그러니 공자가 동호를 춘추필법의 상징으로서 격찬한 것이다.

역사의 죄인들을 처벌한 지 스무 해를 훌쩍 넘긴 지금도, 5·18 관련 망언이 터져 나오고 있다. 때론 역사학자를 칭하는 개망나니의 입에서, 때론 국회 제1야당 현역 국회의원의 주둥이에서 말이다. 5·18 광주 민주화운동. 이 명명의 수정은 그래서 심오한 의미를 갖는다. 1980년 군부 쿠데타 세력에 맞선 광주 시민의 저항을 어떻게 명명하는지가 대체 왜 그렇게 중요하냐고 묻는다면 '역사를 잊은 민족에게 미래는 없다'란 말을 들려주고 싶다. 이 말이 단순한 수사_{修辭}가 아니라, 우리 삶과 맞닿아 있는 현실적인 명제란 걸 알려주고 싶다. 역사의 다른 이름은 반성이다. 성찰 없이 앞만 보고 내달리는 경주마는 한순간 무너질 수밖에 없다. 특히나 성찰 없는 권력은 잔혹하다. 독재를 부르고, 피를 부르고, 결과론적으로 역사의 후퇴를 부른다.

지금 우리가 맞닥뜨리고 있는 대부분의 사회 문제는 결국 친일

매국노들을 제대로 청산하지 못했기 때문에, 여전히 우리를 괴롭히고 있다. 역사에 가정은 없다지만, 만약 반민특위가 제 기능을 다했다면 대한민국은 지금보다 훨씬 더 건강해졌을 것이다. 크게는 박정희, 전두환으로 이어지는 군부독재도 없었을 것이요, 작게는 한일협상 같은 치욕 대신 일본으로부터 제대로 된 사과와 배상금을 받아냈을 것이다. 역사를 바로 세우는 것, 그것은 당장 내 삶의 질에 막대한 영향을 미친다.

1 한대에 시詩, 서書, 주역周易, 예기禮記, 춘추春秋의 오경마다 박사관博士官을 두어 제자를 양성시키고 유학의 보급을 도모했다. 동중서의 건의로 한 무제가 그 기틀을 세웠다.

2 지금으로 말하자면, '좌전 마니아' 혹은 '좌전 오타쿠' 정도로 번역될 수 있는 '좌전벽' 가운데 우리가 너무나도 잘 알고 있는 인물이 있다. 바로 《삼국지연의》의 주인공 관우가 좌전벽이었다. 전장에서도 《춘추좌씨전》을 손에서 놓지 않았다고 전해진다. 심지어 암송할 정도로 반복해서 읽었다고 하니, 《춘추좌씨전》은 관우의 인생 지침서 같은 책이다.

관우는 중국인들이 가장 사랑하는 인물이다. 위대한 영웅 서사와 더불어 비극적 결말까지, 그야말로 완벽한 조건이다. 개자추, 악비, 백이와 숙제 등등 중국 역사를 수놓은 인물들 가운데, 유독 후대에 사랑받는 영웅들은 하나같이 비극적인 죽음을 맞이했다.

나관중의 《삼국지연의》도 관우를 신성시하는 관점에 단단히 한몫을 했다. 관우는 조조의 끝없는 환대를 뒤로 하고 유비의 소식을 듣자마자 떠난다. 보장된 부와 명예를 송두리째 버리고, 다섯 관문의 여섯 장수를 베어가며 유비에게 돌아가는 의리의 사나이 관우. 오관참장五關斬將의 전설을 만들어낸 그의 비극적 죽음은 관우의 영웅적 면모를 더욱 빛나게 만들어버렸다. 관우를 벤 손권은 유비의 복수가 두려운 나머지 꾀를 낸다. 조조에게 관우의 참수된 목을 보내버린 것. 유비에 대한 두려움 때문이었을까? 관우에 대한 흠모 때문이었을까. 조조는 향나무로 용俑을 만들어 관우 목에 붙여서 시신의 형체를 복원하고는, 제후의 예로 후하게 장사 지냈다.

낙양에 가면 관우의 사당인 관림關林이라는 명소가 있다. 관림은 극존칭이다. 일반인의 무덤을 '분墳'이라 하고, 제후의 무덤을 '총塚'이라 칭하며, 황제의 무덤을 '릉陵'이라 한다. 진시황의 무덤을 진시황'릉'秦始皇陵이라 부르고, 장수왕이나 광개토대왕의 것으로 추정되는 무덤이 장군'총'將軍塚으로 불리는 것을 보면 그 용례가 쉬이 이해간다. 그런데 관우의 무덤에 붙은 '림林'은 무엇일까. 림은 성인聖人의 무덤을 칭할 때 사용되는 용어다. 한마디로 관우는 중국 역사에서 성인의 반열에 오른 인물이다.

관림에 들어서 여러 관우상을 마주해보라. 의구심이 들 것이다. 하나같이 두꺼운 책 하나를 손에 꼭 쥐고 있다. 관우하면 제일 먼저 떠오르는 것이 무엇인가. 적토마와 청룡언월도가 아니던가. 그런데 마치 백면서생처럼 책만 주야장천 틀어쥐고 있는 모습이 흥미롭다. 그토록 관우가 애지중지하는 책이 바로 《춘추좌씨전》이다. 관우가 좌전 마니아란 사실이 중국인들에게도 꽤나 의미가 깊었나 보다. 정작 청룡언월도는 관우상 옆에서 시커먼 얼굴로 늠름하게 서 있는 한 장수가 꼬나들고 있다. 그가 바로 관우의 부장 주창周倉이다. 《삼국지연의》에는 여포, 장비, 황충, 위연, 조자룡, 마초, 하우돈, 서황, 허저, 감녕, 태사자 등등 이루 거명할 수 없이 많은 장수들이 등장한다. 그런데 유독 관우의 부장 주창의 존재만이 두드러진다. 다른 맹장들에게도 당연히 부장이 있었을 터인데 주창만이 《삼국지연의》에서 제대로 지분을 확보하고 있는 것이다. 관우가 신격화되면서 부장인 주창과 관련된 신비로운 설화가 전해진다.

관우가 적토마를 타고 적진으로 달리면 주창은 그 무거운 청룡언월도를 들고 같이 뛴다. 그런데 오히려 주창이 먼저 도착해 있으니 그 이유는 주창의 발에 비모飛毛가 달려 있기 때문이다. 신기한 털 비모 덕분에 관우는 전장에서 청룡언월도를 건네받고 승승장구한다. 그런데 괄목상대刮目相對 고사성어의 주인공인 여몽이 주창의 고향 친구를 포섭해 첩자로 보낸다. 술이 거나해진 주창이 비모의 존재를 발설하게 되고, 첩자는 비모를 제거한다. 그 이후 관우는 때맞춰 청룡언월도를 받지 못해, 결국 손권에게 죽음을 당하게 되었다.

억울한 죽음을 맞은 관우는 신격화되었는데, 무려 세 분야의 신으로 섬겨진다. 삼국지의 시대가 막을 내리고 뒤이어 찾아온 위진남북조시대에 사상적으로 가장 인기가 많았던 도교에서 신으로 섬겨지는 것이, 그 첫 번째다. 두 번째로 재물의 신으로 여겨진다. 관우가 도원결의를 하고 유비, 장비와 뜻을 합쳐 거병하기 전, 소금 장사를 했다는 기록이 그 근거다. 봉급을 뜻하는 샐러리가 소금에서 유래되었듯, 중국 전통 사회에서도 소금은 귀한 물품이었기에 재물의 신으로 추앙받는 듯하다. 산동 지방의 염상들이 자신들의 네트워크를 강력하게 결속하기 위해 관우를 구심점으로 삼아 숭앙했다는 설도 설득력이 있다. 세 번째는 바로 유교의 신이다. 관우를 이해하기 위한 핵심 키워드인 의리와 충성심은 유교의 핵심 가치다. 그런 의미에서 관우가 끼고 살았다는《춘추좌씨전》이야말로 유교 가치의 핵심을 담은 경전經傳이 아닐 수 없다.

그런가 하면, 우리는 흔히 권위 있는 고전을 경전이라고 부르는데, 이는 성경현전聖經賢傳의 준말이다. 독음은 같지만 종교의 교리를 다룬 경전經典과 다른 말이다. 성경현전이란 말을 풀이하자면, '경전의 경은 성인이 지은 것이요, 경전의 전은 현자가 쓴 것이다'라는 뜻이다. 예컨대《춘추》는 공자의 말씀으로 경이 되는 것이다. 성인의 저작이란 말이다. 하지만 좌구명은 성인의 반열에는 못 미치는 인물이기에《춘추》에 주석을 달아 만든 책은 '춘추좌씨경'이 아닌《춘추좌씨전》이 되는 것이다.

어쩐지 고전이 읽고 싶더라니

기록의 무서움을
잊지 말 것

춘추전국시대 제후 가운데 역성혁명의 칼날을 받고 쓰러진 군
주는 과연 몇 명이나 될까? 《사기》《춘추좌전》《전국책》 등 다양
한 사료를 종합해본 결과, 무려 36명의 제후가 축출되었다. 춘추
전국시대를 따져보면 워낙에 나라도 많았고 기간도 길었으니 어
떤 의미에서 36명이란 숫자가 적어 보일 수도 있겠지만, 당시의 시
대 환경과 사회 인프라, 계급 제도를 비춰볼 때 서른여섯이란 숫자
는 결코 녹록지 않은 결과물이다. 역성혁명을 너무도 당연시 여기
던 당시의 시대상을 사료에서 엿볼 수 있다.

악사 광이 진晉나라 도공悼公을 공손하게 모시고 있었다. 도공이
묻는다. "위나라 백성들이 군주를 축출했다는데, 이건 너무 심하
지 않은가?" 악사 광이 답한다. "어쩌면 쫓겨난 군주야말로 정말
심했을 가능성이 있습니다. 좋은 임금은 선한 자를 상 주고 악한
자에게 벌을 줍니다. 백성을 자식처럼 양육하고, 하늘이 만물을
품듯 품어주며, 대지가 만물을 껴안듯 안아줍니다. 백성은 군주

를 부모처럼 받들고 사랑하고, 해와 달을 보듯 우러르며, 천지신명을 섬기듯 정성을 다하고, 천둥번개가 칠 때처럼 두려워합니다. 그러니 어찌 감히 내쫓을 수 있겠습니까? 무릇 임금은 신을 모시고 백성이 우러르는 존재입니다. 만일 백성의 삶을 곤궁하게 하고 신을 섬기는 제사를 거르면, 백성이 절망하고 사직에는 주인이 없게 됩니다. 그렇게 만드는 임금을 장차 어디에 쓸 수 있겠습니까? 그러니 제거하지 않고 어찌하겠습니까?”

⊙ 《춘추좌전》〈양공 14년〉편 중

“하늘은 백성을 몹시 사랑합니다. 그러니 어찌 한 사람이 백성들 위에서 방자하게 굴고 악행을 일삼아, 백성이 하늘과 땅으로부터 받은 천성을 잃게끔 만들겠습니까? 결코 그렇게 놔두지는 않을 것입니다.”

⊙ 《춘추좌전》〈양공 14년〉편 중

왕이 시해에 대한 의견을 묻는데 일개 악사가 당당하게 대거리를 한다. ‘백성의 생활을 곤궁케 하는 임금은 더 이상 임금이 아니다’라고. 그러면서 악사 광은 역성혁명을 천명天命이라고 단언한다. 왕은 하늘과 백성 사이의 매개자일 뿐이라는 철학이 내재되어 있다. 중개자가 중간에서 잘못하면 얼마든 바꾸면 된다.

혁명은 명命, 즉 하늘의 명을 바꾼다는 것이다. 천황을 무조건적으로 절대시하는 일본에서는 그래서 혁명이 존재하지 않는다. 기껏해야 유신維新이 있을 뿐이다. 역성혁명 사상이란 맹자가 주창

어쩐지 고전이 읽고 싶더라니

한 것이지만, 한편으로는 춘추전국시대에 이미 '백성을 도탄에 빠뜨리는 왕은 더 이상 왕으로서 존재할 수 없다'는 사상이 사회 전반에 걸쳐 만연했음을 보여주는 증거이기도 하다. 헨리 데이비드 소로의 '시민불복종' 개념과도 서로 통하는 바가 있다.

커트 보니것은 《제5도살장》에서 이런 문장을 남긴다. "하느님! 저에게 제가 바꿀 수 없는 것을 받아들일 수 있는 평온한 마음, 제가 바꿀 수 있는 것을 바꿀 수 있는 용기, 그리고 언제나 그 둘의 차이를 분별할 수 있는 지혜를 주시옵소서." 춘추전국시대에 이미 민초들은 마음속에 지니고 있었다. 보니것이 그토록 갖길 원했던 '용기와 지혜'를.

> 맹자가 양梁 양왕襄王을 알현하고 나와서 말했다. "그를 바라보아도 임금 같지 않았고, 다가가서 바라보아도 외경스러움을 느끼지 못했다."
>
> ⊙ 《맹자》〈양혜왕〉편 중

《맹자》는 주희의 신원보증 덕에 송대宋代 이후 금서의 족쇄는 벗었지만, 절대 왕정이 이어지는 19세기까지도 제왕들이 가장 백안시白眼視하는 사상서였다. 왕이 왕답지 못하면 갈아 치운다는데 어떤 왕이 탐탁하게 여길까. 조선 왕조를 통틀어 세종에 버금가는 성군으로 꼽히는 정조에게도 《맹자》는 함함한 책이 아니었다. 경연에서 《맹자》를 읽을 때면 종종 불편한 심기를 드러내곤 했다.

맹자가 양 혜왕의 아들인 양 양왕을 만나고 나와서는, '한마디로 임금감이 안 된다'며 대놓고 디스를 퍼붓는다. 정조는 이 대목에서 발끈한다. "공자는 어떤 나라에 머물 때 그 나라 대부도 비난하지 않는데, 맹자는 하물며 왕을 비난하는가!" 정조의 분노가 이해는 가지만, 공자와 맹자는 근본적으로 다르다는 사실을 받아들여야 한다. 공자는 대체로 벼슬살이를 위해 처세를 마다하지 않았지만, 맹자는 부러질지언정 휘어지는 법이 없었다. 당연히 임금들에게는 가장 까다롭고, 불편하고, 만나기 싫은 경전이 《맹자》일 수밖에 없다.

> 맹자가 제 선왕에게 물었다. "왕의 신하 한 명이 있습니다. 그가 자신의 처와 자식을 친구에게 맡기고 초나라에 다녀왔습니다. 그가 돌아왔을 때 처자식이 추위에 떨고 굶주리고 있었습니다. 그렇다면 어떻게 하시겠습니까?" 제 선왕이 답했다. "그 친구를 버립니다." 맹자가 물었다. "형벌을 관장하는 사사士師가 선비를 다스릴 수 없다면 어떻게 하겠습니까?" 제 선왕이 답했다. "그만두게 하겠습니다." 맹자가 물었다. "나라의 사방 국경이 제대로 다스려지지 않으면 어떻게 하겠습니까?" 그러자 제 선왕은 좌우를 돌아보면서 엉뚱한 이야기를 했다.
>
> ⊙ 《맹자》〈양혜왕〉편 중

철학서 《맹자》의 특징은 칼날 같은 비유로 가득하다는 점이다. 정교하고 예리한 비유로 상대의 의표를 찔러대니 '말발'이 꿈틀꿈틀 살아 있어, 읽는 재미가 쏠쏠하다. 제 선왕에게 처음부터 '정치가 잘못되면 어찌해야 하냐?'고 물었다면, '왕이 정신을 차리고 더욱 노력해야 하겠지요' 따위의 변명을 늘어놓았을 것이다. 하지만 맹자는 점층법을 이용해 한 단계씩 밟아 올라가니 제 선왕으로서는 '정치를 제대로 못 하는 임금 역시 갖다 버려야 한다'는 대답을 할 수밖에 없다. 그런데 차마 입 밖에 내지는 못하니, 좌우를 보며 엉뚱한 소리를 해대면서 상황을 모면한 것이다. 그러니 어디 정조뿐이랴.《맹자》를 경연에서 강독하는 날이면 신하들은 기가 펄펄 살아 날뛸 것이요, 임금은 소태처럼 쓴 입맛을 다시며 공부했을 것이다.

조선시대 내내 중국의 경전이나 고사를 들먹이는 경우에는, 각별히 조심해야만 했다. 배울 만큼 배운 임금과 신하 사이에 중국의 고사나 경전의 인용은 차라리 대놓고 욕하는 것보다 더 치욕스러울 수 있기 때문이다. 피비린내 자욱한 무오사화戊午士禍의 단초는 김종직의 조의제문弔義帝文이었다. 춘추관 기사관이었던 김일손은 김종직의 글을 사초史草에 싣는다. 이를 알게 된 유자광은 눈엣가시 같은 사림 세력을 몰아낼 기회로 활용한다. 연산군에게 대역무도의 죄인이라 고변해 결국 김종직은 부관참시의 능욕을 당하게 된다.

조의제문은 의제義帝를 애도하고 조문한다는 글이다. 여기에 등장하는 의제는 바로 초나라 회왕懷王이다. 회왕의 명을 받고 출정한 항우는 연전연승을 거두며 중원을 차지한다. 곧바로 초 회왕을 의제로 추대하고 공이 있는 장수들을 제후에 봉했다. 하지만 항우는 "진나라 멸망에 의제가 무슨 공이 있는가?"라며 수시로 망신

주다가, 기어코 허수아비 황제를 시해하고 만다. 김종직은 세조의 왕위 찬탈을 이 항우에 빗대어 비판한 것이고, 의제를 조문함으로써 단종을 애도한 것이다.

조의제문처럼 은근히 빗대어 비판한 글조차 사화의 단초가 되었으니, 하물며 경연에서 《맹자》의 역성혁명을 대놓고 주창하는 건, 결단코 쉬운 일은 아니었다. 그럼에도 불구하고 주야장천 경연에서 임금에게 경종을 울릴 수 있었던 가장 큰 이유는, '실록' 때문이었다. 아이러니하게도 조의제문이 사초에 실리는 바람에 김종직, 김일손이 사화를 입었지만, 반대로 바로 그 사초의 존재, 즉 역사의 기록 때문에 임금은 신하를 두려워했다.

성종은 조선 왕조 사상 가장 열심히 경연에 참석한 군주다. 그 훌륭하다는 세종대왕의 2,011회보다도 두 배나 많다. 재위 기간 동안 무려 4,332회나 경연에 나가 신하들의 잔소리를 들었다. 성종의 아들 연산군이 보위에 오르자마자 기를 쓰고 없애려 하고, 도망치려 했던 것이 바로 경연이다. "왕이 왕답지 못하면 당장 갈아 치워야 합니다"라고 꿱꿱대는 신하를 마주하는 일이 쉽지는 않았을 터, 그런 의미에서 성종은 진정 '멘탈갑'이었다.

역사에 오명을 남기지 않기 위해 조선의 왕들은 참고 또 참았다. 《조선왕조실록》처럼 세계에서 그 유래를 찾기 어려울 정도로 세밀하고 정교한 기록이 있었으니, 역사에 불명예를 남기지 않기 위한 왕들의 노력은 차마 눈 뜨고 볼 수 없을 정도로 치열했다. 사관의 대동 없이는 단 한 명의 신하조차 만날 수 없는 게 조선의 법도였다.

하지만 놀랍게도 숙종은 노론의 당수인 좌의정 이이명과 사관의 배석 없이 독대를 강행했다. 역사는 이 사건에 정유독대丁酉獨對라는 거창한 타이틀을 달아주었다. 훗날 밝혀진 바에 따르면 당시 독대에서 숙종은 희빈 장씨의 소생인 세자(경종)를 폐하고 숙빈 최씨의 소생인 연잉군(영조)에게 후사後嗣를 이으려 했다. 경신환국, 기사환국, 갑술환국 등 이른바 환국정치를 통해 왕권을 공고히 했던 숙종임에도 폐세자廢世子만큼은 극도의 보안 속에서 추진했다. 그래서 역사의 오명汚名을 각오하고 독대를 나눈 것이다. 정유독대는 훗날 이인좌의 난이 일어나게 되는 결정적인 빌미가 된다.

'임금을 시해했다'는 억울한 역사 기록을 고치려고 했던 조돈부터 훗날을 도모하자는 양계초의 권유를 끝내 거절하고 숨진 담사동에 이르기까지, 수천 년 중국 역사 속에서 역사 기록의 무서움을 알았던 인물은 셀 수 없이 많았다. 그 두려움이 결국 역성혁명을 주창하는《맹자》를 경연의 텍스트로 삼게 만들어준 것이다. 그런 의미에서《조선왕조실록》은 단순히 후세에 기록을 남긴다는 것을 넘어, 현실 정치에서 언론이 제 기능을 다하게 해준다는 엄청난 효과를 불러일으켰다. 자칫 유혹에 빠져 폭군이 될 수 있는 임금들에게 역사의 기록으로 남는다는 사실은 그 무엇보다 무서운 회초리였다.

권력의 속성

춘추오패春秋五覇와 전국칠웅戰國七雄. 춘추전국시대를 정리하는 가장 편리한 방법이다. 총 12명의 왕을 중심으로 역사를 갈무리하면 간단하다. 정확히 이어달리기 배턴 주고받듯이 순차적으로 생몰하진 않았지만, 대략적으로 12명의 왕이 춘추전국시대의 계보를 만들어낸다.

춘추시대 다섯 명의 패자로 제나라 환공, 진晉나라 문공, 초나라 장왕, 오왕 합려, 월왕 구천을 꼽는다. 이는 《순자》에 근거한 갈무리다. 사가의 시각에 따라 오왕 합려와 월왕 구천을 빼고 송나라 양공과 진秦나라 목공을 꼽기도 한다. 그런데 송나라 양공은 여러모로 패자覇者와는 거리가 먼 측면이 많아 신빙성이 떨어지는 견해다. 《사자강덕론四子講德論》을 쓴 왕포에 따르면, 제나라 환공, 진晉나라 문공, 진秦나라 목공, 초나라 장왕, 월왕 구천을 오패로 정리한다. 이렇게 여러 사가들의 의견이 갈리는 와중에 공통적으로 오패에 꼽히는 제후가 제나라 환공, 진나라 문공, 초나라 장왕이다.

　　　　　　　어쩐지 고전이 읽고 싶더라니

제齊나라 환공桓公의 이야기는 제 양공의 지독한 패륜으로부터 시작한다. 차마 지면에 옮기기 어려울 정도다. 제 환공 이전에 제 양공이 있었다. 그는 황음무도하기가 짝이 없는 희대의 막장 군주다. 자신의 이복여동생 문강과도 사통했다. 훗날 역대 왕조에서 벌어진 수많은 근친상간 염문의 시초다. 문강은 노나라 환공에게 시집을 갔다. 어느 날, 노 환공과 문강이 제나라를 방문했다. 양공과 문강 오누이는 오랜만에 만나 회포를 풀다가, 그만 노 환공에게 딱 걸린다. 아무리 이복이라지만 엄연한 오누이인데 두 남녀의 짓거리를 본 노나라 환공은 눈이 뒤집힌다.

분이 치밀어 오른 노나라 환공은 군사를 일으켜 양공을 죽이려 한다. 이에 겁을 집어먹은 양공은 잔치를 열어 노나라 환공을 만취하게 만든다. 이내 양공은 아들 팽생을 시켜 만취한 환공을 완력으로 죽인다. 노나라 환공의 아들이 이를 따져 묻자, 양공은 팽생이 독단적으로 벌인 일이라 핑계를 대고 팽생을 죽여버린다. 일종의 꼬리 자르기인 셈. 여동생과 간음을 하고, 그로 인해 벌어진 일을 수습하고자 자기 자식까지 죽여버린 천하의 패륜아가 바로 제 양공이다. 《춘추좌전》〈장공 8년〉은 이 천하의 둘도 없는 패륜아를 이렇게 기록한다.

애당초 양공이 즉위한 이후 제나라는 제대로 된 것이 하나도 없었다. 이때 포숙아가 말했다. "군주가 백성을 사악하게 만드니 곧 변란이 일어날 것이다."

포숙아는 제나라 최고 명문가의 자손이다. 양공의 작태를 지켜보고 변란이 임박했음을 예감했다. 포숙아는 공자 소백을 잠룡으로 선택해 나라를 탈출하고, 관중은 공자 규를 모시고 노나라로 망명한다.

관중과 포숙아는 비록 절친했지만, 각자 인물을 보는 안목은 달랐다. 친구에서 한순간에 라이벌이 되어버린 두 사람. 모두의 예상대로 양공은 공손무지에 의해 제거된다. 이어서 집권한 공손무지 역시 다른 대부에 의해 죽음을 당하고 제나라는 한순간에 무주공산이 된다. 이에 포숙아와 관중은 앞을 다투어 제나라로 귀환하는데, 지리적으로 가까이 있던 포숙아가 먼저 입성한다. 그 덕택에 포숙아가 선택한 공자 소백이 왕위에 오르니, 그가 바로 중원 최초의 패자 제나라 환공이다.

관중은 뒤늦게 노나라의 군사를 빌어 공자 규를 옹립하려 제나라로 귀환한다. 관중은 포숙아보다 한발 늦었지만, 노나라 세력을 등에 업고 제의 왕좌에 오르려 했다. 그러나 전투에서 패배하여 관중이 모시던 공자 규는 죽음을 당하고 관중은 제나라로 압송된다.

관중을 압송해줄 것을 청한 포숙아. 포숙아가 관중을 넘겨받자 제나라 당부 땅에 이르러 그를 풀어주었다. 그러고는 돌아가서 고했다. "관중은 제나라의 상경인 고해보다 정사에 더 능하오니, 그에게 재상 자리를 맡겨도 될 것입니다." 환공은 포숙아의 말을 따랐다.

⊙ 《춘추좌전》〈장공 9년〉 중

어쩐지 고전이 읽고 싶더라니

이것이 세상 둘도 없는 최고의 우정 관포지교管鮑之交 이야기다. 이 이야기의 중심에는 언제나 둘 사이의 우정이 반짝반짝 빛난다. 특히, 포숙아의 넓은 아량이 칭송받는다. 춘추전국시대를 화려하게 수놓은 제자백가 가운데에서도 관중의 지명도는 공자, 맹자에 뒤지지 않을 정도다. 정조는 세손 시절 경희궁 주합루宙合樓에서 공부했는데, 여기서 주합은 관중의 어록을 정리한 유향劉向의 저작물 《관자》의 편명 가운데 하나다. 관포지교의 동의어로 지란지교芝蘭之交, 죽마고우竹馬故友, 금란지교金蘭之交, 수어지교水魚之交 등을 꼽는데, 이는 정확하게 관포지교의 실체를 이해한 것이 아니라 그저 겉핥기만 한 것이다. 놀랍겠지만 지극한 우정이 관포지교의 핵심이 아니란 말이다.

그렇다면 관포지교의 실체는 무엇인가! 관포지교는 철저한 계획하에 이루어진 '위험 분산 쿠데타'의 성격을 띠고 있다. 관중과 포숙아는 왕족을 하나씩 선택하고 망명해 있다가, 희대의 패륜아 양공이 실각하면 돌아와 정권을 차지할 계획을 세운 것이다. 아무리 끈끈한 우정을 나눈 친구라지만, 정권 창출을 놓고 완벽한 라이벌이 되었는데 도리어 자신보다 높은 자리로 중용하는 일이 과연 가능할까. 아무리 생각해도 어려운 일이다.

그것보다는 오히려 위험을 분산해 둘 중 하나라도 정권을 잡으면 상대방을 중용하자는 맹약을 했고, 포숙아가 이를 지켰을 가능성이 높다. 이게 훨씬 합리적인 추론으로 보인다. 비록 자신들이 왕족이 아니라 스스로 집권하진 못하더라도 두 친구는 막후 실력자로서 확률 높은 게임을 설계한 것이다. 제 환공은 제위에 오르기 전 관중이 쏜 활에 맞아 죽을 뻔했다. 그럼에도 불구하고 관중을 등용한 것은 결국 포숙아와 관중 두 설계자의 맹약이 존재했을 것이란 추측에 힘을 보탠다.

"권력이란 불꽃에서 너무 멀면 얼어 죽고, 너무 가까우면 타 죽는다." 권력의 속성을 표현한 격언이다. 포숙아가 '위험 분산 쿠데타 프로젝트'의 맹약을 성실히 이행한 이유를 우리는 흔히 우정에서 찾는다. 하지만 포숙아는 권력의 속성을 정확히 알고 현명하게 대처한 것이다. 그는 소백을 환공으로 만들어낸 자신이 세상으로 전면에 드러나면, 분명 시기하는 무리가 생길 것을 알았다. 환공 역시 킹메이커로서 포숙아가 고마우면서도, 부담스러울 것이 자명하다. 시기하는 무리는 이 틈을 파고들 것이다. 그래서 포숙아는 관중을 전면에 내세우고 자신은 2선에서 관망한 것이다.

게다가 포숙아는 판을 짜는 일은 자신이 우월하지만 세밀하게 정사를 펼치는 일은 관중이 낫다는 걸 알았다. 영화로 치자면 기획력이 뛰어난 자신이 판을 짜고, 연출은 관중에게 맡긴 셈. 휴대전화를 매일 사용해도 자신의 컬러링이 뭔지 알기란 어렵다. 누구든 자신의 컬러링을 듣지는 않는다. 남의 치아 사이에 낀 고춧가루는 잘 보이지만 내 뺨에 붙은 김가루는 보이지 않는다. 그만큼 자기 자신을 제대로 아는 일은 어렵다.

신영복 선생이 평소 즐겨 쓰던 휘호 가운데 '춘풍추상春風秋霜'이란 표현이 있다. 《채근담》에 나오는 대인춘풍待人春風 지기추상持己秋霜에서 따온 말이다. '남을 대할 때는 봄바람처럼 하고 자신을 대하는 데에는 가을 서릿발처럼 하라'는 뜻이다. 자신을 알고 자신에게 엄격하기란 정말 어려운 일이다. 포숙아는 바로 그 어렵다는 '자기 객관화'를 이뤄낸 인물이다.

관중 역시 주어진 역할을 냉철하게 분석하고, 자신의 역량을 제대로 펼쳤다. 끈끈한 우정 따위보다는 제나라 패권이 더 중요했던 그는, 결정적 순간에 포숙아를 내친다. 《열자》〈력명〉편을 살펴보자.

관중이 병이 드니 환공이 문병 와서 물어본다. "재상의 병이 악화되니, 비록 하기 싫은 말이지만 하지 않을 수 없소이다. 그대의 병이 위중해지면 과인은 누구에게 정사를 맡겨야 합니까?" 관중이 말한다. "임금께서는 누구를 마음에 두고 계시오?" 환공이 답한다. "포숙아가 좋을 것 같소이다." 관중이 말한다. "안 됩니다." 환공이 다시 묻는다. "그럼 누가 적임자입니까?" 관중이 답한다. "습붕입니다."

여기서 관중이 포숙아의 문제점을 콕 집는다. "포숙아는 그저 청렴결백하고 착하기만 한 사람입니다." 청렴결백하고 착한 게 뭐가 나쁜가? 그러나 관중은 현실 정치를 하려면 선과 악을 넘나드는 사악함도 갖추고 있어야 함을 은연중에 내비친다.

마키아벨리는 《군주론》에서 역설한다. "권력을 유지하려는 군주는 선하기만 해도 안 되고, 악인이 되는 법도 알아야 한다. 또한 그 태도를 때에 따라 행사도 하고 중지할 줄도 알아야 한다." 관중이 판단컨대, 포숙아에게는 마키아벨리즘이 부족해 보이고 습붕이란 자가 적임으로 보였던 것이다.

아무튼 우리에겐 더없이 아름다운 우정의 산물로 알려져 있지만, 사실은 '위험 분산 권력 쟁탈 프로젝트'의 산물로 탄생한 군주인 제나라 환공. 그는 집권 후에 강력한 힘을 휘두른다. 넉넉한 경제력과 강인한 군사력을 바탕으로 주변 나라를 공격하며 힘을 과시했다. 그리고 규구에서 회맹을 거행해 명실상부한 패자로 올라선다.

스티브 워즈니악과 스티브 잡스를 보면 항상 포숙아와 관중이 떠오른다. 이제는 전설이 된 애플의 성공은 워즈니악의 기술력으로 시작했다. IT 기술 혁신의 아이콘이 된 잡스지만 사실 애플 초창기 기술 혁신의 기둥은 워즈니악이었고, 잡스는 그저 마케팅의 귀재였다. 하지만 잡스가 애플이란 신화의 모든 영광을 독차지했다. 잡스는 자신이 창업한 회사로부터 버림을 받기도 하고, 지독한 독선 때문에 워즈니악을 비롯한 많은 친구들과 사이가 벌어졌다. 아이팟과 스마트폰으로 IT업계의 신화가 됐지만, 결국 가족에게도 온전한 사랑을 받지 못한 채 숨을 거두었다. 반면 워즈니악은 여전히 애플의 자문역으로 행복하게 살고 있다. 자신을 아는 것, 그리고 권력, 명예, 돈으로부터 불가근불가원의 거리를 유지하는 것이야말로 세상살이의 고갱이가 아닐까.

나라는 무엇을 위해
존재하는가

진채지액을 비롯해 공자가 겪은 신산함과 고단함이야 이루 열거할 수 없을 만큼 지독했지만, 맹자 역시 그 못지않은 가시밭길만 걸었다. 맹자는 지천명知天命의 나이에 천하를 주유하기 시작한다. 내일모레면 정년인 나이에 인턴으로 입사한 격이다.

《동국이상국집》의 저자인 고려시대 이규보는 여러 차례 과거에 낙방하고 10년을 유랑살이 하다가, 권력자 최충헌에게 용비어천가급 헌시獻詩를 바치고 고위 관직을 맡게 된다. 그의 나이 서른둘이었다. 두보 역시 권문세가에 시를 바치고 겨우 병기고 지키는 벼슬자리를 얻었으니, 그의 나이 마흔둘이었다. 당대當代의 계관시인들이 지조와 자존심을 개나 줘버리고, 입에 풀칠하겠다며 발 벗고 나선 나이가 서른, 마흔이니 그에 비해 봐도 맹자의 출사出仕는 한참 늦은 셈이다.

추鄒나라 출신의 실패한 사상가 맹자. 그 시작은 미약했지만, 결국 그 끝은 창대했다. 맹자가 공자의 적자嫡子가 되고 공맹孔孟이란 한 묶음으로 추앙받게 된 건, 1,000년의 세월을 건너 주희가 재평가한 덕분이다. 주희는 《맹자집주》로 맹자의 사상을 보강 발전시켰고, 사서四書로 지정해 《맹자》의 위상을 드높였다.

맹자의 어린 시절을 모르는 사람도 있을까? 맹모삼천지교孟母三遷之敎[1]의 주인공 맹자, 말만 들어도 손목이 시큰하게 저려온다. 대학에서 중어중문학을 전공했지만, 내가 다니던 대학의 중어중문학과는 커리큘럼 대부분이 어학보다는 문학 쪽에 치우쳐 있었다. 점입가경으로 문학 가운데에서도 고전문학과 철학에 방점이 찍혀 있었다. 《시경》〈관저〉편의 한 구절인 '요조숙녀窈窕淑女 군자호구君子好逑'라도 읊어대야 정파의 수제자가 된 느낌이었고, 노신의 《아큐정전》을 옆구리에 끼고 있으면 사파邪派로 쫓겨난 기분이 들었다.

이런 분위기 속에서 완벽한 '정통 수업'으로 평가받는 과목이 있었으니, 악명도 드높은 맹자강독孟子講讀이었다. 심지어 전공 필수 과목이라 피해갈 수도 없었던 맹자강독의 악명은 독특한 수업 방식 때문이었다. 탁자에 세울 수 없는 빗살무늬 토기로 술을 마시듯 받자마자 원샷 후 다시 상대에게 잔을 돌려주고, 같은 방식으로 잔을 넘기게 했던 교수님이 계셨다. 전생에 이백[2]이었을 것으로 강력히 추정되는 빗살무늬 교수님은 이미 윈도95가 전 세계를 휩쓸던 그 시절, 분연히 컴퓨터 리포트를 거부했다. 빗살무늬란 별명에 걸맞게도 대학노트에 《맹자》를 손으로 한 땀 한 땀 써서 제출하게 했던 것이다. 원문을 한 줄 쓰고, 밑에 훈訓도 달아야 했는데, '孟子 曰'이라고 쓰고는 밑에 '맹자께서 말씀하셨다'라고 무려 아홉 글자를 써야 하는 게, 정말이지 큰 고역이었다.

그래도 그 덕에 《맹자》는 내 인생의 고전으로 가슴에 남아 있다.

어쩐지 고전이 읽고 싶더라니

물론 빗살무늬 교수님을 지금에 와서 아름답게 포장하려는 의도도 아니요, 늘 B, C, D의 향연이던 전공필수 과목 성적표에 독야청청 A를 볼 수 있게 해주신 은혜를 갚고자 하는 것도 아니다. 어린 중문학도의 가슴을 콩닥거리게 만든 인상적인 구절 몇몇은 수십 년이 지난 지금까지 생생하기 때문에, 인생 고전이 된 것이다.

> 제나라 선왕이 맹자에게 묻는다. "과인이 듣기로는 탕은 걸桀을 몰아내고 천자가 되었고, 무왕은 주紂를 쳐내고 천자가 되었습니다. 이것이 사실입니까?" 맹자가 답한다. "전해오는 기록에 그런 이야기가 있습니다." 다시 왕이 말한다. "신하 된 자로서 자신의 임금을 시해하는 것이 도리에 맞는 일이겠습니까?" 그러자 맹자가 답한다. "인仁을 해치는 자를 적賊이라 하고, 의義를 해치는 자를 잔殘이라 하며 잔적지인殘賊之人을 단지 '그놈'이라고 하니 '무왕께서 그 주紂라는 놈을 처형하셨다'는 말은 들었어도 '누가 임금을 시해했다'는 말은 일찍이 들어본 바가 없사옵니다."
>
> ⊙ 《맹자》〈양혜왕〉편 중

중국 역사상 역성혁명의 이론적 근거를 최초로 제시한 혁신적인 구절이다. 조선 왕조의 개국 과정에서, 신진사대부 정도전이 혁명의 논거로 든 것이 바로 《맹자》다.

> "나라도 임금도 백성을 위해 존재할 때만 가치가 있다."
>
> ⊙ 《삼봉집》 중

조선 왕조의 주궁인 경복궁의 이름을 지은 것도 정도전이요, 《경국대전經國大典》을 지어 나라의 기틀을 다진 것도 정도전이다. 그런 정도전이 태종太宗의 칼날 아래 비명에 간 이유가 바로 이 역성혁명 사상에 숨어 있다. 강력한 왕권정치를 꿈꾸던 태종에게 정도전의 신권정치臣權政治는 눈엣가시였다.

> 백성이 가장 귀하고, 사직이 그다음이며, 군주는 가장 가볍다. 이 때문에 백성의 신임을 얻어야 천자가 되고, 천자의 신임이 있어야 제후가 되며, 제후의 신임을 얻어야 대부가 되는 것이다. 제후가 사직을 위태롭게 하면 바로 갈아 치운다. 희생이 이미 이루어지고 기장과 피가 이미 정결하여 제사 의식이 때에 맞게 되었음에도, 가뭄과 홍수가 일어난다면, 곧 사직을 갈아 치운다.
>
> ⊙ 《맹자》〈진심〉편 중

여기서 사직은 우리가 흔히 듣던 종묘사직宗廟社稷의 사직을 뜻한다. 사극 드라마에서 선위를 하려는 왕에게 신하들이 죽기 살기로 외치는 "전하! 종묘사직을 통촉하여 주시옵소서"의 사직이기도 하다. 종묘는 한마디로 왕실의 신주단지다. 국가 정통성의 기반을 유교에서 찾는 조선이기에 임진왜란 피난 중에도 신주를 그야말로 '신주단지 모시듯' 떠메고 갔다. 그만큼 중요한 종묘와 어깨를 나란히 하는 사직은 무엇인가? 토지의 신인 '사社'와 곡식의 신인 '직稷'을 합쳐 사직이라 칭한다. 농사의 번창을 기원하는 제단을 의미하기도 하지만, 농자천하지대본農者天下之大本이란 말이 있듯이

어쩐지 고전이 읽고 싶더라니

왕조국가 그 자체를 의미한기도 한다.

《맹자》〈진심〉편에서도 바로 이 사직의 중요성이 여실히 드러난다. 거북이 등딱지에 글씨를 새기던 은나라 시대나 대기권 밖으로 인공위성을 쏘아 올리는 요즘 같은 시대나 먹고사는 문제의 해결은 국가의 존재 이유 그 자체다. '먹고사니즘'의 중요성은 세월이 아무리 흘러도 바뀌지 않을 불변의 진리다. 맹자는 이 불변의 진리를 어떤 방법론으로 해결할지 고민했고, 그 결과를 제후들과 나누고 싶어 여러 나라를 떠돌았다. 앞의 〈양혜왕〉편을 보면 제나라에 도착했을 때 선왕은 기선제압용으로 탕과 무왕을 들먹인다. 임금을 시해하는 무도한 행위에 대해 추궁하는 것이다. 공자의 이상향 주나라는 맹자에게도 경외의 대상이다. 그런데 제 선왕은 공맹의 이상향인 주나라 무왕의 행위를 한갓 시해로 폄하하면서, 맹자의 기를 꺾고 주도권을 쥐려 했던 것이다.

하지만 이런 치졸한 기선 제압 따위에 굴복할 맹자가 아니다. "탕과 무왕이 주저앉힌 자는 임금이 아니라 일개 필부에 불과하다. 무도한 임금이 어찌 임금일 수 있으랴! 필부에 불과하다!"라고 당당하게 되받아친다. 제 선왕의 선제공격에는 사실상 통치 철학의 기둥을 어디에 놓을 것인지에 대한 물음이 담겨 있다. 대통령 취임 연설이 그저 수사의 나열이 아닌 임기 내 이루고자 하는 통치 철학의 요약본이듯, 제 선왕과 맹자의 문답에서 정치철학 본령에 대한 가치관이 불꽃을 튀며 맞부딪힌다.

16세기 후반, 장 보댕이 내놓은 《국가론》은 '중세봉건제 유럽 사회를 뒤흔든 정치철학'이란 극찬을 받았다. 그렇게 혁신적이란 평가를 받는 장 보댕조차 폭군방벌론monarchomachi에 반대하고 군주에 대한 저항권을 명확히 부정했다. 역성혁명론의 위대함이 다시 한 번 엿보이는 대목이다.

"모든 권력은 국민에게 나온다"는 당연한 진리를 실천하고 무도한 지도자를 끌어내리기 위해 촛불을 들었던 국민이 바로 우리 국민이다. 인류 역사상 유래 없는 무혈 혁명으로 정권 교체를 이루어낸 대한민국 국민이란 게, 나는 자랑스럽다. 프랑스 혁명, 프라하의 봄, 톈안먼 혁명, 대한민국 87민주항쟁, 재스민 혁명은 비록 그 뜻은 고결했지만, 많은 시민의 피를 그 대가로 요구했다. 그나마 명예혁명이 비교적 평화롭게 이루어졌지만, 2016년 겨울 대한민국 촛불 혁명에 비할 바는 아니다. 혁명이란 말이 처음 등장한 문헌은 《주역》이다.

> 하늘과 땅이 바뀌어 네 계절을 이루듯天地革而四時成, 탕과 무왕의 혁명은 하늘과 백성의 뜻에 호응한 것이다湯武革命順乎天而應乎人.
> ⊙ 《주역》〈혁革〉편 중

'은 탕왕이 걸왕을 제거하고, 주 무왕이 주왕를 몰아낸 것'이 당대當代 지성사에서는 꼭 짚고 넘어가야 하는 뜨거운 이슈였다. 중국 역사상 최초의 역성혁명인 이 문제를 어떻게 인식하고 해석하는지가, 어떤 학설과 사상을 펼치는지에 대한 단초가 되는 셈이다.

"임금은 배다君者舟也. 백성은 물이다庶人者水也. 물은 배를 띄우

어쩐지 고전이 읽고 싶더라니

기도 하고 뒤집기도 한다水則載舟 水則覆舟. 임금이 이 점을 염두하며 위험을 대비한다면, 위기가 닥치지 않을 것이다君以此思危則危將焉而不至矣."

⊙ 《순자》〈왕제〉편 중

당 태종이 신하들에게 묻는다. "천자가 훌륭한 덕을 지니고 있으면 백성들이 그를 받든다. 그러나 천자가 무도하면 백성은 그를 천자의 자리에서 몰아낸다. 참으로 두려운 일이 아닐 수 없다." 이에 위징이 답한다. "옛말에 '임금은 배다. 백성은 물이다. 물은 배를 띄우기도 하고 뒤집기도 한다'라고 했습니다. 폐하께서 백성이야말로 두려운 존재라고 생각하고 계시온데, 진실로 그러합니다."

⊙ 《정관정요》 중

《정관정요》에도 순자가 주창한 '군주민수君舟民水' 사상이 명확히 드러난다. 해마다 연말이면 교수신문 선정 사자성어를 각종 미디어에서 떠들어댄다. 그중 압권은 2009년의 방기곡경旁岐曲逕과 2010년의 장두노미藏頭露尾였다. '뭐 이런 듣도 보도 못한 사자성어를 규장각 한 구석에서 먼지를 털어 구해 오나!'라고 투덜댔다. 어릴 적부터 천자문을 먹을 갈아 화선지에 붓으로 써가며 외우고, 지금과 달리 한글 반半 한자 반半 신문을 옥편 찾아가며 보았으며, 비록 학점은 바닥을 기지만 명색이 중어중문학과를 졸업한 내게도 낯설기만 한 사자성어가 종종 튀어나왔다. 그러다 2016년의 사자

성어 군주민수를 만나고는 감격스러워 눈시울이 뜨거워졌다. 짐작
컨대, 빗살무늬 교수님도 사자성어 선정에 관여하셨다면, 군주민수
에 한 표를 던지셨을 게다. 비로소 완벽한 올해의 사자성어를 선정
했단 생각에, 나는 벌떡 일어나 박수를 쳤다. 공자와 순자와 맹자가
동시에 부르짖어온 외침이 달콤한 속삭임으로 귀에 울린다.

1 일제강점기, 그리고 바로 이어진 한국전쟁을 통해 폐허가 된 대한민국을
지금의 경제대국으로 만든 것은 뭘까? 비정상적인 교육열도 단단히 한몫
을 하고 있다. 세계적으로 봐도 유태인과 더불어 쌍벽을 이루는 대한민국
의 뜨거운 교육열에 대의명분이 되어주었던 금과옥조가 바로 맹모삼천지
교다. '맹자의 엄마는 이사를 세 번이나 했다는데, 대치동으로 이사 한 번
가주는 게 부모 된 도리 아니겠어?'라는 자기합리화가 강남 8학군을 만들
어냈다. 해방 이후 대한민국이 학벌 공화국으로 변질되는 데 중차대한 역
할을 해낸 '맹자의 이사 세 번'에는 치명적인 오독誤讀이 숨어 있다. 유향
이 지은《열녀전》에 나오는 기록을 살펴보자.
　　맹자의 이름은 '가軻'다. 처음에 묘지 근처에 살던 맹가孟軻는 매일같이
　　"아이고, 아이고" 하며 장례 치르는 놀이를 해댄다. 그 모습을 본 맹모
　　가 이사를 결심한다. 두 번째 자리 잡은 곳은 시장 근처 도살장이다. 도
　　살하는 행동과 상인들이 물건 파는 모습을 흉내 내는 맹가의 모습에,
　　맹모는 다시 좌절한다. 마지막으로 이사한 곳은 학교 근처다. 매월 초
　　하루가 되면 관원들이 문묘에 들어와 예를 행한다. 무릎 꿇고 절하고,
　　읍하고, 사양하고, 나아가고, 물러나는 예를 행한다. 맹가는 그것을 보
　　고 일일이 익히고 기억했다. 맹자의 어머니는 "이곳은 진정 아이를 데
　　리고 살 만한 곳이구나"라고 말했다.

여기서 '유儒'의 개념을 다시 상기해보자. 유학이 어디에서 비롯됐던가? 머리를 풀어 헤치고 비가 올 때까지 기우제를 드리던 사람의 형상 아니던가. 기우제에서 출발해 죽은 자를 장례 치르고 제사를 모시던 일에서 유학儒學은 비롯되었다. 비록 맹모는 아이를 기를 만한 곳이 못 된다며 이사를 결행했지만, 사실상 어린 맹가는 착실하게 유학의 엘리트 코스를 따라 한 걸음 한 걸음 올라간 것이다. 지금이야 대학 가기 전에 보람상조에서 아르바이트를 하고 이마트 정육코너에서 일을 하는 게 큰 도움이 안 되겠지만, 당시 맹가에게는 생활밀착형 교육이 되었던 것이다.

맹모는 자신도 모르게 완벽한 수행 평가 대비를 시키고 나서 시험 공부를 시킨 셈이다. 드라마 〈스카이 캐슬〉의 김주영쌤 뺨치는 어마어마한 코디였다고나 할까. 아무튼, 맹자의 단단한 공부는 전제 왕조 시대에 남들은 감히 생각지도 못하는 도발적인 사상으로 발전할 수 있었다.

2 당대唐代 최고의 시인. 〈소년행〉〈월하독작〉〈조발백제성〉 등의 명작을 남겼다. 술을 워낙 좋아해 술 관련 에피소드가 여럿 전해진다. 어느 날 현종이 이백을 찾았는데, 이미 취해 있었다. 만취한 채 업혀 와 일필휘지로 갈겨 쓴 시가 〈청평조사〉라는 명시다. 이백은 죽음을 두고도 술과 관련된 전설이 전해진다. 양자강 채석기采石磯에서 뱃놀이를 하고 있던 어느 날, 늘 그랬듯이 술에 취해 있던 이백은 강물에 비친 달을 잡으려 물속에 뛰어들었고, 신선이 되었다고 한다.

음식남녀조차
이루지 못하는 시대

〈라이프 오브 파이〉 〈색, 계〉 〈헐크〉 〈브로크백 마운틴〉. 지금
이야 주옥같은 필모그래피를 자랑하는 헐리우드 거장으로 자리
를 잡았지만, 이안 감독은 원래 대만 출신이다. 대만에서 활동
할 당시 〈쿵후 선생〉 〈결혼 피로연〉으로 두각을 드러내다가 〈음
식남녀飮食男女〉를 통해 특유의 독특한 감성을 폭발시켰다. 영화
의 주인공인 주사부(랑슝 분)가 이렇게 말한다. "식욕과 색욕은 인
간의 본능이지. 본능은 피할 수 없어. 평생 동안 경험하는 거지."

먹고 마시는 것과 남녀 간의 사랑은 사람들이 무척이나 원하는
일이고飮食男女 人之大欲存焉, 죽음과 가난의 고통은 사람들이 크
게 싫어하는 것이다死亡貧苦 人之大惡存焉.
⊙ 《예기禮記》〈예운禮運〉편 중

〈음식남녀〉란 영화 제목은 《예기》가 그 출전이다. 《예기》는 어떤
책이기에 이런 적나라한 표현이 그대로 나오는 것일까. 《예기》는

사서삼경 가운데 하나다. 사서삼경 패러다임은 송나라 시대 주희가 설정한 것이다. '삼경', 즉《시경》《서경》《역경》은 시, 역사서, 점서의 모음인데 일단 연식만으로도 다른 텍스트들을 압도한다. 단연코 한자 문화권에서 가장 오래된 문헌들이다. '사서' 중《논어》와《맹자》는 유교에 특별히 관심이 없는 사람도 누구나 아는 문헌이니,《대학》과《중용》이 궁금할 텐데 이 두 텍스트가 발췌된 원본이 바로《예기》다.

주희가《예기》에서 가장 핵심적인 사상을 따로 떼어,《대학》과《중용》으로 분류해내고,《논어》《맹자》와 어깨를 나란히 견주게 만든 것이다. 사서삼경 말고 사서오경이라는 분류도 있는데《예기》와《춘추》를 삼경에 더해 오경이라 칭한다. 이리 보나 저리 보나《예기》는 유교 경전의 핵심 가운데 핵심이다.

《예기》는 하夏, 은殷, 주周 이래 문물제도와 예법, 의례를 공자와 후학들이 집대성한 책이다. 공자는 특히 주나라의 예법을 흠모했다. 공자에게 주나라는 잃어버린 이상향, 샹그릴라 그 자체였다. 주나라 예법을 복원하는 것이야말로, 공자가 학문을 닦는 궁극의 목적이었다. 제자 자장의 물음에 공자는 이렇게 답한다.

"아마도 주나라를 계승한다면 비록 백대의 왕조가 지나고 난 이후의 일이라도 알 수 있을 것이다."

⊙ 《논어》〈위정〉편 중

"주나라는 하와 은, 두 왕조를 거울로 삼았으니, 찬란하구나! 그

문화여! 나는 주나라를 따르겠다."

⊙ 《논어》〈팔일〉편 중

주나라는 대체 어떤 나라이기에 공자가 이토록 흠뻑 빠져 있었을까. 사마천의 《사기》에 따르면 상고시대가 끝나고 하나라로부터 본격적인 역사가 시작된다. 신화의 시대에서 땅에 발을 딛고 사는 인간의 세계로 전환되는 변곡점이 바로 하나라다. 하나라는 걸桀 왕과 말희의 향락 끝에 주지육림酒池肉林이란 사자성어를 남기고, 역사의 뒤편으로 사라진다.

은나라는 청동기 문명이며 동시에 제정일치祭政一致 사회였다. 농경 문명이 본격적으로 시작된 것도 은나라 무렵이다. 걸왕과 더불어 폭군계의 쌍두마차인 은나라 주紂왕은 《사기》에 이르길 호주음락好酒淫樂이라 칭해졌다. 주왕의 폭정은 결국 역성혁명을 불러일으켰고, 드디어 주나라 무왕이 등극하게 된다. 주나라는 중국 최초로 제정이 분리된 왕조였다. 종교와 제의의 광기보다는, 합리와 이성의 힘이 더욱 충실하게 발휘되기 시작한 시발점에 주나라가 우뚝 서 있다.

그러나 주나라의 영화榮華도 10대 여왕厲王에 이르러 기울기 시작한다. 중국 역사상 최초로 인민의 항거에 의해 축출된 군주다. 12대 유왕幽王은 포사에 빠져 주 왕실을 나락에 빠뜨린다. 유왕의 후예가 제후들의 도움으로 원래 수도인 호경(지금의 장안 부근)보다 동쪽에 있는 낙읍(지금의 낙양 부근)에 주 왕실을 재건했다. 그래서 이전의 주나라를 서주西周라 칭하고, 새로운 주를 동주東周

라 부르게 된다.

동주는 태생부터 제후들의 힘으로 추슬러진 나라이다 보니, 주왕실의 힘은 실로 미약했다. 주나라 왕실은 명목상의 권력이었고, 실제 권력의 향방은 제후들 사이에서 팽팽하게 균형추를 맞추고 있었다. 이 시기를 우리는 춘추시대라 부른다.

《논어》〈양화〉편에는 이 시기의 특징이 여실히 드러난다. 춘추전국시대의 성격을 한마디로 표현하자면 '힘 있는 놈이 장땡인 시대'다. 천자라도 힘이 없으면 제후에게 멸시를 받고, 제후라도 실권이 없으면 대부에게 무시당한다. 대부 역시 강력한 힘을 갖지 못하면, 가신들에게 머리채를 휘어잡힌다.

그래서인지 춘추전국시대에는 유독 반란이 많았다. 공산불요라는 가신이 대부를 배신하고 반란을 일으켰다. 공산불요는 우선 비읍에서 반란을 일으킨 후, 공자를 초청해 세를 불리고 틀을 잡으려고 했다. 이때, 초청을 받은 공자가 그에게 가려고 하자 자로가 언짢은 기색으로 말했다. "가실 곳이 없으면 그만이지, 어찌하여 꼭 공산불요에게 가려고 하십니까?" 자로는 우직하리만큼 공자를 따랐던 충성스런 제자지만, 그만큼 공자에게 말도 함부로 하고 못마땅한 점은 에둘러 말하지 않았다. 자로의 볼멘소리에 공자는 답한다. "그자가 어찌 헛되이 나를 불렀겠느냐? 만일 나를 써주는 사람만 있다면, 나는 그곳을 동쪽의 주나라로 만들 것이다."

공자가 펼치고 싶은 꿈의 종착역은 주나라임을 다시 한 번 명명백백히 선언하는 말이다. 특히나 공자는 주의 예법을 따르고자 노력했다. 물론 여기서 공자가 강조한 예는 하나의 정치철학으로 이해해야 한다.

공자가 말씀했다. "정치政治로 지도하고 형벌刑罰로 다스리면, 백성들은 법망을 빠져나가고도 부끄러움을 모른다. 반면, 덕으로 이끌고 예로써 다스리면 백성들은 부끄러움을 알고 잘못을 바로잡게 된다."

⊙ 《논어》〈위정〉편 중

통치자가 무조건 명령하고 이를 듣지 않으면 형벌을 가하는 철권통치는 얼핏 효율적일 수 있지만, 오히려 백성들이 교묘한 회피책만 강구하는 결과를 낳게 된다. 통치에는 명분과 철학이 있어야 진심으로 백성들이 감복하여 따른다. 《예기》에서 음식남녀를 유독 강조하는 이유는 국민의 기본권을 우선적으로 보장해야 한다는 의미가 내포되어 있다.

1791년, 정조는 한성부에 희한한 명을 내린다. 가난하기에 제때 혼인하지 못한 백성들을 조사하여, 돈과 포목을 결혼 비용으로 내주라고 하달했다. 그러자 한성의 노총각과 노처녀들이 일시에 사라진다. 한편, 임금의 배려에도 불구하고 여전히 혼인을 못한 총각 김희집과 처녀 신씨가 있음을 한성판윤이 보고한다. 김희집은 신부 될 집에서 가세가 기운다며 반대를 해서 장가를 못 갔다. 처녀 신씨는 워낙 가난해, 정조의 하사품으로도 시집을 갈 수 없었다. 정조는 서부령 이승훈과 한성부 주부 윤형을 각각 김씨와 신씨 집안의 혼례 책임자로 삼아 고충을 처리하면서, 혼례에 실패한 두 남녀를 짝지어주었다. 부족한 결혼 비용을 더 보태준 것은 물론이다.

정조는 《예기》의 통치철학을 실천한 군주다. 인간의 근본적인 욕망인 성욕을 임금이 배려하여 정책을 편 것이니, 이덕무는 정조의 세심한 통치에 감복하여 《김신부부전》을 통해 상세히 기록으로 남겼다. 정조의 통치가 특히나 빛을 발하는 이유는 평균값과 중위값의 차이를 정확히 꿰뚫고 있었다는 점이다. 나라 전체의 국력을 키워 재정 상태의 평균값을 올리는 일도 중요하지만, 국민 하나하나의 기본적인 의식주를 원활하게 해결해 재정 상태의 중위값을 올리는 일이 더욱 중요하다는 사실을 알고 있었다.

> 진晉나라의 도공이 즉위했다. 도공은 백관을 새로이 임명했고 사면령을 내려 백성의 부채를 탕감해주었으며 홀아비와 과부를 돌보고 방치되었던 인재를 등용했다. 널리 궁핍한 백성을 구제하고 재난에서 백성을 구해냈으며 사악한 행동을 금지했다. 세금을 가볍게 하고, 죄를 가볍게 다스렸으며, 물자를 절약했다.
>
> ⊙ 《춘추좌씨전》〈성공 18년〉 중

정치 행위의 근원은 결국 모든 사람들이 행복하길 바라는 마음에서 비롯되어야 한다. 요즘 젊은이들 사이에서 유행한 지 오래인 'N포 세대'라는 신조어가 있다. 그 가운데 유독 가슴을 후벼 파는 지점은 '연애도 포기' '결혼도 포기' 그러니 당연히 '출산도 포기'란 대목이다. 피 끓는 청춘 남녀들이 대관절 사는 게 얼마나 팍팍하면 연애를 포기할까? 불혹을 이미 훌쩍 넘긴 어른으로서, 가장 부끄럽고 처연한 지점이다. 수천 년 전 《예기》와 《춘추》가 강조한 음식남녀조차 이루지 못하는 청년들이 가득한 대한민국, 어른들이 뼈아프게 받아들여야 한다.

얼마 전, 샐러리맨에서 수조 원대 거부를 이룬 창업자가 한 말이 화제였다. "요즘 청년들 흙수저 타령 지겹다." 본인 역시 흙수저에서 시작해 재벌 2세, 3세도 이루기 어려운 부를 이루었으니, 딴에는 청년 창업 정신을 북돋는 자극제랍시고 한 말일 게다. 다만, 청년들의 수저 타령을 비난하기 전에, 먼저 청년들을 위해 이 사회의 어른으로서 기여했다면 더 좋았을 것이다. 청년 창업 기구를 만들거나 청년 고용을 위해 특단의 대책을 세웠더라면, 그 충고가 더욱 진정성 있게 빛났을 것이다. 어른이란, 잔소리만 한다고 되는 게 아니다. 먼저 베풀고 먼저 청년들을 이해할 때, 비로소 진정한 어른이 되는 것이다.

어쩐지 고전이 읽고 싶더라니

위대한 영도력의 비밀은 무엇인가

백성의 먹고사는 문제를 해결해주지 못한 채, 자신만 호의호식
하는 위정자를 어떤 백성이 따르겠는가. 맹자는 '위대한 영도력'의
비밀을 민생 해결에서 찾는다.

추나라와 노나라가 전쟁을 벌였다. 추나라 목공이 묻는다. "나의
부하 관리들 가운데 전쟁에 나가 싸우다 죽은 자가 33명이나 되
는데, 백성은 죽은 자가 없습니다. 백성을 벌로 베어 죽이려 해
도 그 수가 너무 많아 죽일 수 없소이다. 그렇다고 처벌치 않으려
하니, 윗사람들이 전장에서 죽는 걸 보고도 구하지 않는 백성들
을 어찌 처단해야 옳단 말입니까?" 맹자가 대답한다. "흉년이 들
어 굶주릴 때, 백성 가운데 노약자는 도랑과 계곡에 시신으로 뒹
굴고 건장한 자는 사방으로 흩어져 유랑자 신세가 되었는데, 그
숫자가 거의 1,000명에 이릅니다. 그러나 그때에도 임금의 창고
와 관청의 창고는 가득 차 있었습니다. 그런데도 이 사실을 제대
로 보고한 관리가 없었으니, 관리가 태만하여 백성을 해친 것입

니다. 증자가 말씀하셨습니다. '경계하고 또 경계하라. 너에게서 비롯된 것이 너에게로 다 돌아간다.' 저 백성들이 지금 와서 되갚음을 한 것이니, 임금께서는 원망하지 마십시오. 임금이 어진 정치를 하게 되면 백성은 그 윗사람을 친히 여기고 그 윗사람을 위해 목숨을 바칩니다."

⊙ 《맹자》〈양혜왕〉편 중

영화 〈웰컴투동막골〉은 미덕이 많은 작품이다. 팝콘이 솟구쳐 눈처럼 내리는 명장면을 비롯해 빼어난 미장센으로 관객의 눈을 즐겁게 한다. 신하균, 강혜정, 정재영의 연기 역시 감동적이다. 그러나 그 수많은 미덕을 뒤로 하고, 내게는 기막힌 명대사를 들려준 영화로 남아 있다.

본대에서 낙오된 북한군 장교(정재영 분)는 오지 산골 마을에서 국군(신하균 분)과 불편한 동거를 이어가게 된다. 며칠간 마을 돌아가는 사정을 면밀히 관찰한 끝에 그가 마을 이장에게 묻는다. "이장 동무! 주민들도 행복해하고 마을도 이렇게 잘 돌아가는데, 대체 이토록 위대한 영도력의 비밀이 뭡니까?" 백발이 성성한 이장은 허연 수염을 쓸며 웃음기 가득한 얼굴로 답한다. "뭘 좀 마이 멕여야지, 뭐."

〈웰컴투동막골〉의 시나리오 작가가 《맹자》를 읽었는지 확인할 길은 없다. 하지만 확신컨대, 작가는 맹자의 사상을 뼛속 깊이 체화하고 있는 사람이라고 생각한다. 맹자가 "뭘 좀 마이 멕여야지"라고 너털웃음 짓는 촌로의 말을 들었다면 옷섶을 여미고 존경의 표시로 한참 동안 절을 했을 것이다.

등나라 문공이 나라를 위하는 방법을 물었다. 맹자가 답한다. "백성의 생업은 느긋할 수 없습니다.《시경》에 '낮에는 지붕 이을 띠를 베어 오고 밤에는 새끼를 꼬아 어서 빨리 지붕을 이어라. 새해가 시작되면 백곡을 파종하세'라는 구절이 있습니다. 백성이 살아가는 방법론을 말씀드리지요. 일정한 생산이 있는 자는 일정한 마음이 있습니다. 일정한 생산이 없는 자는 항상심이 없게 됩니다. 인간에게 항상심이 없다면, 방탕하고 편벽되며 사악하고 사치스러워 못 하는 짓이 없게 됩니다."

⊙ 《맹자》〈등문공〉편 중

'일정한 생산이 있는 자는 일정한 마음이 있습니다. 일정한 생산이 없는 자는 항상심이 없게 됩니다.' 이 두 구절은 원문 그대로 보는 편이, 오히려 이해가 쉽다. 핵심 키워드는 결국 '유항산자유항심有恒産者有恒心 무항산자무항심無恒産者無恒心'이다. 항산이 있어야 항심이 생긴다. 항산이 없으면 항심이 없다. 먹을 게 해결되어야 측은지심, 수오지심, 사양지심, 시비지심 같은 사단四端이 우러나게 된다. 맹자의 주장은 딸깍발이 선생처럼 배에서 꼬르륵 소리가 나더라도 양심을 지키라는 공허한 말이 아니다. 맹자는 물적 토대를 건실히 마련해주는 것이야말로, 백성들이 인의예지仁義禮智를 마음에 새길 수 있는 선결조건임을 역설하고 있다.

인도의 경제학자 아마르티아 센은 빈곤과 불평등 문제에 천착한 '가난의 성자聖者'다. 아시아 최초로 노벨경제학상을 받은 그는 평생 국민들이 누릴 수 있는 '항산'을 마련하기 위해 피나는 노력을 다했다. 1933년 인도 벵골에서 출생한 센은 아홉 살이던 1943년, 비극적인 대기근을 경험하게 된다. 200만 명이 넘는 아사자를 발생케 한 벵골 대기근은 이후 센의 인생에 큰 울림을 남겼다. 1981년 출간한 책《빈곤과 기근》에서 센은 벵골 기근이 식량 부족으로 벌어진 일이 아니라, 식량 분배 구조의 불평등 때문에 발생한 비극임을 지적한다.

춘추전국시대로 접어들면서 중국 역시 철제 농기구 덕에 근원적인 식량 부족에서 조금은 해방되었다. 중국 농업 역사상 일종의 특이점이 발생한 셈이다. 하지만 백성들이 '항산을 갖고 항심을 유지'하려면 분배의 문제를 필연적으로 해결해야 했다. 임금과 귀족들이 사치와 향락만 일삼는다면, 식량 증산에도 불구하고 백성들은 입에 풀칠하기도 어렵게 된다.

> 양 혜왕이 물었다. "과인은 나라에 진심을 다했을 뿐이라오. 하내河內가 흉년이면 백성을 하동河東으로 옮기고, 곡식은 하내로 옮깁니다. 하동이 흉년이어도 마찬가지요. 이웃나라의 정치를 살펴보면 과인처럼 마음을 쓰는 자가 없소. 그런데 이웃나라 백성의 숫자가 줄지 않고, 과인의 백성이 늘지 않습니다. 이건 어찌된 일이오?" 맹자가 대답하여 말했다. "임금께서 전쟁을 좋아하시니 청컨대, 전쟁에 비유해 말해보겠습니다. 둥둥 북을 치며 앞으로 나아가 전쟁을 시작했는데, 갑옷을 버리고 병장기를 끌면

서 도망칩니다. 어떤 자는 백 걸음을 도망치고, 어떤 자는 오십 걸음을 도망칩니다. 오십 걸음 도망친 자가 백 걸음 도망친 자를 비웃는다면, 어떠합니까? 이는 말도 안 되는 것이겠지요. 오십 걸음 도망쳐도 백 걸음 도망친 게 아닐 뿐, 역시나 도망친 것은 도망친 것입니다. 임금께서 만약 이 점을 아신다면, 백성이 이웃 나라보다 늘어나리라 기대하지 마시옵소서."

⊙ 《맹자》〈양혜왕〉편 중

오십보백보五十步百步의 출전으로, 제대로 된 분배를 통해 항산을 마련하지 못하면 수수방관하는 왕과 다를 바 없다는 맹자의 일갈이다.

영화 〈웰컴투동막골〉이 '뭘 좀 많이 멕여야지'란 펀치라인 한 방으로 《맹자》의 사상을 전달했다면, 봉준호 감독은 《맹자》를 완벽하게 실천하는 감독이다. 얼마 전 내가 담당하는 〈최화정의 파워타임〉에 봉 감독이 출연했다. 팬심으로 대동단결, 한 시간이 마파람에 게 눈 감추듯 지나갔다. 가장 인상적인 인터뷰 내용은 신작 〈기생충〉에 대한 해석도 아니요, 송강호 배우와의 에피소드도 아닌 야식 관련 얘기였다. "저는 야식으로 비빔면이 나오면 테이크를 조절합니다. 면이 퉁퉁 불면 맛없잖아요."

영화 못 찍는 감독이 저런 말을 했으면, 직무태만이라 비난하겠지만 봉 감독은 예외다. 저 멘트를 남기고 프랑스 칸으로 떠나, 한국영화사상 최초로 황금종려상을 받았다. 칸의 기자간담회에서 송강호 배우의 인터뷰가 폭소를 불렀다. "저는 이번 〈기생충〉으로 함께 작업하며 봉준호 감독의 연출력에 감동했어요. 연출의 정교함에 깜짝깜짝 놀랐습니다. 그중 가장 정교한 지점은, 밥 시간을 칼같이 지켜줬다는 점입니다."

표준근로계약서를 온전히 지켜내며, 아역들의 인권까지 고려해 가며 찍어낸 〈기생충〉이 최고의 작품으로 인정받았다. 게다가 영화 내용이 부의 쏠림과 계급 문제에 대한 신랄한 비판이란 점을 감안해본다면, 결과만큼이나 아름다운 과정이 더욱 돋보인다. 여러모로 영화 스태프들의 '항산'을 확보해낸 봉준호 감독을 '봉자'라 부르고 싶다.

공교롭게도 아니, 운명적으로 두 사람의 대표작 〈살인의 추억〉에 나오는 명대사가 바로 "밥은 먹고 다니냐?"다. 송강호의 애드리브로 탄생한 이 명대사는 당시 폭발적인 화제와 다양한 해석을 불러일으켰다. 그의 인터뷰에 따르면, '연쇄살인이란 천인공노할 짓을 저지르고도 밥이 넘어가느냐'는 의미로 내뱉었단다. 항산이 있어야 항심이 발생하지만, 거꾸로 항심이 없는 자에겐 항산이 가당치도 않다는 의미가 된다. 거꾸로 말했지만, 결국 항산과 항심은 불가분의 관계임을 역설한 명대사다.

어쩐지 고전이 읽고 싶더라니

어떻게 사는 것이
잘 먹고 잘사는 것일까

《맹자》에는 우리가 흔하게 사용하는 표현과 고사성어가 유독 많이 등장한다. 오십보백보五十步百步, 호연지기浩然之氣, 사이비似而非, 연목구어緣木求魚, 여민동락與民同樂, 불감청고소원不敢請固所願, 도탄塗炭, 농단壟斷. 사이비나 농단같이 언중의 대화 속에서도 개똥처럼 흔하게 굴러다니는 표현이 공자, 맹자 같은 성인聖人의 혀끝에서 나왔다. 힙합에서 흔히 사용되는 스웨그SWAG란 표현이 있다. 스웨그는 셰익스피어의 작품 〈한 여름 밤의 꿈〉에서 가져온 단어다. 무려 300여 년 전, 셰익스피어가 만든 신조어를 켄드릭 라마와 드레이크가 뱉어대고 있는 것이다. '셰익스피어와 스웨그' 조합이 어색하듯, '맹자와 사이비' 역시 입에 안 붙기는 마찬가지다.

대부분의 고사성어는 양 혜왕梁惠王과 관련된 이야기가 출전이다. 양 혜왕의 양梁은 나라 이름이 아니다. 원래 혜왕은 위魏나라의 왕이다. 혜왕 즉위 이후 수도를 대량大梁으로 옮겼다. 그래서 양梁 혜왕이라 부른다. 원래 황하 북쪽 안읍安邑을 수도로 두고 있었는데 진秦나라에 황하 서쪽 땅을 빼앗기고 쫓기듯 오늘날의 하남성 개봉開封인 대량으로 천도했다. 그는 쪼그라질 대로 쪼그라든 나라의 운명을 반전시키고자 많은 노력을 기울였다. 주로 천하의 인재를 영입하기 위해 공을 들인 결과, 맹자를 위시해 추연, 순우곤 등 인재들이 대량으로 몰려들었다. 맹자는 신랄하게 양 혜왕의 통치를 평가하고 품평했다. 한 지역에 흉년이 들었을 때, 나름 자랑스럽게 대처한 혜왕의 정책에 대해 미봉책에 불과하다는 혹평을 내린 것이다.

> 농사짓는 때를 어기지 않으면, 곡식은 다 먹어치울 수 없을 정도가 됩니다. 코가 작은 그물을 연못에 넣지 않으면, 물고기와 자라는 다 먹어치울 수 없을 정도가 됩니다. 도끼를 때에 따라 숲속에 투입하면, 목재는 다 사용하지 못할 정도가 됩니다. '곡식과 물고기와 자라를 다 먹을 수 없고 목재를 다 사용할 수 없다'는 것은 곧, 백성이 살아 있는 자를 봉양하고 죽은 자를 장사 지내는 데 유감스럽지 않게 만든다는 것입니다. '살아 있는 자를 봉양하고 죽은 자를 장사 지내는 것에 문제가 없는 것'이 결국 왕도 정치의 시작입니다.
>
> ⊙ 《맹자》〈양혜왕〉편 중

이미 맹자는 경제 문제에 있어, 증산보다 분배가 더 중요함을 지적하고 있다. 맹자는 양생養生과 상사喪死 이슈가 국정 운영 최우선 과제임을 천명한다. 그야말로 삶과 죽음의 문제다.

개와 돼지가 사람이 먹는 것을 먹는데도 단속할 줄 모르고, 길에 굶어 죽은 자가 있어도 곡식 창고를 개방할 줄 모르면서 사람이 죽으면 그저 "내 탓이 아니오. 흉년이 들어 그렇소"라고 말한다면 사람을 칼로 찔러 죽이고는 "내 탓이 아니오. 칼이 죽였소"라고 말하는 것과 다를 바가 없습니다. 만일 왕께서 흉년이 들었다는 핑계를 대지 않고 원인을 자신에게서 찾으신다면, 천하의 백성이 위나라로 몰려들 것입니다.

⊙ 《맹자》〈양혜왕〉편 중

여기서 '개와 돼지가 사람 식량을 먹는다'는 것은 흉년에 기득권층의 식량을 백성들의 호구지책으로 사용하지 않고, 자신들의 사치에 낭비함을 의미한다. 발렌틴 투른과 슈테판 크로이츠베르거가 공저한 《무엇을 먹고 어떻게 분배할 것인가》에 따르면 식량 위기의 주범은 인구 과잉도 아니요, 식량 부족도 아니다. 먹거리 부족 문제의 본질은 육류 소비 증가에 있다. 단적으로, 쇠고기 1킬로그램을 생산하기 위해서는 옥수수 등 곡물 사료 8킬로그램이 소모된다고 한다. 게다가 16,000리터의 물도 필요하다. 쉽게 말해 우리가 기름이 좔좔 흐르는 맛난 스테이크 한 조각을 먹어치우느라, 아프리카의 아이들은 몇 끼니를 굶어야 한다.

상상해보자. 당신이 등심스테이크의 부드러움과 기름진 맛에 취해 있을 때, 에티오피아의 한 소녀가 죽 한 그릇을 못 먹고 죽어간다는 사실을. 분명 당신은 포크와 나이프를 식탁 한쪽에 살포시 내려놓게 될 것이다. 나 역시 고기라면 환장하는 강경파 육식주의자이지만, 《무엇을 먹고 어떻게 분배할 것인가》를 읽고 나서는 육식을 자제해야겠다는 의지를 불태웠다. 물론 나의 독서 경험이 내 식욕을 이겨내진 못했지만, 육류 소비에 대한 죄책감은 여전히 가슴속에 남아 있다.

또 하나 맹자가 지적한 지점은 '창고의 개방'이다. 사람이 먹을 식량을 돼지에게 먹이는 것만큼 잘못된 것은 '흉년이 들었는데도 나라의 창고를 개방하지 않는 것塗有餓莩而不知發'이다. 고구려 고국천왕 시대의 명재상 을파소가 제안한 진대법을 떠올려보자. 춘궁기에 곡식을 꿔주고 가을에 돌려받는 정책이다. 당장 굶어 죽는 백성을 구휼해야 하는 임금의 도리를 강조한 제도다. 맹자는 '발發'이라는 표현을 써서 창고의 개방을 표현했다. 진대법처럼 당장 빌려주고 받으라는 것인지, 아니면 무상으로 분배하라는 것인지 '발'에 대한 해석이 명쾌하진 않다. 하지만 중요한 것은 우선 창고 개방을 통해 아사자의 발생을 막고 봐야 한다는 지점이다.

서울시장직을 내건 무상급식과의 대결이 한바탕 벌어진 후, 초중등학교 무상급식은 교육감 선거 및 지자체장 선거의 단골 이슈가 되었다. '복지 포퓰리즘이다!' '내 세금으로 왜 이건희 손주한테 공짜 밥을 먹이냐!' 등 다양한 반대 입장과 논리가 있다. 굳이 세금을 사용해서 부유한 집 아이에게 무상으로 급식을 제공하는 게 영 불합리하다는 것이다. 맞는 말이다. 재벌집 아이에게 무상으로 급식을 제공할 필요는 전혀 없다.

하지만 대부분의 아이들이 급식비를 내고 밥을 먹는 동안, 한

반의 몇몇 학생만 무상 급식을 먹는다면 그 상처가 얼마나 클지 상상해보라. 유년기와 사춘기 아이의 연약한 마음에 피가 철철 흐를 것이다. 재벌집 아이 공짜 점심이 아깝다고 울부짖는 사람들에게 말하고 싶다. 대한민국 재벌들이 고작 16억의 상속세를 내고 8조원의 재산을 물려받는 현실을 먼저 직시하라고! 아이들 점심에 벌벌 떠는 그대들이여! 맹자가 말한 "흉년에 굶어 죽는 사람이 길에 널려 있어도 개와 돼지를 사람보다 먼저 먹이고, 자신의 창고에 가득 쌓인 곡식을 나눠주지 않는 자"가 과연 누구인지 돌아보길 바란다.

삶과 죽음의 문제는 실존의 전부다. 실존의 차원에서 엄밀히 말하자면, 잘 먹고 잘 살면 됐지 잘 죽을 필요까지는 없다. 하지만 맹자가 양생만큼이나 상사喪事를 챙기는 것은 공동체를 고려했기 때문이다. 인간 하나의 실존도 중요하지만, 인간의 '간間' 우리의 사이, 사회적 존재로서의 인간을 고려한 것이다.

나이가 불혹을 훌쩍 넘으니 유독 부고訃告를 자주 받게 된다. 조부모상이나 부모상이 대부분인데, 얼마 전에는 본인상 부고를 받았다. 먹먹하고 황망했다. 중고교 시절은 물론이요, 대학 시절까지 함께한 친구여서 더욱 그랬을까. 일요일 아침 느긋한 마음으로 커피향을 맡으며 휴일의 여유를 만끽하다 받아서 그랬을까. 믿기지가 않았다. 불과 몇 달 전, 동창들의 단체카톡방에 "친구들 잘들 지내나? 나는 주화입마를 입고 요양 중이다"라고 올린 메시지가 아직도 눈에 선한데 죽음이라니! 장례식장에 모인 친구들의 얼굴에는 침울함이 그득했다. 처음으로 친구의 죽음을 겪은 우리들은 슬픔과 황망함, 그리고 믿기지 않는다는 감정의 뒤섞임 속에서 먼저 간 친구를 애도했다.

그러다 얼마 전 본 드라마에서 나는 맹자의 마음을 느꼈다. '저 드라마의 작가나 피디는 분명 《맹자》와 《논어》를 읽었을 거야'라는 상상까지 해가며 드라마에 푹 빠져들었다. 파편화 분절화 되어가는 삭막한 우리네 삶 가운데 공동체를 지향하는 태도, 그리고 유독 장례에 집착하는 스토리가 자꾸 맹자를 떠올리게 만들었던 것이다. 공동체에서 최약자를 보호하고 함께 걸어가게 만드는 드라마. 이 기묘한 드라마의 제목은 〈나의 아저씨〉다.

하루 24시간 몸이 부서져라 온갖 아르바이트를 전전하는 지안(아이유 분). 아버지가 남긴 사채를 갚으면서 편찮으신 할머니를 홀로 모시느라 그녀의 얼굴엔 슬픔과 분노만이 가득하다. 그런 사정을 알게 되자 자신의 불이익까지 감내하며 보듬는 동훈(이선균 분). 동훈은 '정희네'란 이름의 술집에 매일같이 모여드는 동네 친구들과 쓴 소주를 마시며 하루의 고단함을 달랜다. 인간 소외의 현대 사회에서 툭 떨어져, 마치 무릉도원으로 들어간 사람들처럼 공동체 사회를 완벽히 회복한 동훈과 그의 가족, 그리고 친구들. 그네들의 행복한 모습을 넋 놓고 바라보다가 '이건 판타지야!'라고 씁쓸하게 자위했다.

동훈은 회사에서든 동네에서든 지안을 공동체에 젖어들게 만들려고 부단히 노력한다. 지안의 할머니가 돌아가시고 장례식을 치르는 과정에서 동훈의 가족과 친구들은 공동체의 최약자인 지안을 따뜻하게 위로한다. 동훈의 형 상훈(박호산 분)은 청소방을 운영하며 악착같이 돈을 모은다. 그동안 고마웠던 동생들에게 멋진 양복을 입히고, 멋진 오픈카를 태우고, 특급 호텔에서 묵는 화려한 휴가를 위해서였다. 하지만 지안의 할머니가 초라하게 저세상으로 떠나는 모습이 안타까운 나머지, 애써 모은 돈을 몽땅 털어 동네 친구들을 부르고 동네 친구들의 이름으로 화환을 마련한다. 이렇게 장례식을 함께 치르면서 부서질 듯 삭막한 이 세상에도 어딘가 오아시스가 숨어 있음을 몸소 보여준다.

> 임방이 예의 근본을 물었다. 공자가 답했다. "참으로 큰 질문이구나! 예는 사치하는 것보다는 차라리 검소함이다. 장례의 예는 수월하기보다는 차라리 슬퍼함이 낫다."
>
> ⊙ 《논어》〈팔일〉편 중

공자는 예에 집착했고, 특히나 상사의 예에 더욱 집착했다. 공자는 누군가 장례를 치를 여력이 없자, 자신의 집을 내어주면서까지 애도의 마음을 깊게 나눴다. 장례의 예식이 자연스럽게 척척 이루어지는 것도 물론 중요하지만, 슬픔의 깊이가 더 중요하다고 강조한다. 드라마 〈나의 아저씨〉에서 동훈의 형 상훈이 굳이 화환을 놓고 친구들을 부른 건 단순히 사치스럽고 성대한 장례식을 원해서가 아니다. 상훈의 행동은 지안의 슬픔을 나누려는 진심, 다시 말해 공자가 강조한 '슬퍼함'이 그 근본이다. 나는 누군가의 아픔에 진심을 다한 적이 있는가. 드라마를 보며 부럽기도 했다가,

부끄럽기도 했다. 우리는 잘 살아야 한다. 그리고 잘 죽어야 한다. 삶과 죽음은 한 몸이다. 맹자가 양생과 상사를 굳이 왕도 정치의 두 기둥으로 꼽은 이유이기도 하다.

지나침은
부족함만 못하다

공자께서 말씀했다. "덕으로 정치를 하는 것은 비유하자면 북극성은 제자리에 있고 모든 별이 북극성을 받들어 따르는 것과 같다."

공자가 말씀했다. "정치政治로 지도하고 형벌刑罰로 다스리면, 백성들은 법망을 빠져나가고도 부끄러움을 모른다. 반면, 덕으로 이끌고 예로써 다스리면 백성들은 부끄러움을 알고 잘못을 바로잡게 된다."

⊙ 《논어》〈위정〉편 중

여기서 주목할 지점은 공자는 덕치德治를 정치의 기둥으로 삼았다는 것, 백성들이 부끄러움을 아는 것이야말로 정치의 본질이라고 바라봤다는 점이다. 여기서의 '정政'은 부정적인 함의를 갖는다. 힘과 권위로 밀어붙인다는 의미다. 오늘날 정치에 대해 갖고 있는 불신과 부정적 함의를 공자 역시 갖고 있었다. 공자에게 정치는 물 흐르듯 부드러운 것이다. 백성들이 마음으로 감복할 때, 비로소 정치는 제대로 돌아간다.

물론 예와 덕으로 행하는 정치가 지나치게 이상적이라고 비판할 수 있다. 하지만 국민이 납득할 수 없는 법은 결국 단명하고 만다. 법에도 생명력이 있는데, 국민의 정서적 지지를 받지 못하는 법은 생명력이 짧을 수밖에 없다. 미국의 금주법禁酒法이 그런 예다. 수정 헌법 18조가 발효된 1919년부터 1933년까지 미국에서 술은 불법이었다. 〈언터처블〉〈보드워크엠파이어〉 등의 영화나 드라마로 자주 다루어져 잘 알고 있는 알 카포네는 금주법 시대가 낳은 괴물이다. 주류 밀거래를 통해 거대한 부를 쌓은 그는 1927년, 무려 1억 달러의 수입을 올려 기네스북에 등재되기도 했다. 심지어 아인슈타인, 포드와 더불어 시카고 젊은이들이 가장 존경하는 인물에 꼽히기도 했다.

이 대목에서 질문을 던져본다. 알 카포네가 만약 마약 중심으로 조직을 일궜다면, 저런 해프닝이 벌어질 수 있었을까? 물론 밤의 대통령 알 카포네는 밀주뿐 아니라 매춘, 청부폭력, 살인, 마약 등 온갖 범죄에 손을 댔다. 그렇지만 대중의 시선에서 볼 때 알 카포네의 주력 사업은 밀주 유통이었다. 미국 시민들의 마음속 깊은 곳에서 술은 진정한 악이 아니었기에, '시카고 청년들의 선망으로 뽑히는' 해프닝이 가능했다. 아무리 법조문에 명시되어 있어도 술이 불법이란 걸 국민들이 마음으로 받아들이지 못한 결과다.

예는 아래로 백성들에게까지 내려가 적용되지 않고禮不下庶人,

어쩐지 고전이 읽고 싶더라니

형벌은 대부에게까지 올라가 적용되지 않는다刑不上大夫.

⊙ 《예기》〈곡례〉편 중

백성들은 형벌로 다스리고 귀족들은 예로써 다스린다는 주나라의 차별적 사법 체계를 천명한 구절이다. 하지만 '형불상대부刑不上大夫' 이 구절을 단순히 유전무죄 무전유죄로 받아들이면 명백한 오독이다. 오히려 '회복적 사법 정의'의 개념과 맥이 닿아 있다. 중국은 장쩌민 집권 시절, 마오쩌둥식 카리스마형 지도 체제에서 벗어나 집단 지도 체제로 변모하게 된다. 지도 체제에 편입된 정치국 상무위원들이 무소불위의 권력으로 주요한 결정을 내리며 중국을 좌지우지했다. 그래서 당시 《예기》의 형불상대부 구절을 빗대어 '형불상상위' 즉, '형벌은 정치국 상무위원들에게는 적용되지 않는다'는 풍자가 떠돌기도 했다. 여기서도 그저 《예기》의 구절을 '권세 있고 돈 있는 자들에게는 법도 무용지물이다'란 얄팍한 의미로 이용한 것이다. 하지만 이 구절의 진정한 가치는 '부끄러움을 아는 덕치주의의 선언'으로 바라볼 때 더욱 빛난다.

그렇다면 부끄러움을 아는 덕치주의란 무엇인가? 군주에게 등용되려고 갖은 애를 쓰면서 '지단도 울고 갈 마르세유턴'으로 이 나라 저 나라 떠돌던 공자. 그리고 그 공자의 사상을 이어받아 역시나 이 나라 저 나라 떠돌며 '미스터 쓴소리'가 되었던 맹자. 유가의 위대한 사상가들은 하나같이 군주의 신임을 쉽사리 얻지 못했다. 칼과 창이 울고, 뼈와 살이 튀던 춘추전국시대에 부끄러움을 백성들이 알게 하자는 덕치주의는, 그야말로 한가한 소리였다.

유가의 덕치와 법가의 법치가 어떻게 다른지, 상앙의 고사에서 그 명맥한 차이점을 알 수 있다. 상앙은 衛위나라 왕의 서자로 태어나, 魏위나라를 거쳐 진秦나라에 이르러 중용된다. 관중의 사상을 이어받았고 준법정신을 특히 강조해서, 진 효공孝公의 큰 신임을 받았다.

당시 군주들에겐 보다 강력하고 즉각적인 무기가 필요했다. 고객의 니즈를 정확히 파악한 상앙이 법치주의란 칼을 들고 번쩍번쩍 칼춤을 추어대니, 효공의 어깨가 들썩거릴 수밖에 없었다. 상앙은 진나라의 부국강병을 위해 먼저 낡은 법률의 개정을 건의했다. 중신들의 반대에도 불구하고 효공은 상앙의 손을 들어준다. 개정된 법률의 주요 내용은 다음과 같다. 엄벌주의, 연좌제, 밀고의 장려, 신상필벌 강화. 한마디로 백성들이 법 무서운 줄 알게 만들겠다는 것이다. 《사기》〈상군열전〉을 중심으로, 그의 행보를 따라가보자.

상앙은 한번 세워진 법은 무조건 지켜야 한다는 점을 강조하기 위해 묘책을 낸다. 진나라 수도 남문에 장대를 세우고 방을 붙인다. "이 장대를 북문으로 옮기면, 황금 열 덩이를 상으로 주겠노라!" 하지만 백성들은 이 기이한 방을 읽고도 '무슨 꿍꿍이가 있나?'라고 의심하며 장대를 옮기지 않는다. 그러자 상앙은 상금을 황금 오십 덩이로 올린다. 호기심 많은 백성 한 명이 장대를 실제로 옮기자, 상앙은 정말로 황금을 주었다. '나라에서 말하는 것은 곧 진실이다. 절대 백성들에게 거짓을 말하지 않는다'는 강력한 메시지를 던진 것이다.

어쩐지 고전이 읽고 싶더라니

이 사건을 기점으로 상앙의 신법은 무서우리만큼 빠르게 백성들 사이에서 퍼져나갔다. 하지만 신법에도 분명 단점이 있었으니, 백성들이 신법의 문제점을 불평하기 시작했다. 하루는 태자가 법률을 어겼다. 상앙은 '법이 지켜지지 않는 것은 위에서부터 법을 어기기 때문이다'라고 강변하며 태자를 벌하려 했다. 하지만 차마 태자에겐 벌을 내리지 못하고, 대신 태자의 스승인 공자 건에게 형벌을 내렸다. 또 다른 스승인 공손가에게는 얼굴을 불로 지지는 중형을 내렸다. 이 일이 있은 후 진나라에는 길에 물건이 떨어져도 주워가는 자가 없고, 도적이 사라지게 되었다.

상앙은 진나라의 부국강병을 이끈 대가로 '상商' 땅을 부여받을 정도로 큰 권세를 얻었다.[1] 하지만 과유불급이라 했던가. 드라이브가 제대로 걸린 상앙은 선을 넘기 시작한다. 아버지와 아들, 형과 동생이 한 방에 기거하는 것조차 금지한다. 나라에 대한 불평을 못 하게 한다는 목적으로 이런 어이없는 법을 만든 것이다. 당연히 백성들과 대소신료들의 불만이 쌓이게 되지만, 효공의 두터운 신임이 그를 보호한다.

그런데 효공이 죽자 사태는 급변했다. 태자가 왕위에 오르니 혜문왕이다. 혜문왕은 삭탈관직당해 고향땅으로 돌아가는 상앙에게 죄를 물어 체포하라는 명까지 내린다. 상앙은 잡혀가면 죽을 것을 알고 도망간다. 한참을 도망치다 밤이 되어 객사에 묵으려 하니 관원이 말한다. "상군의 법에 따라 여행권이 없는 자를 묵게 하면 벌을 받소. 재워줄 수 없소." 상앙은 이렇게 자신이 만든 법 때문에 죽음을 맞이하게 된다. 혜문왕은 상앙을 체포해 거열형으로 죽이고 연좌제를 적용해 상앙의 일가를 철저히 처단했다.

오늘날의 법치주의 관점에 비추어볼 때, 상앙의 개혁은 훌륭하다. 지위고하를 막론하고 공평무사하게 법을 적용했다는 점이 특히 그렇다. 권력 서열 2위인 태자도 예외가 될 수 없었다. 사람은 원래 변하는 걸 싫어한다. 인간의 유전자에 그렇게 아로새겨져 있다. 변화보다는 보수를 선호하는 인간의 특성을 대니얼 카너먼은 《생각에 관한 생각》에서 실험으로 입증한다. 어느 특정 시점에 주식 A를 보유하다가 팔아치우고 주식 B를 구매한 사람 홍길동. 같은 특정 시점에 주식 B를 원래부터 보유하고 있다가 주식 A가 오를 것 같아 갈아타려다 결국 실행하지 않고 그냥 주식 B를 보유하기로 결심한 사람 전우치. 몇 달 후, 주식 A는 오르고 주식 B는 급락했다. 누가 더 억울하다고 분통을 터뜨릴 것 같은가?

실험 결과 홍길동 집단이 훨씬 더 많은 분노를 표출했다. 결과론적으로 두 집단은 같은 선택을 했고, 같은 결과를 맞이했다. 하지만 움직여서 손해를 본 사람이 가만히 있으면서 손해를 본 사람보다 자신들의 선택에 대해 훨씬 많이 후회했다. 이게 인간의 심리다. 인간은 본디 같은 값이면 개혁의 길보다 보수의 길을 좋아한다. 그러니 상앙의 신법은 얼마나 큰 저항을 맞이했을까. 변법變法의 시기에 새로운 법을 백성들에게 강요하려면 적어도 태자의 죄를 좌시하지 않는 정도의 강력한 조치가 필요했다.

춘추전국시대를 갈무리하고 진의 통일을 이룬 건, 분명 법치주의의 공이다. 그러나 진이 그토록 단명한 이유 역시 법치주의 사상의 한계다. 진나라와 한나라는 한 몸으로 보는 게 맞다. 춘추전국의 대혼란을 수습하기에는 법가가 유용했고, 왕조로서 기틀을 잡고 유지하는 데는 유가가 적합했다. 그래서 한나라의 대학자 정현이나 마융은 훈고학을 통해 분서갱유로 씨가 말라버린 유학의 경전을 열 길 물속에서 끌어올린 것이다. 장 자크 루소는 "정치와 도덕을 분리해서 생각하는 사람은 이 둘 모두에 대해 아무것도 모르는 사람이다"라고 말한다. 법가의 한계성을 지적하고 유가의 덕치가 갖는 의미를 지적하는 말이다.

> 공자께서 말씀했다. "공손하지만 예禮가 없으면 수고롭기만 하다. 신중하지만 예가 없으면 두려움을 갖게 된다. 용감하면서 예가 없으면 질서를 어지럽힌다. 정직하면서 예가 없으면 박절하게 된다. 군자가 친족들을 잘 보살피면 백성 가운데 인의 기풍이 일어나, 옛 친구를 버리지 않으며 백성이 각박해지지 않는다."
>
> ⊙ 《논어》〈태백〉편 중

여기서 예의 다양한 면모가 드러난다. 공손하지만 예가 없으면 수고롭기만 하다, 즉 공이무례恭而無禮를 보자. '이 친구 왜 이렇게 무례해!'의 무례가 아님을 알 수 있다. '공손하다 그런데 무례하다'는 형용모순이기 때문이다. 네모이면서 둥글다. 이게 무슨 의미인가. 여기서 공자가 말하는 예는 뭐라고 표현하는 게 정확할까? 여기서의 예는 차라리 '중용中庸'이라고 옮기는 편이 낫다. 맹자는 이를 과공비례過恭非禮란 말로 표현하고, 공자는 과유불급過猶不及이라 말한다. 중용을 대입해 이 구절을 다시 해석해보자.

공손함도 좋지만 지나치면 예가 아니요, 신중함도 좋지만 지나치면 두려움이 너무 커진다. 용감한 사람이 적당함을 모르고 덤비면 싸움이 일어나고 사회에 불화가 발생한다. 결국 질서가 깨지는 것이다. 정직한 것이야 두말할 나위 없이 좋은 덕목이지만 역시나 지나치게 되면, 인간관계를 무너뜨린다.

능력이 부족해 직업을 못 가지는 조카가 있다고 치자. 정직함도 좋지만 굳이 너는 "이 녀석아. 너는 능력이 부족하니 번듯한 직장 구하기 힘들 거야"라고 말해서 먹던 송편이 목구멍에 콱 막히게 할 필요는 없는 것이다. 이렇듯 예가 지향하는 삶의 방식을 토대로 통치하겠다는 것이 '예는 아래로 백성들에게까지 내려가 적용되지 않고, 형벌은 대부에게까지 올라가 적용되지 않는다'는 구절에 담긴 진심이다.

여기서의 '예'는 행동경제학가 리처드 탈러의 '넛지Nudge' 개념으로 이해하면 편리하다. 넛지는 팔꿈치로 슬며시 미는 행동을 의미한다. 휴게소 공중화장실 남성 소변기 중간에 파리를 그려 넣어보자. 남성 독자라면 십분 공감할 테지만, 이상하게도 열과 성을 다 바쳐 조준하게 된다. 마치 파리를 제대로 맞추면 화장실을 나설 때, 곰인형이라도 하나 안겨줄 것처럼 신명을 다한다. 이게 인간의 심리다. 그래서 소변기에 제대로 조준하지 못하면 '벌금 천 원'이라고 써 붙이는 것보다 파리 한 마리를 그려 넣는 것이 화장실을 더 깨끗하게 만든다. 이른바 가장 대표적인 넛지 효과의 예시다. 한마디로 넛지는 '인간은 인센티브에 예민하게 반응한다'는

어쩐지 고전이 읽고 싶더라니

주류 경제학의 관념을 뛰어넘는다. 인센티브가 전부는 아니란 말이다. 형불상대부刑不上大夫는 넛지 효과로서 다스리겠다는 선언이요, 예불하서인禮不下庶人은 넛지 효과만으로는 통치하기 어려우니 옆구리 쿡쿡보다는 아예 대놓고 푹 찌르겠다는 선언이다. 2,000여 년의 시간을 뛰어넘어 《예기》와 《넛지》는 이렇게 통하고 있는 것이다.

1 상앙의 원래 이름은 공손앙公孫鞅인데, 왕에게 상 땅을 받아 상앙이라 불리게 된다.

탐욕도 굶주림도 없는
세상을 상상하다

"죽일 필요도 죽일 이유도 없는 세상을 상상해봐요. 모든 사람들이 평화롭게 사는 걸 상상해봐요. 탐욕을 부릴 필요도 굶주릴 필요도 없어요. 모든 인류가 형제처럼. 모든 걸 나눠 가지는 세상 사람들을 상상해봐요." 존 레논의 〈Imagine〉 노랫말 속에서나 가능한 일을 이미 수천 년 전, 현실에서 실천하려고 노력한 사람이 있었다. 그의 이름은 묵자墨子다. 그리고 그 어려운 일들을 꽤나 성공해냈다. 20세기에도 꿈이나 꿔보자는 일들을, 약육강식이 판을 치던 그 시절 과연 어떻게 해냈을까?

묵자의 이름은 적翟이다. 묵적의 생몰은 대략 공자보다 조금 늦게 태어난 것으로 추정된다. 송나라의 대부 출신이라는 설도 있지만, 천민 출신이란 가설이 더욱 우세하다. 얼굴에 먹줄로 죄명을 새긴 묵형을 받아 묵자로 칭했다는 죄인罪人설도 있다. 먹줄을 그어 나무를 다듬고 각종 도구를 제작했다는 장인匠人설도 있으며, 허드렛일과 궂은일을 주로 처리했다는 노동자勞動者설도 있다. 심지어 인도인이나 아랍인 계통으로 추정된다는 외국인外國人설까

어쩐지 고전이 읽고 싶더라니

지, 실로 다양한 가설이 존재한다. 이 가설들의 공통점은 하나다. 묵자는 결코 귀족 출신으로 편하게 공부하며 사상을 세운 인물이 아니란 점이다. 묵자는 뼛속까지 철저히 아래로부터 신산한 고생을 해가며 한 땀 한 땀 자신만의 철학 체계를 이루어냈다.

지금이야 묵자라고 하면 묵수墨守라는 고사성어를 제일 먼저 떠올릴 정도로 제자백가 가운데 비주류 취급을 당하고 있지만, 공자와 묵자가 활약하던 당시로 시간을 돌려보면 사정이 사뭇 다르다. 매일같이 온갖 제후들에게 까이고 또 까이는 공자와는 달리, 묵자는 여기저기서 앞다투어 초빙해 모셔가는 특급 사상가였다. 지금으로 치면 일타강사쯤 되려나. 아무튼 그 인기가 얼마나 많았는지 맹자는 다음과 같이 생생히 증언한다.

"묵적과 양주의 말이 천하에 가득하여, 천하의 말이 양주에게 돌아가지 않으면 묵적에게 돌아간다."

⊙ 《맹자》〈등문공〉편 중

또한 여불위의 《여씨춘추》에는 '묵가의 제자들이 천하에 가득차 있다'는 표현을 찾아볼 수 있다. 유향의 《전국책》에서는 공수반과 묵자의 대결을 세세히 기술하고 있는데, 묵자의 강력한 영향력이 느껴지는 대목이다.

노나라 사람인 공수반은 그 재주가 뛰어나 초나라 혜왕의 초빙을 받는다. 공수반은 초나라에서 공격 기계인 운제雲梯를 만들었고, 초 혜왕은 이를 이용해 송나라를 공격하려 한다. 묵자가 이 소식을 듣고는 100리에 한 번씩 쉬며 발이 부르트게 공수반을 찾아와 말한다. "송나라에서 듣자하니, 그대가 초나라에서 중용된다고 들었소. 나는 그대에게 송나라 왕을 직접 죽이라 말하고 싶소." 공수반이 답한다. "나는 의로운 사람인데 어찌 왕을 죽일 수 있겠소." 다시 묵자가 받아친다. "듣자하니 운제를 만들어 송나라를 공격하려 한다는데 송나라가 무슨 죄를 지었소? 의롭기 때문에 왕의 목숨 하나 죽이지 못하겠다면서 도리어 그 나라를 송두리째 공격하니, 이것은 적은 수의 목숨을 죽이지 않고 도리어 많은 무리를 죽이겠다는 말이군요. 감히 묻겠소이다. 송나라를 공격하면서 어찌 의를 논하시오?" 공수반은 그 논리에 할 말을 잃고 초 혜왕에게 묵자를 인도한다.

묵자는 왕을 보자 묻는다. "지금 어떤 사람이 자신에게 훌륭한 마차가 있는데도 이웃의 낡은 수레를 훔치려 하고, 자신의 비단옷을 두고 이웃의 낡은 옷을 훔치려 하며, 자신의 산해진미를 버려두고 이웃의 초라한 음식을 탐하려 합니다. 이런 자는 어떤 사람이라 할 수 있습니까?" 초 혜왕이 답한다. "틀림없이 도벽이 심한 자군요." 그러자 묵자가 답한다. "초나라는 영토가 5,000리에 달하지만 송나라 영토는 500리에 불과합니다. 마치 좋은 마차와 낡은 수레 같은 관계이지요. 초나라 땅에는 무소, 외뿔소, 사슴, 고라니가 가득하고, 초나라 강에는 물고기와 자라 등이 가득합니다. 반면 송나라에는 꿩, 토끼, 붕어도 제대로 자라지 못합니

어쩐지 고전이 읽고 싶더라니

다. 이것은 산해진미와 초라한 음식의 관계와 같습니다. 초나라에는 다양한 목재가 많이 나지만, 송나라에는 변변한 나무조차 없습니다. 이것은 비단옷과 낡은 옷의 관계입니다. 초나라 왕께서 송나라를 공격한다면, 결국 도벽이 있는 자와 마찬가지 아니겠습니까?" 초나라 혜왕이 답한다. "옳은 말이오. 송나라 공격을 멈추도록 하겠소."

⊙ 《전국책》 중

《전국책》에서는 그저 세 치 혀로 묵자가 초나라 왕을 설득해내지만, 《묵자》에서는 당대 최고의 목수인 공수반과 묵적이 벌이는 가상대결이 펼쳐진다. 공수반이 제작한 모형 무기를 통해 공격하면, 묵자가 모형 방어 기구를 통해 막아내는 방식으로 수합을 연이어 펼친다. 결국 공수반의 어떤 공격도 통하지 않자 초나라 왕은 공격을 포기한다. 아무래도 《묵자》의 기록이 설득력 있게 느껴진다. 전쟁을 일으키기 직전에 외부 인사의 말 한마디에 거병을 접는다는 게, 이치에 닿아 보이지 않는다.

여러 문헌에서 보듯 목수라는 묵적의 정체성은 과학자나 공학도에 가깝다. 중국은 지난 2016년 자체 개발한 세계 최초의 중국산 양자통신 위성에 '묵자'란 이름을 붙였다. 중국인들의 마음속에 아로새겨진 묵자의 위상을 알 수 있는 대목이다. 화가의 정체성과 과학자의 정체성을 동시에 두르고 있는 레오나르도 다빈치처럼 묵적 역시 사상가이자 동시에 당대 최고의 목수였다. 인간에 대한 철학적 고민과 그 고민을 해결할 방책으로써 과학적인 마인드를 활용했다는 측면에서, 묵자는 버트런드 러셀과 더욱 닮아 있다. 당대 최고의 수학논리학자이자 말년에는 핵무기를 없애기 위해 온갖 노력을 쏟아부은 그의 이력은 뒤이어 설명할 묵자의 사상과도 맥이 닿아 있다.

동서고금을 막론하고 최고의 경지에 다다른 인물들에게 항목의 분류는 의미가 없다. 왜냐하면 경지에 도달한 인물들은 세상 돌아가는 이치, 즉 문리가 트여 있기 때문이다. 원래 수학 잘하는 애가 영어도 잘하고 역사도 잘한다. 농구 잘하는 애가 축구공도 잘 차고 테니스 라켓도 잘 휘두르는 법이다. 억울하지만 세상 이치가 그렇다. 묵적, 레오나르도 다빈치, 버트런드 러셀 같은 부류의 인물들을 보면 '그러려니' 하고 넘어가야 정신 건강에 이롭다. 자칫 부러워하다가는 가랑이가 찢어질 확률이 아주 높아진다.

사상가 묵적이 과학의 힘을 빌려 실천하려고 한 사상적 핵심은 무엇인가? 바로 비공非功이다. 비공은 곧 평화를 의미한다. 만인의 만인에 대한 투쟁의 시대, 춘추전국시대에서 평화를 울부짖은 묵적. 어떻게 실현 가능했을까?

다시 존 레논의 노랫말로 돌아가보자. 노래 초반에 울려 퍼지는 가사를 주목해야 한다. "국가가 없다고 상상해봐요. 그리 어렵지 않아요." 뭐? 국가가 없으면 평화가 도리어 쉽다고? 국가의 개념이 없다면? 국경의 개념이 없다면? 사해형제의 개념으로 50억 인류가 살아간다면? 전쟁의 참상이 분명 지금보다는 줄어들 것이다. 우리가 맞닥뜨리는 전쟁은 대부분 자국의 이익을 조금이라도 더

관철하기 위해 벌이는 것이다.

그런데 춘추전국시대에는 앞서 말한 것처럼 지금 우리가 생각하는 국경이 없었다. 국경의 관념이나 국가의 관념이 지금과 비교하면 확실히 희박했다. 그렇기에 사상가들이 자유롭게 자신의 사상을 펼칠 수 있었다. 제나라에서 침을 튀기며 자신의 사상을 팔기 위해 세일즈맨처럼 프레젠테이션을 하다가 실패하면, 미련을 홀홀 털어버리고 진나라로 넘어간다. 거기 가서 새로운 파워포인트를 열어젖히면 된다. 춘추전국시대란 바로 그런 시대였다. 그래서 묵적의 비공 사상이 어느 정도 소기의 성과를 거둘 수 있었다.

버트런드 러셀은 1916년 내놓은 《사람들은 왜 싸우는가?》에서 '욕망보다는 충동이 우리 행동의 기저에서 작용한다'고 힘주어 말한다. 피가 튀고 뼈가 으스러지는 전쟁조차도 욕망이나 이성의 작용보다는 충동의 작용으로 일어난다는 의미다. 물론 석유에 대한 욕망으로 걸프전이 벌어졌고, 냉전시대의 결과물로 베트남에서 지옥도가 펼쳐졌으며, 포클랜드를 차지하려고 영국은 전투기를 발진시켰다. 하지만 러셀은 이러한 욕망의 작용보다 더 강력한 동인動因이 충동이라고 주장한다.

러셀의 논리는 묵자가 초 혜왕을 설복시키는 근거와 정확히 맞아 떨어진다. "당신의 나라는 충분한 물산을 가지고 있다. 그런데 왜 송나라를 치려 하는가?" 욕망과 이를 충족시키기 위해 전쟁을 벌인다는 합리적인 추론의 메커니즘은 애초부터 초 혜왕의 마음속에 작동하고 있지 않았다. 혜왕의 마음속에는 오직 패자覇者가 되고 싶은 충동만이 그득했다. 묵적은 이를 면도날처럼 날카롭게 지적한 것이다.

주 왕실의 권위가 무너지면서 춘추전국시대는 실세實勢를 휘두르는 패자들의 리그로 변모하게 된다. 중요한 의사 결정은 회맹을 통해 이루어진다. 주식회사에서 주식 많이 보유한 최대주주가 큰 목소리를 내는 건 당연지사. 회맹에서의 주식은 결국 실력實力이다. 당연하게도 강력한 군사력을 지닌 나라가 회맹의 안건을 좌지우지하게 된다. 실세 패권을 틀어쥔 제후는 자기 목소리를 내는 것은 물론이요, 심지어는 '어른 노릇'까지 하려고 했다. 여기서 어른 노릇이란 남의 나랏일도 미주알고주알 참견하며 '이게 옳으니 저게 옳으니' 훈장질하는 것을 의미한다.

묵적은 끊임없이 이어지는 강대국의 침략을 약자 간의 협동과 연대를 통해 돌파하려고 노력했다. 묵자가 말하는 비공 사상의 핵심에는 이처럼 연대가 그 바탕에 깔려 있다.

공벌을 좋아하는 군주가 자신의 주장을 옹호하며 이렇게 말한다. "과인이 금옥이나 자녀, 영토가 모자라 공벌을 행하는 게 아니다. 나는 천하에 의를 내세워 명성을 떨치고, 덕으로 제후들을 굴복시키려는 것이다." 이에 묵자가 답한다. "지금 천하에 의를 내세워 명성을 떨치고 덕으로 제후들을 굴복시키는 자가 있다면, 천하의 복종은 서서 기다릴 정도로 빠를 것입니다. 천하에 공벌이 벌어진 지 오래 되었습니다. 비유컨대, 어린아이가 말을 기르는 것과 비슷합니다. 지금 서로 신의를 두터이 하며 천하를

어쩐지 고전이 읽고 싶더라니

이롭게 할 제후가 있다면 불의를 행하는 대국에 합세하여 대항하고, 대국의 침공을 받은 소국을 합세해 구해주고, 소국의 성곽이 허술하면 합세해 수리해주고, 먹을 것과 입을 것이 부족하다면 힘을 합쳐 보내주고, 예물이 부족하면 합세해 보내줄 것입니다. 이런 식으로 대국과 맞서게 한다면 소국의 군주는 크게 기뻐할 것입니다. 상대가 힘을 소진해 피로할 때, 내가 평온을 유지하면 아군은 강해집니다. 또한 백성을 은혜로운 마음으로 구해주면 백성들 또한 마음으로 귀의할 것입니다. 공벌의 정책을 바꿔 치국에 매진하면 오히려 그 공업이 배가 될 것입니다. 군사를 동원하는 데 드는 비용을 제후들의 피폐함을 헤아려 사용하면 그 이득이 반드시 더 클 것입니다."

⊙ 《묵자》〈비공〉편 중

여기서 소국이란 주로 위나라, 정나라, 송나라, 노나라를 말한다. 작은 나라들끼리 협력해 강대국의 침탈을 막아야 한다는 취지로서, 오늘날로 말하자면 고도의 외교 행위라고 보면 된다. 하지만 국가의 개념이 희박했던 당시의 특성상 이는 약자 간의 연대, 즉 '계급 간의 연대'라고 독해하는 편이 정확하다. 특히나 약소국을 보호하는 궁극적인 목적은 결국 그 약소국 안에서도 가장 약자인 백성들의 안위 때문이다. 전장에서 피를 흘리는 건 장수가 아니라 결국 기층민중이다.

묵적이 활약하던 시대에 여성은 철저히 무시당했다. 젠더의 문제는 아예 사회 개혁의 이슈로 자리매김할 수 없었다. 지금처럼 다

인종 사회가 아니었기에 인종 문제 역시 특별히 큰 문제가 되지는 못했다. 세대 간의 갈등 역시 장유유서의 법칙이 사회 전반에 걸쳐 강력한 힘을 발휘하던 시절이라 논의의 대상에 오르지도 못했다. 결국 묵적은 현실적으로 뜯어 고칠 수 있다고 판단한 유일한 이슈인 계급의 문제에 천착하게 된 것이다. 놀라울 정도로 현명한 선택과 집중이 아닐 수 없다. 비공 사상의 정신은 자연스레 애민 사상으로 이어진다. 애민 사상은 겸애兼愛 사상이란 묵자의 이상적인 가치, 즉 최종 목적지에 도달하기 위한 중간 기착지인 셈이다. 뒤에 이어서 살펴보자.

어쩐지 고전이 읽고 싶더라니

이웃 사랑하기를 네 몸처럼
하라는 말의 의미

맹자 말씀했다. "양주는 이기주의적인 마음으로, 자신의 털오라기 하나를 뽑아서 천하가 이로워진다 해도 그렇게 하지 않았다. 묵적은 겸애의 마음으로, 자신의 이마를 갈아 발꿈치까지 다다른다 해도 천하를 이롭게 한다면 그렇게 하려고 했다. 자막[1]은 중도를 잡았다. 중도를 잡았다는 것은 성인의 도에 가까운 것을 행하는 것이다. 중도를 잡았지만 저울추가 없는 것은 오히려 한쪽에 치우치는 것과 같다. 한쪽에 치우쳐 잡는 사람을 싫어하는 이유는 성인의 도를 해치는 행위이기 때문이다. 성인의 도 하나를 드높이고는, 백 가지 도를 없애는 셈이다."

◉ 《맹자》〈진심〉편 중

맹자가 그토록 강조한 별애別愛란 무엇인가? 별애를 논하려면 우선, 묵자의 겸애 사상에 대해 알아야 한다. 겸애와 별애는 결국 동전의 양면이니, 함께 이해해야 전체를 제대로 조망할 수 있다. 묵자 사상의 근원인 겸애를 알아보자. 묵적은 춘추전국시대 당대의 비극성을 바라보며, 이 사회의 혼란이 어디에서 오는지 탐구했다. 혼란의 궁극을 파헤친 결과, 모든 악의 원천은 도덕관념의 오류 때문이란 진단을 내린다. 여기서의 오류는 사람들이 자기 자신만을 사랑하고 남을 사랑할 줄 모른다는 데 있다. 인간은 누구나 자신을 사랑한다. 물이 아래로 흐르듯 지극히 당연한 이치다. 다만 자신을 사랑하는 마음의 한 조각만이라도 남을 생각하는 데 사용해야 한다는 말이다. 오직 자신의 이익만을 좇는 행위는 모든 문제의 근원이 된다는 게 묵자의 진단이다.

> "남을 해치는 사람은 자신의 몸은 사랑하면서 남은 사랑하지 않는다."
>
> ⊙ 《묵자》〈겸애〉편 중

도둑질을 하고, 강도짓을 하고, 사기를 치고, 전쟁을 일으키는 모든 문제는 자신을 사랑하듯 남을 사랑하지 않는 도덕관념 때문이란 묵적의 진단에, 특효약은 결국 겸애다. 나를 사랑하듯 내 가족을 사랑하고, 나를 사랑하듯 내 이웃을 사랑하며, 나를 사랑하듯 내 이웃나라 사람들을 사랑한다면, 세상의 모든 문제는 눈 녹듯 사라질 것이다. 물론 쉬운 일은 아니다. 혹자는 인간의 이기적인 본성에 반하는 일이라고 말하지만, 혹자는 인간의 본성에 포함된 요소라고 보기도 한다.

> "심지어 대부들이 서로 남의 집안을 어지럽히고 제후들이 서로

남의 나라를 공격하는 데 이르기까지 역시 그러하다. 대부들은 각기 자기 집안은 사랑하면서도 남의 집안은 사랑하지 않는다. 그래서 남의 집안을 어지럽힘으로써 자기 집안을 이롭게 하는 것이다. 제후들은 각기 자기 나라는 사랑하면서도 남의 나라는 사랑하지 않는다. 그래서 남의 나라를 공격함으로써 자기 나라를 이롭게 하는 것이다. 천하를 어지럽히는 것들은 전부 여기에 원인이 있는 것이다. 이것이 어디에서 일어나는가를 살펴보면 모두가 서로 사랑하지 않는 데에서 일어나는 일이다."

⊙ 《묵자》〈겸애〉편 중

묵자는 개인의 차원을 넘어서 국가의 차원에 이르기까지 겸애를 강조한다. 남을 나처럼 여기라는 이 묵자의 주문은 과연 가능한 것일까. 순자의 성악설을 굳이 언급하지 않더라도 인간의 이기심은 지독하다는 것을 우리 모두 안다. 내 손톱 밑 가시가 남의 눈의 들보보다 성가신 게 바로 인간이다. 그런 인간에게 묵자는 이렇게 외친다.

"겸애란 남의 나라 보기를 자기 나라 보듯 하고, 남의 집안 보기를 자기 집안 보듯 하며, 남의 몸 보기를 자기 몸 보듯 하는 것이다."

⊙ 《묵자》〈겸애〉편 중

남의 몸을 내 몸처럼 여기라고? 당신이 만약 기독교인이라면 '어디서 많이 들어본 얘긴데…'라는 기시감에 사로잡힐 것이다.

《성경》〈갈라디아서〉에 보면 '네 이웃을 사랑하기를 네 몸처럼 하라'고 적혀 있다. 흡사 묵자의 주장인 '애인약애기신愛人若愛其身'을 그대로 직역한 듯하다. 묵자가 예수의 가르침을 들었나? 그럴 리는 절대 없다. 묵자는 예수보다 400년 먼저 태어나 애인약애기신이라고 설파하며 이 나라 저 나라를 떠돌아다녔기 때문이다. 그런데도 겸애 사상과 기독교 사상은 소스라칠 정도로 정교하게 맞아떨어진다. 심지어 '《성경》에 나오는 동방박사가 실은 묵자의 제자들은 아니었을까?'라는 가설이 있을 정도다. 묵자 전문가이자 한학자인 기세춘 선생은 동방박사가 알고 보면 한 무제의 탄압으로 쫓겨난 묵가일 것이라는 여러 정황과 근거를 제시한다. 기세춘 선생에 따르면, 문익환 목사는 이렇게 주장했다. "묵자의 하느님은 예수의 하느님과 쌍둥이처럼 닮았다."

"남을 사랑하는 자는 반드시 사랑을 받게 된다."
"남을 사랑하는 사람은 남도 반드시 그를 사랑하게 된다."

어떤가? 《성경》의 한 구절 같은가? 아니다. 《묵자》〈겸애〉편에서 발췌한 구절이다. 묵자의 겸애가 가지고 있는 또 하나의 특성은 겸애의 경계에는 국경도 없고 계급의 차이도 없다는 점이다. 그러니 겸애의 본질을 그저 이타주의 정도로 해석한다면, 묵자가 몹시도 안타까워할 것이다. 겸애의 전모를 제대로 파악하려면 겸애를 겸상애兼相愛라고도 부른다는 점에 착안해야 한다. 그저 남을 사랑하는 게 아니고 서로가 서로를 사랑한다는 관념으로 이해해야 한다.

"남을 사랑한다는 건 자신을 사랑한다는 것에서 벗어나지 않는다. 자신도 사랑하는 사람들에 포함된다. 자신이 사랑하는 사람들 사이에 있기에 자기 자신도 사랑받는 것이다. 곧 자신을 사랑하는 게 남을 사랑하는 것이 되기도 한다."

⊙ 《묵자》〈대취〉편 중

겸애의 개념은 명사가 아닌 동사다. 또한 겸애는 결과가 아닌 과정이다. 결국 겸애의 개념은 정靜이 아닌 동動이란 말이다. 당나라 최고의 사상가이자 문장가인 한유韓愈는 유가의 인仁 개념을 '널리 사랑하는 것'이라고 정의한다. 결국 겸상애와 인을 같은 개념으로 치환한 셈이다. 이 해석으로 미루어 보건대, 한유가 한漢대 이후 철저히 묵살된 묵가를 되살리려 노력한 학자라는 점은 결코 우연이 아니다. 지배 이데올로기 강화를 위해 한대 이후 유독 숭앙받은 유가와 철저히 버려진 묵가의 근원을 한유는 제대로 파고 들어갔다. 한유는 유가와 묵가가 결국 한 뿌리라는 인식을 갖고, 두 학파를 해석했다. 한유는 이렇게 말한다. "묵자를 알아야 공자를 제대로 알 수 있고, 공자를 알아야 묵자를 제대로 알 수 있다." 한유에게 유가와 묵가는 한 뿌리에서 피어난 두 꽃이다.

하지만 맹자는 한유와 달리 묵자의 겸애를 동사가 아닌 명사로 인식했다. 동動이 아닌 정靜으로 파악한 것. 그래서 준열하게 묵자를 비판했다. "묵적은 차별 없는 사랑인 겸애를 말하는데, 이는 어버이를 부정하는 것이다. 어버이를 부정하고 군주를 부정하는 것은 금수와 같다." 맹자는 어떻게 이웃사람을 내 부모처럼 여길 수 있느냐는 반론을 편다. '내 아버지를 그저 옆집 아저씨와 똑같이 여기는 게 과연 인륜에 부합하는가?'라는 항변이다. 묵자의 제자인 무마자 역시 반론을 제기한다.

> "저와 선생님의 생각은 다릅니다. 저는 더불어 모두를 사랑할 수 없습니다. 저는 우리 이웃인 추나라 사람들을 저 먼 곳에 있는 월나라 사람들보다 더 사랑합니다. 그리고 우리 노나라 사람들을 이웃인 추나라 사람들보다 디 사랑합니다. 또한 노나라 사람들 가운데에서도 내 고향 사람들을 더 사랑합니다. 그리고 고향 사람들보다 내 집안사람들을 더 사랑합니다. 그리고 내 집안사람들 중에서도 내 부모를 더욱 사랑합니다."
>
> ⊙ 《묵자》〈경주〉편 중

> "내 부모를 받드는 마음을 미루어 남의 부모에까지 미치고, 나의 아이를 아끼고 기르는 마음을 미루어 남의 아이에까지 미친다."
>
> ⊙ 《맹자》〈양혜왕〉편 중

유가의 사랑은 결국 내 주변 핵심에서 시작해 점차 같은 원리로 넓어지는 방식이다. 그러니 친소의 차이가 있고, 귀천의 차이가 있을 수밖에 없다. 엄연히 존재하는 현실의 차별을 받아들여야 한다는 맹자의 사상이 바로 별애인 것이다.

《자묵자학설子墨子學說》에서 밝힌 양계초의 주장을 살펴보자. 공자에게는 '자기 자신' '자기 집안' '자기 나라'의 개념이 있다. 일반적으로 윤리는 모두 자기를 중심으로 하여 동심원 구조처럼 한 층씩, 한 겹씩 퍼져 나아간다는 주장이다. 친족을 대할 때도 당연히 차등이 있고, 현자를 기리는 데도 등급이 있다. 차별이 중요하다는 공자와 맹자. 그리고 순자의 표현을 빌자면 '차등을 가벼이 여기는' 묵자. 당신은 이 두 가지 주장 가운데 어느 쪽이 끌리는가?

우선, 공자와 묵자가 죽은 지 2,500여 년이 지나 백골이 진토가 되어버린 지 한참인 21세기의 법조항에도 친족 간의 특례[2]가 존재한다. 친소를 두고 차별하는 것을 문명사회의 법률도 인정하는 것이니, 어찌 보면 공자가 살던 그 당시 별애를 주장하는 건 당연한 게 아닐까. 이렇게 생각하다가도 일요일에 교회나 성당에 나가 설교를 듣고 앉아 있노라면 묵자의 겸애에 마음이 쏠린다. 갈팡질팡하는 내 마음의 갈피를 잡기란 정말 어렵구나!

우두망찰한 마음을 서양 철학의 도움으로 추슬러보자. 묵자의 겸애를 제대로 이해하려면 제러미 벤담을 찾아갈 수밖에 없다. 제러미 벤담의 공리주의를 소환해 겸애 사상을 분석해보자. 벤담은 쾌락과 고통이 인간 행동에 동기를 부여한다고 주장한다. 공리주의를 설명하기 위해 마이클 샌델은 어려운 설문을 던진다. 이른바 '트롤리 딜레마'라 불리는 것이다.

"당신은 기차 기관사다. 선로에 갑자기 5명의 인부가 전차가 오는지도 모르고 일에 열중하고 있다. 아무리 경적을 울려도 소음 때문에 듣질 못한다. 브레이크 고장으로 꼼짝없이 5명의 고귀한 생명을 잃을 것이 자명해 보인다. 그런데 그때! 옆에 있는 비상선로가 보인다. 그리고 기차를 비상선로로 틀면 5명의 생명을 구할 수 있다. 하지만 비상선로에 1명의 인부가 일을 하고 있다. 기차는 무서운 속도로 전진하고 있다. 1초 안에 결단해야 한다. 과연 당신의 선택은 무엇인가?" 수업에 참여한 대부분의 학생들은 선로를 바꿔 1명의 희생으로 5명의 목숨을 살린다는 주장에 손을 든다.

그러자 마이클 샌델은 얄밉게도 질문을 조금 꼬아버린다. "여전히 선로에는 5명의 인부가 일을 하고 있다. 단, 당신은 기관사가 아니다. 선로 위 다리에 서 있는 행인이다. 다리 난간에는 한 남자가 서 있다. 그 남자를 밀면 선로 위 인부들이 눈치를 채고 피할 것이다. 하지만 그 남자는 죽음을 면할 수 없다. 과연 당신의 선택은 무엇인가?" 설문이 살짝 뒤틀리자 대다수의 학생들은 밀지 않겠다는 쪽에 손을 든다. 결과론적으로 보면 양자가 다를 바가 없다. 1명의 생명을 희생시켜 5명의 목숨을 구하는 것. 그런데 첫 설문에는 대다수 학생이 선로를 틀어 남자 1명을 희생시킨다고 말하고, 두 번째 설문에는 그냥 부작위를 선택함으로써 5명의 인부를 죽게 내버려둔다.

과연 이 차이는 무엇일까? 왜 학생들의 마음이 작은 조건의 변화에 크게 움직인 걸까? 그 설명을 위해 마이클 샌델은 두 가지 도덕률을 꺼내 든다. 결과론적 도덕률과 정언론적 도덕률. 다시 말해, 제러미 벤담과 이마누엘 칸트를 소환한다.

벤담의 공리주의는 선로를 틀든, 다리 난간 위 무고한 남자를 밀어버리든 무조건 다섯 목숨을 구하는 행동이 옳다고 주장한다. 하나의 목숨을 희생해 다섯 목숨을 얻었으니 득이란 말이다. 반면, 칸트의 정언명령은 다리 난간 위에 서 있는 저 무고한 남자를 절대 밀면 안 된다고 서릿발같이 선언한다. "너의 의지와 준칙이 항상 보편적 입법 원리에 타당할 수 있도록 행동하라." 칸트의 말에 따르면 아무 죄도 없는 남자를 미는 살인 행위는 결단코 용납할 수 없는 짓이다. 첫 번째 설문에서 대다수 학생들이 벤담의 논리에 굴복했다면, 두 번째 설문은 칸트의 정언명령에 귀를 기울이게 만든다. 마이클 샌델은 공리주의의 한계점을 지적하기 위해 다양한 예시를 들어, 학생들이 자연스레 벤담의 논리에 뭔가 문제가 있음을 인지하게 만들었다.

하지만 그럼에도 불구하고 공리주의와 정언명령 가운데 어떤 게 더 우월한 도덕률이라고 단언하기란 쉽지 않다. 나름의 논리와 미덕이 있기 때문이다. 그렇다면 공리주의, 정언명령을 겸애론, 별애론으로 치환해 함께 그 우열을 가려보자. 다음은 《맹자》 〈등문공〉편을 기초로 한 맹자와 묵자의 가상대화다.

맹자: 당신은 세상 사람 모두를 사랑해야 한다고 주장한다지요?
묵자: 그렇소! 차별 없이 사랑을 나눠야 한다고 생각하오.
맹자: 세상 모든 사람을 똑같이 사랑해야 한다는 당신에겐, 부모도 없단 말이오?
묵자: 그건 아니지요.
맹자: 내 부모나 옆집 부모나 똑같이 사랑해야 한다고 주장하시지 않습니까? 부모도 안중에 없고 임금도 안중에 없으니,

그게 금수와 다를 게 대체 뭐요?

묵자: 그렇다면 선생께 여쭙지요. 선생은 지금 강줄기가 두 갈래로 갈라지는 두물머리에 서 있습니다. 오른쪽 강은 열길 폭포로 통하는 강줄기입니다. 그리로 가면 배에 탄 사람들 모두 죽게 됩니다. 강 왼쪽으로 배를 몰아가면 무사히 목적지인 강 하류에 도달합니다. 그런데 강폭이 좁아 동시에 도착한 배 두 척 중 하나는 왼편으로 다른 하나는 오른편으로 보내야 합니다. 선생의 가족 가운데 1명이 타고 있는 배, 그리고 10명의 추나라 사람이 타고 있는 배가 들어옵니다. 어느 배를 왼편 안전한 물줄기로 인도할 것입니까?

맹자: 그게 무슨 질문이요? 당연히 내 가족이 탄 배를 안전한 왼편으로 안내해야겠지요.

묵자: 그럼 다시 묻겠소. 선생의 가족이 탄 배와 추나라 사람 5,000명이 탄 배가 동시에 두물머리로 들어오고 있소. 그렇다면 어찌할 것이오?

맹자: (조금 고민된다는 표정으로 미간을 일그러뜨리며) 글쎄요. 그래도 내 가족이 탄 배를 왼쪽으로 안내해야겠지요.

묵자: 그럼 추나라 사람 5,000명이 동시에 물귀신이 됩니다.

맹자: 그래도 어쩔 수 없지요. 내 비록 추나라 사람이지만 동향 사람보다는 내 부모 내 형제가 더 중한 것 아니겠소.

묵자: 자! 그럼 다시 묻겠소이다. 선생 가족이 탄 배와 천하의 모든 사람이 타고 있는 배가 들어온다고 가정해봅시다. 선

생의 선택은 여전히 그대로입니까?

맹자: (화를 내며) 어허! 너무 극단적인 질문입니다.

묵자: 그러니 가정이라고 하지 않소. 선생은 어떤 선택을 내릴 것이오?

맹자: (한참을 고민하더니) 그래도 역시 내 가족이 탄 배를 안전한 왼쪽으로 돌리겠소.

묵자: 그렇군요. 선생이 별애를 주장하는 것은 충분히 이해하는 바요. 자신의 가족이 남과 같을 순 없다는 논리도 이해하겠소. 하지만 그런 생각을 지닌 분이라면 감히 양주를 비판해서는 안 되는 것이지요. 양주에게는 '자신의 터럭 하나를 희생해 온 세상을 구해낼 수 있음에도 그렇게 하지 않는 지극히 이기적인 자'라고 비판하지 않았소? 이 모순을 어떻게 설명할 수 있겠소?

성인聖人인 왕이 나오지 않으니, 제후들이 방자해진다. 선비들은 함부로 의견을 개진하니 양주와 묵적의 말이 천하에 가득 찬다. 천하의 여론이 양주에게 돌아가지 않으면 묵적에게 돌아간다. 그런데 양주는 극도의 이기주의자로서 오직 자신만 위하니, 이는 임금에 대한 도리가 없는 것이다. 묵적은 극도의 이타주의자로서 세상 모든 사람을 똑같이 사랑하라고 하니, 이는 부모에 대한 도리가 없는 것이다. 부모도 안중에 없고 임금도 안중에 없으니 이게 금수와 무엇이 다르겠는가. 공명의가 말하길 "부엌에 기름진 고기가 있고 마구간에는 살찐 말이 있으나, 백성들은 굶주린 기색이 역력하고 들판에는 굶어 죽은 시체가 가득하다. 이는 금수를 몰아 사람을 잡아먹는 것이나 다를 것이 없다."

⊙ 《맹자》〈등문공〉편 중

토머스 모어가 인클로저 운동을 비판하며 '양들이 사람을 잡아 먹는다'는 극단적 표현을 사용했는데, 여기서 '금수를 몰아 사람을 잡아먹는다'는 표현이 그와 일맥상통한다. 자본가 지주의 배를 불리기 위해 노동자들을 굶어 죽게 만들거나, 백성을 인간으로 보지 않고 굶어 죽게 방치하는 것이나 마찬가지란 말이다.

맹자는 당대에 잘나가는 두 사상가 양주와 묵자를 비판하고 싶은 마음에 전혀 다른 사상의 두 줄기를 억지로 한데 묶어버리는 우를 범한다. 벤담과 칸트를 동시에 싸잡아 비판하듯이, 이기주의의 양주도 비난하고 겸애의 묵자도 비판하는 것이다. 그럼에도 불구하고 맹자의 순수한 의도만큼은 충분히 이해할 만하다. 맹자의 신경은 온통 민생에 초점이 맞춰져 있었기 때문이다. 논리적 완성도를 떠나 굶어 죽지 않는 백성을 오직 바랐을 뿐이다. 그러니 벤담과 칸트를 동시에 취하려는 그의 태도를 마냥 욕할 수는 없다. 덩샤오핑의 흑묘백묘론처럼, 맹자에게는 벤담이든 칸트든 중요치 않다. 그저 나라의 창고에 기름진 고기가 넘쳐나는데 아사자가 발생하는 꼴은 도저히 못 보겠단 말을 하는 것이다.

맹자는 묵자의 사상을 맹비난했지만, 사실 묵자에게 영향받았음을 실토하는 격이기도 하다. 사랑하는 마음은 구별別도 아우름兼도 초월한다. 위정자가 가져야 할 마음가짐은, 결국 국민에 대한 사랑이다. 여당이든 야당이든, 진보든 보수든, 제발 민생 법안 처리를 위해서는 구별도 아우름도 초월하길 바란다. 국회의원을 비롯한 정치인들에게 말하노니, '네 국민을 사랑하기를, 네 지역구 표밭처럼 하라!'

1 노나라의 현자.

2 형법 151조

1항. 벌금 이상의 형에 해당하는 죄를 범한 자를 은닉 또는 도피하게 한 자는 3년 이하의 징역 또는 500만 원 이하의 벌금에 처한다.

2항. 친족 또는 동거의 가족이 본인을 위하여 전항의 죄를 범한 때에는 처벌하지 아니한다.

진정으로 이롭게 하는
'의'의 정체

맹헌자가 말했다. 말 네 마리가 끄는 수레를 가진 대부는 닭과 돼지 같은 가축을 기르면서 가난한 서민과 경쟁하며 재산을 늘리려 해서는 안 된다. 장례에 얼음을 사용하는 경대부 지위에 이른 자는 소와 양을 길러 백성과 경쟁하려 들면 안 된다. 수레 백 대를 보유한 제후는 백성을 수탈하는 신하를 양성하지 않도록 해야 한다. 백성을 수탈하는 신하를 두느니 차라리 도적을 신하로 두는 편이 낫다. 이는 국가란 금전적 이득을 이로움으로 여기지 않고 의로움을 이로움으로 여겨야 함을 말한다.

⊙ 《대학》 중

맹헌자가 역설力說하는 내용에는 오늘날 경제 민주화의 개념이 포함되어 있다. 재벌은 재벌이 해야 할 업종이 있고 중소기업은 나름의 영역이 있는 것이니, 영세한 골목 상권을 침해해서는 안 된다는 준열한 꾸짖음이다.

나라의 군주가 재물을 늘리는 데 힘쓰는 것은 반드시 소인이 국사를 처리하기 때문이다. 그 소인을 선하다고 여기고 소인을 활용하여 국사를 처리하면 재앙과 해로움이 함께 오게 된다. 이럴 때 비록 선한 사람이 있다 해도 어찌해볼 도리가 없다. 그래서 국가는 이익을 이로움으로 여기지 않고, 의로움을 이로움으로 여기는 것이다.

⊙ 《대학》 중

《대학》의 마지막 장 가운데 마지막 줄인 '의로움을 이로움으로 여기는 것이다, 즉 이의위리야以義爲利也'를 주목해보자. 여기서의 리利는 당연히 하필왈리의 리가 아니다. 얄팍한 부국강병 따위가 아닌, '백성을 진정으로 이롭게 하는 것'을 의미한다. 그렇다면 진정으로 이롭게 하는 의義의 정체는 무엇인가. 절차적 정당성이 확보된 결과물을 뜻한다.

대한민국 헌정사를 조금이라도 관심 있게 지켜본 국민이라면 알 것이다. 진보와 보수의 경쟁에서 늘 한 손을 묶은 채 싸워야 하는 진보의 핸디캡을 말이다. 진보는 늘 힘든 지형에서 힘든 싸움을 해왔다. 왜? 절차적 정당성을 담보해야 하니까. 그래서 전황은 늘 불리했고, 절차는 개나 줘버리란 심정으로 결과물만 중시하는 보수는 때로 독재라는 이름에 힘입어, 때로 선거라는 이름으로 정권을 쥐어왔다.

특히나 선거의 경우에는 착시 현상이 상황을 뒤집어놓는 경우가 많았다. 예컨대, 김대중, 노무현 정부 시절과 이명박, 박근혜 정부 시절의 각종 경제 지표를 비교하면 말도 안 될 정도로 김대중, 노무현 정부의 수치가 좋다. 국민총생산, 실업률, 수출 현황 심지어 코스피 주가지수에 이르기까지 비교가 안 될 지경이다. 하지만 '하필왈리'의 리를 울부짖는 보수 세력에게 많은 국민들은 현혹되었다.

《중용》에서 공자는 의義는 의宜라고 말한다. 의로움이란 마땅함 혹은 당위와 같은 의미라는 말이다. 맹자는 이 마땅함에 주목한다. 의義를 파자하면, 양羊과 아我다. 여기서의 양은 희생양을 연상시킨다. 우리가 살기 위해 지내는 제사에서 피를 봐야 하는 존재가 희생양이다. 그렇다면 내가 바로 그 희생양이 되겠다는 정신, 그것이 바로 의義다.

고속도로에서 의식 잃은 운전자의 차를 자신의 차로 가로막아 구해낸 의인이 화제가 된 적이 있다. 지나가는 운전자 누가 봐도 운전자는 의식을 잃었고, 그 차량은 도로에서 중앙 안전대를 들이받으며 전진하고 있었다. 큰 사고로 이어져 많은 사상자를 낼 수 있는 일촉즉발의 상황. 하지만 내 생명의 위험을 무릅쓰고 또한 내 경제적 손실까지 감수하며 의로운 행동을 하기란 쉽지 않다. 그 일이 옳은 일이고 이 사회에 꼭 필요한 일이지만 내가 손해를 보기 때문이다. 그래서 그런 용감한 행동을 한 시민에게 '의인義人'이란 칭호를 붙이는 것이다.

제나라 선왕이 물었다. "사람들이 모두 나에게 태산泰山의 명당明堂을 헐자고 합니다. 헐까요?" 맹자께서 대답했다. "명당은 왕을 위한 건물입니다. 왕께서 왕도 정치를 하고자 하시면 헐어서는 아니 되옵니다." 제 선왕이 물었다. "왕도 정치에 대하여 들을 수 있겠습니까?" 맹자께서 답했다. "옛날 문왕이 기岐 땅을 다스릴 때 농민에게 정전법을 시행해 9분의 1을 세금으로 받았고 벼슬하는 사람은 대대로 녹봉을 주었으며 관문시장은 단속했지만 세금은 안 받았고 물고기 잡는 시설을 못 하게 금지하지 않았으며 죄인을 처벌할 때에도 그 처자식은 연좌제로 벌하지 않았습니다. 늙어서 부인이 없는 것을 홀아비라 합니다. 늙어서 남편이 없음을 과부라 합니다. 늙어서 자식이 없음을 독신이라 합니다. 어려서 부모가 없음을 고아라 합니다. 이 네 부류의 사람들은 천하의 곤궁한 국민들로서 고할 곳이 없으니 문왕이 정치를 폐하고 어짊을 베푸니 반드시 이 부류의 백성들에게 먼저 어짊을 베풀었습니다. 《시경》에 이르기를 '좋구나! 부유한 사람들 이 시름이 애달프고 슬프네'라고 나와 있습니다." 제 선왕이 말했다. "좋은 말씀입니다." 맹자께서 말씀했다. "왕께서 그것을 좋게 여기신다면 어째서 실행하지 않으십니까?'

⊙ 《맹자》〈양혜왕〉편

왕도 정치야말로 맹자가 주창한 의義의 결정체다. 왜냐하면 맹자는 묵자와 달리 왕의 존재, 즉 엄연한 계급의 존재를 인정했다. 이상 사회를 향해 나아가려는 목표점은 같지만, 그 방법론에서는 다소 차이가 있는 셈이다.

묵자는 상하통정을 강조한다. 천하의 구성을 밑에서부터 향장,

왕, 천자의 조직으로 엮는 것을 이상으로 삼는다. 아래로부터의 의사결정이다. 이 사상은 《묵자》〈상동尙同〉편에 상술되어 있는데, 여기서의 상尙은 상上을 뜻한다. 위와 아래가 서로 소통이 잘 되어야 한다는 점을 강조한 편명이다. 마을의 향장이나 이장이 백성의 의견을 수렴해 제후에게 알리고, 제후는 다시 향장이나 이장의 보고를 정리해 천자에게 올린다. 이것이 묵자가 생각하는 유토피아다. 그렇다면 향장이나 이장은 어떻게 선출해야 하나? 오늘날의 민주주의처럼 투표권이 있는 것은 아니다. 하지만 민의를 수렴해 추대라는 방식으로 향장을 선출하기 때문에, 당시로서는 선거와 유사한 방법이었다.

이에 반해 맹자는 왕이나 제후, 경대부 등의 계급을 확실히 인정한다. 계급을 인정해줄 테니 대신 당신들이 해야 할 도리를 다 하라고 일갈한다. 제 선왕이 먼저 물은 태산의 명당이 무엇인가. 먼저 태산은 태산명동서일필泰山鳴動鼠一匹의 그 태산이요, 양사언의 시조 구절인 '태산이 높다 하되 하늘 아래 뫼이로다'의 그 태산이기도 하다. 중국에서 가장 높다고 일컬어지는 산인데 실제 가보면 많이들 실망한다. 중국의 오악 가운데 하나이지만 겨우 해발 1,535미터밖에 안 된다. 산악 지형이 대부분인 우리나라에서 설악산, 지리산, 한라산에 길들여진 우리들에겐 다소 우스운 산이지만, 중국인들에게 태산의 의미는 남다르다. 《장자》〈소요유〉편에서는 인간의 미미함을 강조하기 위해 대비되는 개념으로 태산의 거대함을 예시로 든다. 심지어 공자는 태산에 올라 말했다. "태산에 오르니 천하가 작게 보인다."

어쩐지 고전이 읽고 싶더라니

그 영험한 태산에 천자가 제후들을 인견하는 회당이 있었으니, 그게 바로 명당이다. 주나라 천자가 순수巡狩할 때 제후들과 회합하여 정령을 발표하는 곳이었다. 하늘의 명을 받들어 백성을 다스린다는 고대 중국의 정치사상이 체화된 장소다. 중국의 오악 가운데에서도 으뜸인 태산은 진시황제를 비롯해 한 무제, 당 현종 등 무려 72명의 황제가 봉선封禪의식을 치른 곳이다. 사마천의 아버지 사마담이 그토록 참여하고 싶어 했지만 제외되어 그 화를 못 이기고 결국 죽음을 맞이했을 정도로 봉선의식은 중요했다.

봉선의식은 황제의 권위를 하늘에게 부여받는 것이니, 권력 정당성의 확보라는 차원에서 황제들이 기를 쓰고 치르고 싶은 중요한 세리머니였다. 당 태종 이세민 역시 봉선의식을 위해 태산으로 행차하려 했다. 수나라를 물리치고 등극한 자신의 업적을 만천하에 드러내며 멋들어지게 황위에 오르고 싶었을 게다. 하지만 재정이 고갈될까 두려운 충신 위징이 목숨을 걸고 말리며 간한다.

"화하華夏의 중원은 안정되었지만, 아직은 하늘과 땅에 제사 드리는 봉선의식의 비용을 부담하기에는 부족합니다. (중략) 수년 간 연속하여 풍성하게 수확을 거두었지만, 식량 창고는 텅 비었습니다. 이것이 제가 봉선을 거행할 수 없는 이유입니다."
⊙ 《정관정요》〈납간納諫〉편 중

중국 최초의 여황제 측천무후 역시 봉선의식에 남다른 관심을 보였다. 한 광무제 이후 맥이 끊겼던 봉선의례는 당 태종의 여러 차례 시도에도 불구하고 끝내 이루어지지 못했다. 그러니 이 봉선 의례야말로 여성으로서 처음으로 황위에 앉은 측천무후에게 권력 정당성을 확보하고 지지 세력의 기반을 다질 수 있는 절호의 기회로 보였을 것이다.

이토록 중요한 정치적 함의를 내포한 명당은 산동성 태산에 위치하고 있었으니, 춘추전국시대로 따져보자면 제나라의 영역이다. 그래서 많은 사람들이 명당의 거취에 대해 제 선왕에게 의견을 개진한 것이다. 주나라 왕실의 힘이 나약해지고 더 이상 천자가 명당으로 와 제후들의 조회를 받지 않으니, 굳이 유지보수에 자원을 낭비하지 말고 명당을 허물라는 의견이 중론이었다. 이처럼 많은 이들이 명당을 허물라고 했지만, 맹자는 굳이 허물 필요가 없다고 주장하는 것이다. 왜?

맹자는 명당을 유지하는 것 정도는 왕이 누릴 수 있는 것이라고 여겼다. 다만, 조건이 있다. 왕도 정치를 제대로 행한다면 그 정도 사치나 품위 유지비 정도는 써도 된다는 생각이다. 비유컨대, 사장이라면 대형 세단 뽑아 타면서 쓸데없이 큰 사무실에서 폼 잡는 것까지는 봐줄 수 있다. 하지만 정도경영을 행하고 사원들의 처우를 개선하기 위해 최선을 다해야 한다는 조건을 달고 있는 셈이다.

태산 명당을 유지하기 위한 선행조건인 왕도 정치! 그 행동 강령은 무엇인가? 우선, 가장 중요하고 첨예한 문제인 세금을 언급한다. 농사짓는 땅을 우물 정# 자 모양으로 9등분한 후 그중 하나를 공동 경작해 세수로 삼으란 말이다. 주나라 시절에는 청동기

문화가 발전했지만, 여전히 농기구로는 목기나 석기가 많이 쓰여서 농업 생산량이 부족했다. 그 상황을 잘 배려한 세금 제도다. 무릇 국가의 탄생 이래 세금 좋아하는 국민은 없었다. '이 세상에 미룰 수 없는 게 두 가지 있다. 죽음과 세금이다'라는 벤자민 프랭클린의 말을 빌지 않더라도 세금을 죽음만큼이나 무시무시하게 여기는 게 인지상정이다.

애덤 스미스는《국부론》에서 조세 부과의 네 가지 원칙을 나열한다. 하나, 평등의 원칙. 조세는 평등하게 부과되어야 한다는 기본 원칙이다. 둘, 확정의 원칙. 세금의 납부 방법이나 시기, 금액은 누구나 알 수 있게 명료해야 한다. 셋, 편의의 원칙. 납세자에게 가장 편리한 방법, 시기, 장소에 맞게 세금을 내도록 해야 한다. 넷, 징세비 최소의 원칙. 세금 징수에 드는 비용을 최소화하는 방향으로 납세 방식을 제정해야 한다.

놀랍게도 이미 2,000여 년 전 맹자는 애덤 스미스의 네 가지 원칙에 부합하는 세금 부과 방식을 주창했다. 관문시장을 관리는 하되, 따로 징세하지 않는 것은 시장의 가치를 높게 평가하는 맹자의 사상을 잘 보여준다.[1] 이러한 맹자의 징세 원칙은 조선의 광해군에게 이어진다.

임진왜란 이후 백성들을 가장 괴롭힌 건 왜적의 조총이나 칼이 아니었다. 전란 이후 정부를 재건하기 위해 매겨지는 무거운 세금이었다. 조선시대의 세금은 당나라에서 확립된 租, 庸, 調를 근간으로 한다. 쉽게 말해 토지세, 역, 공물로 이해하면 된다. 토지세는 말 그대로 경작하는 땅에 비례하여 부과되고, 역은 노동력을 요구하는 것이니 사람에게 부과된다. 마지막 공물이 사달이었다. 공물은 집戶마다 부과된다. 얼핏 공평한 듯싶지만 만석꾼 집에도 부과되는 공물이 찢어지게 가난한 집에도 부과되니, 심각한 문제였다.

더군다나 강원도 산골에 사는 백성들에게 전복을 바치라고 하고, 보길도의 어부에게 호랑이 가죽을 바치라고 했다. 백성에 대한 배려라고는 찾아볼 수 없는 가혹한 징세다. 그러다 보니 방납이란 제도가 생기게 된다. 방납이란 강원도 산골의 농부에게 '전복을 대신 공납해줄 테니 쌀을 다오'라고 하는 것이요, 보길도 어부에게 '호랑이 가죽을 대신 공납해줄 터이니 쌀을 다오'라고 하는 것이다. 전복을 구할 도리가 없는 농부는 방납을 이용할 수밖에 없었다. 하지만 방납 비용이 터무니없이 비싸다는 것이 함정이다. 방납업자들은 일종의 브로커다. 관아와 짜고 자신들의 물건만 받아들이게 짬짜미를 하니, 만에 하나 백성들이 공물을 손수 마련한다 한들 방납을 이용할 수밖에 없는 곤란한 상황에 처하게 되었다.

조세租稅라고 할 때, 우리는 흔히 세금이라고 이해하지만 조선 시대에는 조와 세가 구분 지어졌다. 조租는 경작자가 수확의 일부를 국가나 지주에게 바치는 것이다. 세稅는 지주가 경작자로부터 받은 조 가운데 나라에 바치는 것이다. 어쨌든 조나 세나 둘 다 '벼 화禾 변'이다. 한마디로 농작지에서 나온 세금을 의미한다. 그에 반해 공물貢物은 왕실에서 필요한 것을 무조건 떠맡긴 경우에 해당한다. 경작지에서 곡물이 나오니 그중에 일부를 나라에 바치는 공급자 위주의 세금 체계가 아니라, 궁중에서 전복이 필요하

고 인삼이 필요하니 산골에다 전복을 바치라 하고 인삼이 전혀
나지 않은 엉뚱한 땅에서 인삼을 바치라고 하는 것이다. 철저히
수요자 위주의 징세 체계인 셈이다. 이는 애덤 스미스의 조세 부
과 네 가지 원칙에 철저히 위배된다. 납세자에게 세금을 평등하게
부과하지도 않으며, 납세자의 편의에 맞거나 효율적인 납부 방법
도 아니다.

　이런 부조리를 해결하는 방안이 바로 광해군의 대동법大同法이
었다. 대동법은 한마디로 모든 세금을 쌀로 치환해 내게 하는 법
령이다. 애덤 스미스의 조세 부과 원칙과 상당 부분 합치한다. 서
울은 선혜청에서 지방은 대동청에서 토지 한 결당 봄가을에 나눠
8말씩 총 16말을 일 년 동안 수거하니, 평등의 법칙과 확정의 법칙
에 합당하다. 전국 팔도 어디서나 쌀로 세금을 내니, 전복을 채취
하든 인삼을 재배하든 각자 자신이 편리한 대로 농사를 지어 쌀
로 바꾸어 세금을 내니 편의의 법칙에도 부합한다. 게다가 곡물의
형태로 세금을 납부하니 공물보다는 정부에 전달하기가 훨씬 편
리했다. 냉장 시설도 제대로 없던 그 시절 전복 같은 어패류 공물
은 운반하는 데 어려움이 컸다. 그러니 대동법은 징세비 최소의 원
칙도 지킬 수 있는 정책이다.

　조선 왕조사에서 광해군이 재평가받는 데에는 여러 이유가 있
다. 명청 교체기에 중국 대륙의 시류를 정확히 판단한 것이 가장
대표적이다. 외교 감각과 대세를 읽는 눈. 아마도 아버지를 대신해
대립군代立軍을 이끌며 전장을 누비며 민초들과 호흡했던 분조 시
절의 체험이 그런 동물적인 감각을 일깨웠으리라.

하지만 광해군의 가장 큰 업적이자 그가 재평가받아 마땅한 이유는 다름 아닌 대동법의 실시다. 어쩌면 인조반정을 잉태한지도 모르는 무시무시한 법이자, 조선 후기 경제사에서 중요한 변곡점을 만든 법령이다. 대동법은 왜란으로 피폐해진 백성들의 삶에 한 줄기 단비였다. 광해군의 대동법은 기득권층의 불만을 야기했을 것이다. 백성들의 고혈을 쥐어짜서라도 자신의 배를 불리려는 양반들의 요구를 묵살한 대동법. 이 법의 시행이 결국 광해의 폐위를 앞당기는 데, 단단히 일조했다. 반정으로 등극한 인조는 전라도, 충청도의 대동법을 폐지했다. 공물을 바치는 것이야말로 백성들의 충심이 발로된 것이라고 여기며 공물 제도를 부활시켰다.

세금의 무서움은 공자에게도 중요한 이슈였다. 심지어 호랑이보다 무섭다는 표현까지 한다. 《예기》〈단궁〉편에 실린 가정맹어호苛政猛於虎[2] 고사는 세금의 공포를 여실히 보여준다. 세금을 제대로 걷는 것은 동서고금을 막론하고 국가의 가장 큰 임무이자, 동시에 가장 풀기 어려운 난제다. 공자가 살던 춘추전국시대 이래, 가혹한 세금은 백성들을 괴롭혔다. 하지만 현재 대한민국은 세금을 제대로 못 걷어 문제다. 대한민국 재벌들은 상속세 한 푼 안 내고, 조 단위 재산을 자식에게 넘겨준다. 가혹한 징세보다 걷어야 할 세금을 못 걷는 게, 더욱 큰 문제다. 어쩌면 대한민국 재벌은 호랑이보다 더 무섭다.

대한민국 현재의 조세정의가 우뚝 서지 못한 기원은 인조반정까지 거슬러 올라간다. 세금 내는 백성을 먼저 생각한 세력이 호랑이처럼 무섭게 세금을 매기는 세력에게 당했고, 그 기득권은 여전

어쩐지 고전이 읽고 싶더라니

히 대한민국을 흐르고 있다. 호랑이 이빨처럼 섬뜩하게도 말이다.

애공이 유약에게 물었다. "어느 해에 기근이 들어, 재정이 부족
하게 되면 어떻게 하겠소?" 유약이 답했다. "어찌 철법[3]을 행하
시지 않습니까?" 애공이 물었다. "10분의 2의 세금으로도 나는
부족하거늘, 어찌 철법을 행하라 하시오?" 유약이 답했다. "만일
백성이 풍족하다면, 임금께서는 누구와 더불어 부족하다 여기시
겠습니까? 만일 백성이 부족하다면, 임금께서는 누구와 더불어
풍족하다 여기시겠습니까?"

⊙ 《논어》〈안연〉편 중

1 맹자는 일찍이 시장의 중요성을 강조했다. 관문시장을 관리하되 세금
은 매기지 않았다는 점은 시장 활성화에 큰 도움을 주었다. 국가 통제력
의 범주에 넣어두되 세금은 부과하지 않아 상인들과 백성들의 어깨를
가볍게 해주는 정책이었다. 건륭제 재위 기간에 영국 조지 3세는 조지
맥카트니를 특사로 보낸다. 건륭제를 알현하고 무역을 하고 싶다는 의
사를 친서로 전달했지만, 건륭제는 일언지하에 거절한다. "우리나라는
땅이 넓고 물산이 풍부하여 영국과 통상이 필요 없다." 이 한마디가 결
국 중국의 운명을 급전직하로 추락시켰다.
조선시대 명종 재위 시, 천하를 뒤흔들던 간신 윤원형은 집권하자마자,
세 가지 원칙을 천명한다. 간척사업이 그 하나요, 서얼 철폐가 둘이다.
마지막이 시장의 활성화인데, 얼핏 보면 중상주의를 이미 명종 시기에
확립한 윤원형의 업적으로 보이겠지만 실상을 들여다보면 가관이다.

윤원형은 시장을 자기 집 앞에 개설하려 했다. 한마디로 시장 경제의 활성화가 필요한 듯 주장했지만, 실상은 자신의 사리사욕을 채우려 한 것이다. 뇌물로 받은 음식이 어찌나 많았던지 곳간에서 썩어나니, 이를 처리하기 위한 용도로 시장을 사용하기도 했다. 쌀이나 고기를 썩지 않는 유기로 교환해서 차곡차곡 쌓아놓았다. 시장을 관리하되 세금은 부과하지 않은 맹자의 왕도 정치와는 대척점에 있는 악랄한 정책이다.

중국 고대사에서 생필품처럼 귀중한 품목은 늘 나라에서 관리하려 들었다. 소금과 철에 대한 전매 제도가 대표적이다. 한나라 선제 때 환관 桓寬이 지은 정치 토론집 《염철론鹽鐵論》을 보면 국가 자원에 대한 군주와 백성의 역학 관계가 적나라하게 드러난다. 기원전 81년, 조정에서 회의가 열린다. 회의 주제는 '민생의 고통'이다. 어사대부 상홍양을 상대로 수많은 문학(관리 후보생)과 현량들이 격렬한 토론을 펼친다. 지금으로 말하자면 〈100분 토론〉에 국무총리나 장관이 출연하고 그를 상대로 대학생 토론단이 국정 현안과 민생에 대한 질의를 벌이는 모양새다. 열띤 난상토론 가운데 가장 뜨거운 이슈는 단연코 한 무제 이래 시행된 일련의 경제 정책, 특히 소금, 철, 술의 전매가 옳은가에 관한 문제였다.

어사대부가 먼저 포문을 연다. "세상을 떠난 선제(무제)께서 오랜 세월 흉노의 침략에 고통받아온 변경의 백성을 가련히 여겨 성을 짓고, 망루를 세우고 병사를 주둔시키며 방어력을 키워왔습니다. 그 결과로 재정 곤란에 빠지자 소금, 철, 술의 전매와 균수법을 실행하여 국고 수입을 확보했고, 그것을 방위비로 사용했습니다. 그런데 지금 논자들은 이러한 제도를 폐지하라고 합니다. 그렇게 되면 국고는 텅 빌 것이고 방위비를 확보하지 못해 국경을 지키는 병사들은 굶어야 합니다. 대체 논자들은 이런 비용을 어디서 충당하란 말이오?"

이에 문학이 답한다. "공자는 '나라를 다스리는 자는 재물이 적은 것을 걱정하지 않고, 다만 그것이 공평하게 분배되지 않음을 걱정하며 가난함을 근심하지 않고 안정되지 못함을 근심한다'고 말씀했습니다. 그러므로 천자께서는 이익이 많고 적음을 말하지 않고 또한 제후나 대부도

어쩐지 고전이 읽고 싶더라니

이해득실을 입에 담지 않으며 오로지 인의와 덕행으로 백성을 교화해야 합니다."

관리가 되려는 문학들이 공자를 들먹인다. '이해득실을 입에 담지 않으며'란 표현은 '하필왈리'의 맹자를 연상케 한다. 오직 인의와 덕행만을 강조하는 그들은 철저한 유학의 신봉자다. 소금이나 철을 전매하여 손아귀에 움켜쥐고 있는 한나라 정부는 맹자가 보기에는 왕도 정치에서 한참 모자란 나라일 수밖에 없다.

2 공자가 노나라를 떠나 제나라로 가던 길이다. 태산 옆을 지나가고 있는데 부인 한 명이 무덤가에서 서럽게 울고 있다. 궁금해진 공자는 자로를 시켜 연유를 묻게 한다. 자로가 묻는다. "부인께서 슬피 우시는데, 필시 곡절이 있어 보입니다. 누구의 무덤입니까?" 부인이 답한다. "시아버지, 남편 그리고 아들의 무덤입니다. 시아버지와 남편이 모두 호랑이에게 물려 죽었는데, 이제 아들까지 호랑이에게 죽었습니다." 이에 공자가 묻는다. "호랑이가 이렇게 무서운데, 왜 이곳에 계속 사십니까? 떠나시지요." 그러자 부인이 흐느끼며 답한다. "여기 사는 게 차라리 괜찮습니다. 다른 곳으로 가면 세금 때문에 살 수가 없습니다." 이에 공자가 "가혹한 정치는 호랑이보다 무섭구나"라고 하였다. 태산 기슭의 이 호랑이는 동물원 호랑이가 아니다. 집안 삼대를 작살낸 괴물이다. 그런데 그 괴물보다 세금이 더 무섭다는 것이다.

3 10분의 1을 과세하는 세법 제도.

말을 잘해야 성공하는 시대?

어떤 이는 말이 더 쉽고, 말이 더 편하다. 반면, 어떤 이는 글이 함함하고, 글로 자신의 생각을 더 명징하게 표현한다.

춘추전국시대의 출세 방법은 대개 유세遊說로 수렴한다. 우리가 숭앙해 마지않는 공자의 일생을 폄하해 표현하자면, 결국 '벼슬자리를 얻기 위해 온갖 나라를 떠돌아다니며 유세를 하다, 지쳐 돌아와 후학을 기르다 마친 일생' 정도가 되지 않을까. 그만큼 당시에는 유세를 통해 왕의 신임을 얻고 벼슬을 얻어 자신의 철학과 사상을 펼치는 것이 인재로 등용되는 거의 유일한 길이었다(과거 제도는 한 무제 재위 당시 싹이 움터, 수나라 문제에 이르러서야 제대로 시행되었다).

법가 사상의 최고봉인 한비자는 지독한 눌변이었다. 아니, 기본적인 의사소통도 어려울 지경이었다. 논리 정연한 글을 척척 써내는 한비자이지만, 누군가를 말로 설득하는 건 불가능에 가까웠다. 《한비자》〈세난〉편에는 한비자가 유세를 얼마나 어려워했는지 절절히 묻어난다.

옛날 미자하彌子瑕는 위나라의 왕에게 총애를 받았다. 위나라 법에 이르길 왕의 수레를 몰래 타는 자는 발이 잘리는 형벌을 받았다. 미자하의 어머니가 병이 들자 어떤 이가 몰래 와서 알려 주었다. 그러자 미자하는 위나라 왕의 수레를 타고 나갔다. 왕은 이 일을 듣고는 미자하를 칭찬하여 말했다. "효자로구나! 어머니를 위하느라 발이 잘리는 형벌도 잊었구나!"

어느 날, 미자하는 위나라 왕과 함께 정원에서 노닐다가 복숭아를 따 먹게 됐는데, 맛이 아주 달자 먹다 남은 반쪽을 왕에게 먹으라고 바쳤다. 왕이 말했다. "미자하가 나를 사랑하는구나! 맛이 좋으니까 나를 잊지 않고 맛보게 하는구나!"

세월이 흘러 미자하의 미모가 쇠하고 왕의 사랑도 식게 되었다. 그러던 어느 날, 미자하가 왕에게 죄를 지었다. 그러자 왕이 말했다. "이놈은 옛날에 과인의 수레를 몰래 훔쳐 타기도 하고, 또 자기가 먹던 복숭아를 먹으라고 주기도 했다."

미자하의 행동은 변한 게 없는데, 예전에는 상을 주고 지금은 벌하는 까닭은 사랑이 미움으로 바뀌었기 때문이다. 왕에게 총애를 받을 때는 지혜를 내는 것마다 왕의 마음에 들고 더 친밀해졌다. 하지만 왕에게 미움을 받을 때는 아무리 지혜를 쥐어짜도 왕에게는 옳은 말로 들리지 않아 벌을 받고 더욱 멀어지기만 한다. 따라서 간언을 하거나 논의를 하고자 하는 신하는 군주가 좋아하고 싫어하는 것을 미리 살핀 뒤에 유세해야 한다.

용이라는 동물은 유순해 길들이면 탈 수 있다. 그러나 턱 밑에 한 자가량 되는 거꾸로 난 비늘, 즉 역린逆鱗이 있는데, 만약 누군가 그 비늘을 건드리면 반드시 죽인다. 군주에게도 역린이 있다. 유세하려는 자는 군주의 역린을 건드리지 않을 수 있어야만 성공을 기대할 수 있다.

이렇게 역린을 잘 아는 한비자, 그는 대체 왜 죽음을 면치 못했을까? 한비자는 이사李斯와 더불어 순자의 수제자였다. 순자는 천하의 인재들이 모여 있는 직하학궁稷下學宮의 제주祭酒를 세 번이나 역임했다. 지금으로 치자면 서울대학교 총장 겸 교육부 장관직을 세 번 역임한 셈이다. 이사는 유세에 능했고, 한비자는 논리 정연한 글에 능했다. 이사는 일찍이 진시황에게 발탁되어 진나라의 통일에 기여를 하게 된다.

진시황은 어느 날 한비자의 저술인 〈고분孤憤〉과 〈오두五蠹〉를 읽고는 완전히 반해, "이 사람을 만나 한 번만 이야기를 나눠볼 수 있다면, 여한이 없겠구나!"라고 탄식한다. 심지어 한비자를 만나기 위해 수십만 대군을 몰아 한韓나라를 포위하기에 이른다. 그러자 예상대로 한나라는 화평을 위해 한비자를 사신으로 보낸다. 기대에 가득 찼던 진시황, 그러나 막상 한비자를 만나게 되자 그가 말을 더듬거리는 모습에 크게 실망한다. 한 번 만나기만 하면 제대로 꾀어 진나라의 재상으로 기용코자 했던 진시황이지만, 미숙한 말솜씨에 실망해 한나라로 돌려보내려 한다.

그 순간 이사가 나선다. 이사에게 깃든 살리에르의 질투심이 발동한 것이다. 한비자가 살아 돌아갔다가, 행여 나중에라도 진시황의 부름을 받고 중용되면 자신의 자리가 위태로울 것이라 여긴 그는 중상모략을 한다. "한비자가 돌아가게 되어, 그의 재능이 한나라에서 제대로 쓰인다면 분명 진나라에 큰 해악이 될 것입니다." 진시황은 이사의 계략에 넘어가 한비자에게 독약을 내려 죽인다.

> 말을 잘 꾸미고, 얼굴빛을 좋게 하며, 지나치게 공손하게 구는 것을 좌구명이 부끄럽게 여겼다. 나 역시 이를 부끄러운 행동이라 여긴다. 원망을 감추고 그 사람과 사귀는 것을 좌구명이 부끄럽게 여겼는데, 나 역시 그러하다.
>
> ⊙ 《논어》〈공야장〉편 중

> 군자는 말하는 데 있어서는 더듬거리고, 행동하는 데 있어서는 민첩하고자 한다.
>
> ⊙ 《논어》〈이인〉편 중

그 유명한 교언영색巧言令色[1]과 눌언민행訥言敏行의 출전이다. 유시민 작가가 국회의원 혹은 보건복지부 장관이던 시절, 그의 입에서 나오는 논리정연한 달변을 교언巧言 취급한 사람들이 있다. "싸가지가 없다!" "사람이 재주는 뛰어난데 덕이 부족해!" 도리어 원색적인 비난만 퍼부어댔다. 눌언민행에서 방점은 '눌언'이 아니라 '민행'에 찍혀 있다. 장관 재직 시절 그 누구보다 많은 업적을 남긴 유시민에게 눌언민행을 들어 비난하는 건 옳지 않다. 《논어》〈위정〉편에서 자공이 군자의 본질에 대해 묻자 공자는 이렇게 답했다. "군자는 자신의 말보다 먼저 실천을 하고, 그 행동을 따른다."

역시 말보다는 실천이 중요하다는 것을 강조한 답변이다.

영화 〈킹스 스피치〉에는 세기의 로맨스로 왕위를 박차고 나간 형 때문에 엉겁결에 왕위에 오른 조지 6세(콜린 퍼스 분)가 등장한다. 권력욕에 사로잡힌 왕자였다면 심슨 부인에게 고마워했겠지만, 그는 왕이 되는 게 두려웠다. 다른 능력이 아무리 뛰어나도 지독한 말더듬이였던 조지 6세에게는 대국민 연설이 고문처럼 느껴졌기 때문이다. 더구나 당시는 제2차 세계대전의 한복판이라, 국민을 하나로 모으는 웅변이 절실히 요구되던 시기였다. 제대로 된 연설을 못 하던 조지 6세는 스피치 선생을 고용해 공부하는 등 피나는 노력을 통해 자신의 단점을 극복해냈다.

오늘날 조지 6세가 입헌군주의 모범으로 기억되는 이유는 언어치료사 라이오넬 로그의 도움으로 말더듬을 극복하고 멋진 연설을 해서가 아니다. 독일의 공습에도 버킹엄궁전을 떠나지 않고 국민들과 함께한 지도자였기 때문이다. 그는 1940년 9월에는 공습으로 죽을 뻔한 위기를 겪기도 했고, 두려움과 기아에 시달리는 국민들을 직접 만나 위로하곤 했다. 전쟁 내내 목숨을 내걸고 민중과 함께한 용기 있는 행동이 그를 국민들이 사랑하는 왕으로 만든 것이다.

영화 〈킹스 스피치〉에서 조지 6세는 이런 명대사를 남긴다. "왕은 국민을 대변하기 때문에 왕이요."

어쩐지 고전이 읽고 싶더라니

1 《논어》〈공야장〉편에서 공자는 "좌구명이 교언영색을 싫어하니, 나도 싫다"라고 언급한다. 굳이 좌구명을 업고 자신의 뜻을 펼친 것은 그만큼 그를 존경하고 있다는 의미다. 좌구명은 《춘추좌씨전》의 저작자로 알려져 있다. 흔히 좌구명을 공자의 선배로 기록하고 있는데, 이는 논리적으로 모순이다. 《춘추》가 공자가 일생을 바쳐 이룬 저작이라면, 물리적으로 좌구명이 《춘추》에 주석을 달기란 여간 어려운 일이 아니기 때문이다. 공자가 요절하고 선배인 좌구명이 장수를 한다면 모를까. 하지만 공자는 칠순을 훌쩍 넘길 정도로 오래 살았다. 도저히 앞뒤가 맞질 않는다. 이 모순을 이해하기 위해서는, 좌구명 집안사람들이 사관 직책을 수행했다는 점에 주목해야 한다. 춘추전국시대 사관의 직무는 세습이었다. 따라서 《춘추좌씨전》을 좌구명 개인의 저작이 아니라, 좌구명부터 시작된 좌씨 집안의 집단 창작물이라고 보는 편이 합당하다.

수신제가치국평천하를
다시 생각하다

아버지께서 살아 계실 때에는 아버지의 뜻을 살피고…

⊙ 《논어》〈학이〉편 중

오늘날 효도란 부모를 봉양하는 걸 말한다. 개나 말 따위도 모두
먹이를 주고 있으니, 공경하지 않는다면 무엇으로 구별하겠는가?

⊙ 《논어》〈위정〉편 중

부모님을 섬길 때에는 완곡하게 간언하고, 설사 부모님의 뜻을
따르지 않는다 해도 또한 공경하여 거스르지 않아야 하고 힘들
더라도 부모님을 원망해서는 안 된다.

⊙ 《논어》〈이인〉편 중

부모님이 살아 계시면 멀리 놀러 가지 않고, 놀러 가게 되면 반
드시 가는 곳을 알려야 한다.

⊙ 《논어》〈이인〉편 중

어쩐지 고전이 읽고 싶더라니

모두 오늘날의 상식선에서 크게 벗어나진 않는다. 물론 마지막 〈이인〉편의 구절 '멀리 놀러 가지 않고'는 바람의 딸 한비야나 〈걸어서 세계 속으로〉 피디를 천하의 불효자식으로 만들지만, 그것만 제외하고는 얼마든지 실천 가능하다.

맹자는 효를 최고의 도덕가치로 간주했다. 생물학적 자연인으로서 가장 가까울 수밖에 없는 부모에 대한 사랑, 다시 말해 효를 실천하고 이를 사회로 확장했을 때 우리 사회는 유토피아로 전진한다는 게 그 논리다. 그러니 묵자의 겸상애와 대척점에 서 있는 별애를 필연적으로 강조할 수밖에 없는 것이다. 하지만 효라는 지고지순 절대가치의 도덕규범이 사회의 다른 규범들과 충돌할 때, 여러 가지 문제가 발생하게 된다.

> 도응이 물었다. "순임금이 천자가 되고, 고요는 법을 집행하는 신하가 되어 있습니다. 이때 순임금의 아버지인 고수가 살인을 저질렀다면 어떡해야 할까요?" 맹자께서 대답했다. "그를 잡을 수밖에 없도다." 도응이 물었다. "그러면 순임금이 막지 않을까요?" 맹자께서 답했다. "무릇 순임금이 어찌 그것을 막을 수 있겠는가. 무릇 그것을 받아들여야 할 바가 있을 뿐이다." 도응이 물었다. "그렇다면 순임금은 어찌해야 합니까?" 맹자께서 대답했다. "순임금은 천하를 버리기를 헌신짝처럼 여길 것이다. 몰래 아버지를 업고 도망가 바닷가에서 숨어 지내면서 죽을 때까지 기뻐하며 즐기고 천하를 잊을 것이다."
>
> ⊙ 《맹자》 〈진심〉편 중

효를 천하의 가치로 여기고 이를 확장시켜 세상을 구원하려는 맹자에게 제자 도응은 도발적인 딜레마를 과감히 선사한다. 고요는 형벌과 법을 담당하는 신하였다. 순임금의 아버지 고수는 순의 모친이 죽자 새 부인을 맞이했다. 새 부인과의 사이에서 상을 낳았는데, 순을 미워하고 오직 상만을 편애했다. 고수는 심지어 순을 죽이려고 했다. 고수는 천륜을 거스르는 비정한 아비의 대명사가 되었다. 하루는 지붕 천장에 수리를 시키고는 사다리를 치우고 불을 질렀지만, 순은 미리 준비하고 있던 삿갓을 이용해 탈출한다. 또 하루는 우물을 파라고 시키고는 순이 내려가자 우물을 덮어버렸다. 하지만 이 역시 예상한 순은 미리 파놓은 다른 동굴 구멍으로 빠져나온다. 그럼에도 순은 아버지를 미워하지 않고 효심을 다했으며 동생과 계모에게도 정성을 다했다. 이토록 효심이 깊은 순이기에 요임금에게 발탁되어 우리가 아는 요순시대를 열게 된 것이다.

도응의 질문은 이런 배경을 바탕으로 던져진 난제다. 당신은 천하의 질서를 지켜야 하는 임금이다. 그런데 당신의 아버지가 살인이란 중죄를 저질렀다. 그렇다면 당신의 선택은 무엇인가? 우리 형법 151조는 바로 이러한 경우를 상정해 규정하고 있다. 1항. 벌금 이상의 형에 해당하는 죄를 범한 자를 은닉 또는 도피하게 한 자는 3년 이하의 징역 또는 500만 원 이하의 벌금에 처한다. 2항. 친족 또는 동거의 가족이 본인을 위하여 전항의 죄를 범한 때에는 처벌하지 아니한다. 범인 은닉 및 도주방조죄도 가족의 경우에는 예외로 해주고 있다. 맹자가 살던 시대로부터 2,000년이 훌쩍 지난 지금도 범죄를 저지른 가족은 숨겨줄 수 있는 것이다. 하지만

어쩐지 고전이 읽고 싶더라니

도응은 그럼에도 불구하고 서로 맞부딪히는 도덕규범의 딜레마를 어찌 해결할 거냐고 스승을 다그쳤다.

맹자는 묘수를 던진다. 순임금처럼 위대한 지도자는 당연히 사회 규범대로 아버지를 벌하려는 검찰총장에게 압력을 행사하지 않을 것이지만, 아들 된 도리로 임금 자리마저 훌훌 벗어던지고 아버지와 함께 도망친다는 결론이 그것. 리더의 사회적 책무와 아들 된 효심을 모두 충족시키는 일거양득의 묘안을 낸 것이다. 맹자는 요, 순, 우, 탕, 문, 무 주공으로 이어지는 성인聖人의 법통 가운데에서, 특히나 순임금의 효심을 높게 평가했다.

천하의 선비들에게 인기가 있는 건 모두가 바라는 바이다. 하지만 순임금은 자신의 근심을 풀기에 부족하다 여겼다. 색色을 좋아하는 건 모두가 바라는 바이다. 요임금의 딸 둘을 아내로 맞았으나 근심을 풀기에는 부족하다 여겼다. 부富는 모두가 바라는 바이다. 천하를 소유했지만 자신의 근심을 풀기에 부족하다 여겼다. 귀함은 모두가 바라는 바이다. 귀하게도 천자의 역할을 했으나, 역시나 자신의 근심을 풀기에 부족하다 여겼다. 사람들로부터 받는 인기와 호색, 부귀 역시 그의 근심을 풀기에는 부족했고, 오직 부모를 따르는 것만이 그의 근심을 풀 수 있었다.

⊙ 《맹자》〈만장〉편 중

사람이 어리면 부모를 사모하게 된다. 호색을 알게 되면 어여쁜 처자를 사모하게 된다. 처자식이 있으면 처자식을 사모하게 된다. 벼슬을 하게 되면 임금을 사모하게 된다. 사모하는 임금의 마음을 얻지 못하면 열이 나게 된다. 큰 효는 죽을 때까지 부모를 사모하는 것이다. 나이 오십이 되어서도 부모를 사모하는 사람이 있는데, 순임금에게서 바로 그런 모습을 발견하게 된다.

⊙ 《맹자》〈만장〉편 중

흔히 머리가 굵어진다는 표현을 한다. 자립이 가능해진다는 뜻이다. 자신의 생계를 책임지고 목숨을 지킬 수 있는 나이가 되어서까지 부모님을 사모한다는 건, 그래서 어려운 일이다. 더군다나 명예, 부, 이성에 대한 사랑조차도 다다르지 못하는 마음의 평화를 효도로써 얻는다는 맹자의 경지는 놀라울 뿐이다. 맹자에게 이토록 효가 중요한 이유는 그의 사상적 맹아가 효에서 시작되기 때문이다.

맹자께서 말씀했다. "인仁의 본질은 부모를 잘 섬기는 것이다. 의로움義의 본질은 형을 잘 따르는 것이다. 지혜智의 본질은 이 두 가지를 알고 꾸준히 실천하게 되는 것이다. 예禮의 본질은 이 두 가지를 절도 있게 꾸며주는 것이다. 악樂의 본질은 이 두 가지를 즐기게 되는 것이다. 즐기게 되면 마음이 저절로 생겨난다. 마음이 생겨나면 그만두는 것을 싫어하게 된다. 그만두는 것을 싫어하게 되면, 발이 저절로 뛰고 손이 저절로 춤추는 것을 모르게 된다."

⊙ 《맹자》〈이루〉편 중

인, 의, 지, 예, 악. 맹자가 강조하는 철학적 요소가 효에 그 뿌리를 두고 있다는 선언이다. 유교의 본질이 무엇인가. 공자가 그토록 강조한 주례의 본질은 무엇인가. 죽은 조상에게 예를 갖추는 것, 즉 제례 문화에서 유교는 탄생했다. 그러니 부모님에 대한 효를 사상 체계의 최고 경지에 두는 것은, 어찌 보면 당연한 귀결이다.

> 맹자가 말씀했다. "사람들이 늘 하는 말이 있다. 모두들 '천하, 나라, 집'의 순서로 말하는데, 사실 천하의 근본은 나라에 있고 나라의 근본은 집에 있으며 집의 근본은 개인에 있다.
> ⊙ 《맹자》〈이루〉편 중

《대학》의 수신제가치국평천하修身齊家治國平天下 개념을 이르는 것이다. 《대학》의 저자는 공자의 손자이자 맹자의 스승인 자사다. 주희가 강조한 성리학의 개념에는 수기치신의 관념이 짙게 배어 있다. 내 안의 질서를 바로잡고 우주로 뻗어나가는 방식이다.

그럼에도 불구하고 맹자의 제자 도응의 도발에도 일리는 있다. 효라는 가족 중심의 도덕규범을 국가 규모의 규범 체계와 합일시키는 일련의 과정이 과연 합리적인가, 의심해볼 만하기 때문이다. 맹자가 활약하던 전국시대에 이르면 농업생산력 증가로 인해 사회적 변혁이 본격적으로 시작된다. 서주에서 동주로 이르는 동안 300여 개의 제후국이 난립했다. 규모가 꽤나 큰 제후국도 50여 개나 되었다. 이런 상황이다 보니 각각의 사정과 상황에 따라 규범을 제정하고 지켜나가야만 했다. '나'라는 자아에서 출발하여 동심원처럼 확대되어 우주에 이르는 맹자의 사상 체계는 시대의 요구와 맞아떨어졌다.

대학의 도는 밝은 덕을 밝히는데 있고大學之道 在明明德, 백성을 새롭게 하는 것에 있고在親民,[1] 지극한 선에 머무르게 함에 있다在止於至善.

⊙ 《대학》 중

《대학》을 펼치자마자 등장하는 첫 구절이다. 여기서의 선善은 이데아의 개념이다. 이데아에 이르기 위해 국민을 위한 정책을 펼쳐야 하고, 그러기 위해서 리더는 '이미 밝은 덕을 더욱 밝게' 만들기 위해 노력을 경주해야 한다. 《대학》은 리더의 자기수련서 같은 경전이다.

옛날에 천하에 밝은 덕을 밝히고자 하는 사람은 먼저 그 나라를 다스렸다古之欲明明德於天下者 先治其國. 그 나라를 다스리고자 하는 사람은 그 집안을 다스렸다欲治其國者 先齊其家. 그 집안을 다스리고자 하는 사람은 먼저 그 몸을 닦았다欲齊其家者 先修其身. 그 몸을 닦고자 하는 사람은 먼저 그 마음을 바르게 했다欲修其身者 先正其心. 그 마음을 바르게 하고자 하는 사람은 먼저 그 뜻에 정성을 다했다欲正其心者 先誠其意. 그 뜻에 정성을 다하고자 하는 사람은 먼저 그 앎에 이르렀다欲誠其意者 先致其知. 먼저 그 앎에 이른다는 것은 사물을 연구함에 있어야 한다先致其知 致知

在格物.

⊙ 《대학》 중

불과 몇 줄도 되지 않는 이 구절은 《대학》의 핵심이자, 동시에 성리학의 고갱이다. 이 짧은 문장 안에 정리해야 할 중요 개념이 한두 가지가 아니다. 허풍 살짝 더하면, 한 학기 강의 분량이다. 지금과는 다른 의미로 사용된 단어의 개념을 하나하나 정립해보자. 제가齊家의 가家는 가화만사성家和萬事成의 가家가 아니다. 여기서의 가는 오히려 '일가를 이루었다'의 가와 일맥상통한다. 종갓집을 벗어나 자신만의 집안을 꾸린다는 뜻도 있지만, 한 분야의 성취를 이룩했다는 뜻을 내포한다. 그러므로 여기서의 가는 제자백가諸子百家의 가를 의미한다. 유가, 법가, 도가, 묵가, 병가, 종횡가, 음양가, 농가, 명가에 심지어 잡가까지. 그러므로 '나라를 다스리고자 하는 자는 먼저, 집안을 다스려야 한다'는 해석은 '나라를 다스리고자 하는 자는 먼저, 사상가로서 일가를 이루고 성취를 이뤄야 한다'로 이해하면 된다.

수신제가치국평천하修身齊家治國平天下에서 신身은 그저 내 몸뚱이를 의미하는 게 아니다. 신언서판身言書判의 신身이 아니란 말이다. 지금 우리 통념보다는 한 단계 상위 개념으로 봐야 한다. '내 몸'이 포괄하는 영역은 부모님에게 효를 다하고 형제간에 우애 있게 지내는 효제孝悌의 관념을 포괄한다. 동양의 전통 관념에 비춰보자면 부모님께서 주신 몸을 다치지 않게 하는 것이야말로 효의 시작이다, 즉 신체발부身體髮膚 수지부모受之父母 불감훼상不敢毁傷

효지시야孝之始也라는 인식이 강하다. 아무리 내 몸이지만 함부로 굴려서는 안 된다는 것. 그래서 김영하의 소설 《나는 나를 파괴할 권리가 있다》가 출간됐을 당시, 그 도발적인 제목에 세상은 깜짝 놀랐다. 하지만 그렇다고 '좋은 음식 먹고 운동도 열심히 해서 멋진 몸매 만들고 간간이 책도 읽으며 교양을 쌓는 것' 정도로는 신身이 완성되었다고 할 수 없다.

유력 정치인이나 연예인 자식이 사고를 치면 전가의 보도처럼 들이대는 힐난의 관용구로 수신제가치국평천하를 폄훼하면 안 된다. 도리어 '나만 잘살면 돼'를 버리고 '주변을 돌아보자'라는 주문으로 받아들여야 한다. 문득 머릿속에 떠오르는 울림이 있다. "혼자만 잘 살믄 무슨 재민겨."

《혼자만 잘 살믄 무슨 재민겨》의 저자 전우익 선생은 경북 봉화에서 대지주의 아들로 태어나 경성제국대에 입학했다. 하지만 탄탄대로를 스스로 박차고 나와 좌익운동을 하다 투옥되었다. 출소 후에는 평생 농사를 짓다가, 신경림 시인의 도움으로 책을 출판하게 되었다. "난 젊은 나이에 학생 운동 하는 거 좋다고 생각한다. 그런데 요새는 세상만 바꾸려고 난리지 좀처럼 자신은 변화하지 않으려고 해. 자신을 먼저 깨고 바꿔야지." 전우익 선생의 이 옹이 깊은 말씀과 "혼자만 잘 살믄 무슨 재민겨"를 합치면, 그것이 곧 수신제가치국평천하의 정수精髓다.

1 주희는 여기서의 친親을 신新의 오자로 봤다.

"인생은 자전거를 타는 것과 같다. 균형을 유지하려면 계속 움직여야 한다." 알베르트 아인슈타인은 말했다.

뭉근한 불에 하물하물 익힌 고기처럼 곱씹을수록 맛깔난 잠언이다. 아인슈타인의 본뜻이 어디에 있는지 확신하긴 어렵지만, 내 나름의 주석을 덧붙이고자 한다. 계속 움직인다는 것이, 단순히 전진을 뜻하는 게 아니다. 아무리 열심히 페달을 밟아도 손잡이를 살짝만 틀면, 제자리에서 뱅글뱅글 돌거나 가던 길을 되짚어 거꾸로 내달릴 수 있다. 불확실성의 시대에서 우리는 어느 방향이 제 방향인지도, 심지어 모른다. 발을 굴러 달리는 것이 세속적인 성공이나 발전만을 한정하지 않는다.

여기서의 방점은 결국 '균형'에 찍혀 있다. 내 삶의 균형을 유지한다는 건, 결국 중용中庸이나 시중時中의 실천이다. 발을 구른다는 건, 결국 '나다움'의 발현이다. 나의 정체성과 존엄을 드러내는 일이다. 허벅지 근육이 터질 듯 아파도, 어느덧 종아리의 글리코겐은 수평 에너지로 전환되어 지구 위를 성큼성큼 내딛는다. 균형을 잡기 위해 힘차게 밟아대는 노력은 내 삶에 대한 긍정이요, 신뢰다. '아무리 힘들어도 우리는 삶을 능동적인 자세로 즐기며 살아가야 한다'는 준엄한 명령이기도 하다.

인생에 정답이 없는 것처럼, 우리가 타는 자전거는 그 종류도 다양하다. 평생 세발자전거만 탈 수도 있고, 땀을 뻘뻘 흘리며 스릴 넘치는 외발자전거를 선택할 수도 있다. 홍두깨처럼 두꺼운 바퀴를 달고 있는 산악자전거를 타도 괜찮고, 때로는 유원지에서 두 사람이 동시에 페달을 밟는 이인용 자전거를 타도 신난다. '나다움'을 지키며 타는 자전거는 그게 뭐가 되더라도, 행복한 라이딩이다.

자전거를 한 번이라도 타본 사람은 안다. 느리게 가면서 균형을 잡는 게 더 어렵다는 진실을. 번아웃 직전의 직장인들이 입을 모아 내뱉는 푸념이 있다. "월급 덜 받아도 좋으니, 야근 좀 줄여줬으면 좋겠다." 하지만 우리네 삶이 그리 녹록지 않다. 내달리면 내달렸지, 대한민국에서 슬슬 달리면서 주변 풍광을 구경하며 페달을 밟기란 여간 어려운 일이 아니다. 이 졸고가 느리게 자전거를 탈 수 있는 근력을 키워주는 데, 조금이라도 도움이 되었으면 좋겠다. 마지막 책장을 덮고 《논어》를 찾아 서점으로 향한다면, 절대 탈 수 없으리라 여겼던 사서삼경이란 자전거가 함함하게 여겨진다면, 그것이야말로 필자로서 누릴 수 있는 최고의 기쁨이다.

그럭저럭 두발자전거를 타고 달리던 어느 날, 누군가 내 인생에 19단 기어를 달아주었다. 2012년, 페달을 밟기 시작해 여전히 달리고 있는 팟캐스트 방송 〈씨네타운 나인틴〉이란 자전거가 바로 그것. 덕분에 몇 권의 책을 내고, 서울과 부산 등지에서 북콘서트를 갖게 되었으며, 〈씨네타운 나인틴〉 식구들을 직접 만나는 기쁨을 누렸다. 이 책 역시 나인틴 식구들 덕분에 출간된 책이기에, 이 자리를 빌려 뭉클한 고마움을 전하고 싶다. 그리고 나인틴 식구 가운데, 각별히 고마운 분이 있다. 넘치는 부분은 덜고 부족한 부분은 채워서, 원고에 생기를 불어넣어준 정선영 편집자에게 진심 어린 감사의 마음을 전한다.

내 생에 처음 타는 두발자전거를 뒤에서 묵묵히 잡아주시던 아버지와 어머니.

녹음이 우거진 어느 공원에서, 이인용 자전거를 평생토록 함께 타고픈 아내, 나리.

그리고

어두운 밤길 페달을 구를 때마다, 앞길을 비추는 전조등이 되어주고 싶은 아들, 지우에게

이 책을 바칩니다.

어쩐지 고전이 읽고 싶더라니

공자, 김원중 역, 《논어》, 글항아리, 2012

김경일, 《공자가 죽어야 나라가 산다》, 바다출판사, 2013

니콜로 마키아벨리, 권혁 역, 《군주론》, 돋을새김, 2015

대니얼 카너먼, 이창신 역, 《생각에 관한 생각》, 김영사, 2018

딜런 에번스, 임건태 역, 《감정》, 이소출판사, 2002

루트비히 비트켄슈타인, 이영철 역, 《논리철학논고》, 책세상, 2006

리처드 탈러, 캐스 선스타인, 안진환 역, 《넛지》, 리더스북, 2009

마이클 샌델, 김명철 역, 《정의란 무엇인가》, 와이즈베리, 2014

막스 베버, 전성우 역, 《직업으로서의 정치》, 나남, 2007

발터 샤이델, 조미현 역, 《불평등의 역사》, 에코리브르, 2017

버트런드 러셀, 《사람들은 왜 싸우는가Why Men Fight?》, BookMaker, 2017

슈테판 크로이츠베르거, 발렌틴 투른, 이미옥 역, 《무엇을 먹고 어떻게 분배할
   것인가》, 에코리브르, 2017

신영복, 《강의: 나의 동양고전 독법》, 돌베개, 2016

애덤 스미스, 유인호 역, 《국부론》, 동서문화사, 2017

와타나베 준이치, 정세영 역, 《나는 둔감하게 살기로 했다》, 다산북스, 2018

장 보댕, 임승휘 역, 《국가론》, 책세상, 2005

장 자크 루소, 이재형 역, 《사회계약론》, 문예출판사, 2004

장대익, 《인간에 대하여 과학이 말해준 것들》, 바다출판사, 2013

전우익, 《혼자만 잘살면 무슨 재민겨》, 현암사, 2017

조지프 스티글리츠, 이순희 역, 《불평등의 대가》, 열린책들, 2013

칼 포퍼, 이한구 역, 《열린사회와 그 적들》, 민음사, 1998

커트 보니것, 김종운 역, 《제5도살장》, 폴리미디어, 1993

헨리 데이비드 소로, 강승영 역, 《월든》, 은행나무, 2011

환관, 김원중 역, 《염철론》, 현암사, 2007